教师教育系列教材

现代教育技术（微课版）

杨刘庆　王俊生　李智鑫　主　编
　　　　　　孙思迪　副主编

清华大学出版社
北　京

内 容 简 介

全书共8章。第1~5章，介绍了教育技术、现代教育技术的定义和内涵，明确了现代教育技术的内容和作用，并帮助读者了解教育技术产生及发展的过程；阐述了信息化条件下，现代教育技术所涉及的基础理论、学习资源、教学环境及其应用；讲述了信息化教学设计与评价的概念、原则和方法，并提供了相应的教学应用案例。第6、7章，简明深入地讲解了典型的应用软件操作技术。第8章是与软件操作、媒体加工及设计等内容相关的教学视频、实践和练习。

本书简明介绍了教育技术的基本概念、基础理论及发展；切合信息技术迅速发展及现代教学的现实需求，对信息化学习资源、信息化教学环境进行有针对性的介绍；侧重于面向教育技术在中小学教学中的实际应用，安排了丰富的软件操作训练、媒体设计实验等教学内容。

本书可用于高等院校师范专业本科生"现代教育技术"公共课教学，也适合作为中小学教师的培训学习和参考用书。

本书封面贴有清华大学出版社防伪标签，无标签者不得销售。
版权所有，侵权必究。举报：010-62782989，beiqinquan@tup.tsinghua.edu.cn。

图书在版编目(CIP)数据

现代教育技术：微课版 / 杨刘庆，王俊生，李智鑫主编. —北京：清华大学出版社，(2021.12重印)
教师教育系列教材
ISBN 978-7-302-57059-2

Ⅰ. ①现… Ⅱ. ①杨… ②王… ③李… Ⅲ. ①教育技术学—师资培训—教材 Ⅳ. ①G40-057

中国版本图书馆CIP数据核字(2020)第251122号

责任编辑：陈冬梅
封面设计：刘孝琼
责任校对：李玉茹
责任印制：丛怀宇

出版发行：清华大学出版社
网　　址：http://www.tup.com.cn, http://www.wqbook.com
地　　址：北京清华大学学研大厦A座　　邮　编：100084
社 总 机：010-62770175　　邮　购：010-62786544
投稿与读者服务：010-62776969, c-service@tup.tsinghua.edu.cn
质量反馈：010-62772015, zhiliang@tup.tsinghua.edu.cn
课件下载：http://www.tup.com.cn, 010-62791865

印 装 者：三河市少明印务有限公司
经　　销：全国新华书店
开　　本：185mm×260mm　　印　张：16.75　　字　数：401千字
版　　次：2021年3月第1版　　印　次：2021年12月第3次印刷
定　　价：49.80元

产品编号：088391-01

前　言

　　进入 21 世纪，随着信息技术的迅猛发展，对教育的影响越来越大。这不仅表现在新技术、新设备在教育领域的应用日臻成熟并不断普及，也表现在学习资源、教学环境的变化，以及对学习方式、学习理论的影响上。对于高等院校师范专业而言，通过现代教育技术课程的学习，掌握现代教育技术的相关内容，提高教育教学能力水平成为一项重要的学习内容。同时，现代教育技术作为一门专业的教育实践课程，它所包含的理论、原理和实践内容十分丰富。本教材针对高等院校师范专业公共基础课教学编写，在内容安排上根据中小学教育教学的实际需要，并依据《中小学教师信息技术应用能力标准(试行)》的要求，具有以下特点。

　　(1) 教育技术理论部分。对所涉及的核心定义、理论作简明扼要的阐述，同时反映教育技术发展过程中理论与实践相互影响和相互促进的脉络，提高了学习者对现代教育技术的原理性认识。梅耶多媒体学习理论内容，参考和引用了 J.Michael Spector、M.David Merrill、Jan Elen 编：《教育传播与技术研究手册(第四版)》资料，对该理论作简明通俗的阐述。

　　(2) 因应信息技术为教学环境带来的巨大改变，特别是网络教学环境的快速发展，结合典型的网络平台及应用和操作，对信息化教学环境做了比较全面、详细的介绍。

　　(3) 结合编者多年的教育教学实践，对软件操作、媒体加工技术选编了大量实用性操作和实践练习。配备的相关教学微视频，能够帮助学习者通过自主学习和操作训练，掌握相应的教学内容。这些操作训练及学习内容，在帮助学习者掌握基本操作技术的同时，也融入了多媒体学习及视觉、知觉设计等原理内容，以提高学习者在教学过程中正确使用多媒体进行教学的认识和能力。

　　(4) 现代教育技术涉及信息技术多方面、多层次的技术性操作和学习。本书提供了编者精心组织的有关 PowerPoint 2016 操作技术(电子版)供学习者下载学习，并对 Camtasia 视频编辑软件、Scratch 少儿编程软件进行了深入的介绍。

　　本教材由杨刘庆、王俊生、李智鑫任主编，孙思迪任副主编，各章编写分工如下：王俊生、孙思迪、佟硕、乔秋明编写第 1、2、3、5 章，李智鑫、秦思凝编写第 4 章，杨刘庆、刘国辉编写第 6、7、8 章。全书由杨刘庆做最后的统稿和编排。

　　本书在编写过程中，得到了很多教师的参与、帮助与支持，参阅了国内外有关资料以及报刊、网站的内容，并引用了其中的一些观点和材料，在此谨向作者和原创人员表示感谢。

　　本书是对"现代教育技术"公共课教材编写的一次尝试，由于编者水平有限，疏漏和不足之处在所难免，敬请广大读者指正。

编　者

目 录

第1章 现代教育技术概述 1
1.1 现代教育技术的基本概念 2
1.1.1 现代教育技术的定义 2
1.1.2 现代教育技术的内涵 3
1.2 现代教育技术的内容与作用 3
1.2.1 现代教育技术的内容 3
1.2.2 现代教育技术的作用 4
1.3 教育技术的发展历程 5
1.3.1 国外教育技术的发展 5
1.3.2 我国教育技术的发展 8
本章小结 10
练习题 10

第2章 现代教育技术理论 11
2.1 学习理论 12
2.1.1 行为主义学习理论 12
2.1.2 认知主义学习理论 13
2.1.3 建构主义学习理论 15
2.2 系统科学理论 17
2.2.1 系统科学的基础理论 18
2.2.2 现代教育技术系统观 18
2.3 视听与传播理论 19
2.3.1 传播理论 19
2.3.2 戴尔的视听教育理论 21
2.3.3 梅耶多媒体学习理论 23
本章小结 28
练习题 29

第3章 信息化学习资源及应用 30
3.1 数字化学习资源概述 31
3.1.1 学习资源及分类 31
3.1.2 数字化学习资源的特点 32
3.1.3 典型数字化资源的构建 33
3.2 数字化学习资源信息检索 36
3.2.1 数字化学习资源检索工具 36
3.2.2 数字化学习资源检索策略 37
3.3 网上交流与资源共享 39
3.3.1 网上交流 39
3.3.2 博客 41
3.3.3 资源共享 43
本章小结 45
练习题 45

第4章 信息化教学环境 46
4.1 线下教学空间 47
4.1.1 多媒体教室 47
4.1.2 计算机教室 55
4.1.3 微格教室 57
4.1.4 录播教室 59
4.1.5 智慧教室 63
4.2 线上教学空间 67
4.2.1 线上教学及发展 67
4.2.2 国外在线开放课程和教学平台 70
4.2.3 我国在线开放课程介绍 72
4.2.4 网络教学平台——超星泛雅 76
4.2.5 视频会议系统——腾讯会议 81
4.2.6 虚拟现实学习环境 85
4.3 智慧教学工具——雨课堂 87
4.3.1 雨课堂简介 87
4.3.2 雨课堂的安装与启动 88
4.3.3 使用雨课堂进行授课——课上 90

4.3.4 使用雨课堂布置预习——
　　　课前 92
4.3.5 使用雨课堂安排作业——
　　　课后 93
4.3.6 雨课堂的其他功能 93
本章小结 94
练习题 94

第 5 章 信息化教学设计与评价 95

5.1 信息化教学设计 96
　　5.1.1 信息化教学设计的理念 96
　　5.1.2 信息化教学设计的含义 96
　　5.1.3 信息化教学设计的模式 97
　　5.1.4 基于微课的翻转课堂教学
　　　　　设计 109
5.2 信息化教学评价 114
　　5.2.1 信息化教学评价的概念 ... 114
　　5.2.2 信息化教学评价的原则 ... 115
　　5.2.3 教学评价解析 116
　　5.2.4 信息化教学评价的设计
　　　　　与应用 117
5.3 多媒体课件设计、制作与评价 121
　　5.3.1 课件概述 121
　　5.3.2 课件分类 122
　　5.3.3 课件设计开发 123
　　5.3.4 课件评价内容和标准 125
　　5.3.5 常用的课件开发工具 125
本章小结 127
练习题 128

第 6 章 Camtasia 操作技术 129

6.1 Camtasia 操作初步 130
　　6.1.1 Camtasia 简介 130
　　6.1.2 启动 Camtasia 130
　　6.1.3 界面及术语 131
　　6.1.4 项目文件 132
6.2 录制视频 133

6.2.1 录制屏幕与摄像头 133
6.2.2 录制幻灯片与摄像头 137
6.3 媒体编辑 140
　　6.3.1 媒体箱与库 140
　　6.3.2 视频编辑、播放窗口 143
　　6.3.3 素材编辑窗口 144
　　6.3.4 属性窗口 145
　　6.3.5 媒体编辑的一般流程 145
本章小结 146
练习题 146

第 7 章 Scratch 少儿编程 147

7.1 Scratch 简介 147
　　7.1.1 安装与运行 148
　　7.1.2 角色与舞台概述 148
　　7.1.3 角色管理窗口 149
　　7.1.4 舞台设置窗口 150
　　7.1.5 三个选项卡 150
　　7.1.6 菜单栏的操作 151
7.2 Scratch 编程 152
　　7.2.1 编程与操作指引 152
　　7.2.2 角色的属性、行为 153
　　7.2.3 使用事件 156
　　7.2.4 变量、运算与侦测 159
　　7.2.5 重复执行、判断 163
　　7.2.6 全屏模式与保存脚本 165
本章小结 165
练习题 165

第 8 章 操作学习与实践 167

8.1 操作学习 167
8.2 PowerPoint 上机操作 170
8.3 Camtasia 上机实践 223
8.4 Scratch 上机实践 234
8.5 媒体制作、设计实践 247

参考文献 259

第1章 现代教育技术概述

知识导图

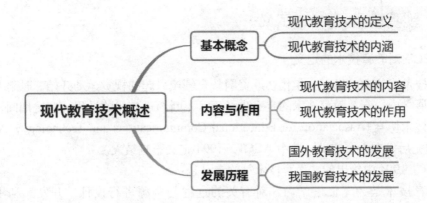

学习目标

(1) 掌握教育技术、现代教育技术的定义和内涵。
(2) 了解现代教育技术的应用领域和作用。
(3) 了解教育技术的发展过程。

核心概念

现代教育技术 (Modern Educational Technology)

20世纪70年代,英国生物学家和教育家埃里克·阿什比 (Eric Ashby, 1904—1992) 在一篇题为"教育中的技术学"的演讲中指出"在漫长的教育史上曾有过四次智力革命"。他认为"教师职业的确立""书写文字的产生""印刷术的普及",是前三次教育革命的标志。而电子技术发展至今,正在引领教育的第四次革命。

教育技术正是伴随着第四次教育革命的到来而产生和发展的。教育技术的形成与三种教学方法的实践有关:一是视听教学运动推动了各类学习资源在教学中的运用;二是个别化教学促进了以学习者为中心的个性化教学的形成;三是教学系统方法的发展促进了教育技术理论的核心——教学设计理论的诞生。20世纪70年代,在学习理论、系统论、信息论和传播学的融合下,三个分支整合形成了教育技术,使之成为一个系统而完整的领域和学科。

进入 21 世纪，信息技术在经济和社会生活领域得到广泛应用的同时，对教育技术的实践和发展也产生了深刻影响。建立在现代信息技术基础上的教育技术，已经成为除教师、学生、教学内容之外的现代教学过程的第四要素。本章将阐述现代教育技术的发展、定义和内涵，探讨现代教育技术研究的内容和作用以及现代教育技术的发展历程。

1.1 现代教育技术的基本概念

1.1.1 现代教育技术的定义

1. AECT 对教育技术的定义

教育技术，从 20 世纪 20 年代初期美国教育领域兴起的视觉运动开始，时至今日，始终处于发展之中，有关教育技术的定义也经历了不断演进变化的过程。在这期间，美国教育传播与技术协会(Association for Educational Communications and Technology，AECT)从 1963 年起先后发布六个定义，其中 AECT'1994 定义影响最大。

AECT'1994 中给出的"教育技术"的定义是：

"教育技术是为了促进学习，对有关的过程与资源进行设计、开发、利用、管理和评价的理论与实践。"(Instructional Technology is the theory and practice of design、development、utilization、management and evaluation of processes and resources for learning.)

该定义指出，教育技术是一种理论与实践，这种"理论与实践"的核心方法是系统方法。教育技术的研究对象是过程和资源，内容是对学习过程和学习资源进行设计、开发、利用、管理和评价，其最终目的是促进学习。

这些内容对当时国际教育技术界产生了深远的影响，同样也在我国教育技术领域引起了广泛讨论，成为指导我国教育技术领域发展的重要理论来源。

AECT'1994 定义发布以来，信息技术迅速发展，教育领域也迎来了变革的迅猛发展时期。在这期间，美国教育传播与技术协会又发布了 AECT'2005 定义、AECT'2017 定义。这两次定义的内容，也反映出教育技术领域所面临的发展和变化。

2. 我国对现代教育技术的定义

20 世纪 90 年代，"现代教育技术"这一术语逐渐被人们所了解和使用。我国教育技术领域工作者在 AECT'1994 定义的基础上，结合我国教育技术领域的实践提出了"现代教育技术"这一概念。现代教育技术是指运用现代教育理论和现代信息技术，通过对教与学的过程和资源的设计、开发、利用、管理和评价，以实现教学优化的理论和实践。

与 AECT'1994 所定义的"教育技术"相比较而言，现代教育技术强调使用先进的现代教育思想和理论作为指导，它研究的对象是与信息化教育资源交织在一起的学习资源，而不是一切学习资源的设计、开发、利用、管理和评价。

1.1.2 现代教育技术的内涵

现代教育技术的内涵具体体现在以下几个方面。

1) 现代教育技术以现代教育理论为指导

现代教育技术的应用必须以先进的教育思想和教学理论为指导，树立应用现代教育技术推进素质教育、培养学生的创新精神和实践能力的教育思想，重视应用现代教育理论指导教与学的过程和资源的设计、开发及应用。

现代教育理论包括现代教学理论和现代学习理论。对现代教育技术影响较大的现代教学理论有布鲁纳的学科结构课程理论、加德纳的多元智力理论、巴班斯基的教学最优化理论等。

对现代教育技术影响较大的现代学习理论有行为主义学习理论、认知主义学习理论、建构主义学习理论等。

2) 现代教育技术以信息技术为主要手段

信息技术在学校中的应用是以多媒体与网络技术为核心，充分利用和发挥多媒体与网络技术的优势，形成以多媒体和网络技术为基础的信息化环境和数字化的教学资源。

3) 现代教育技术的研究对象是教与学的过程和资源利用

现代教育技术是以教与学的过程和资源利用为研究对象，并以优化教与学的过程和资源利用为目标，因此现代教育技术既要重视优化"教"，更要重视优化"学"；既要重视"资源利用"，更要重视"过程"的研究和开发。通过优化教与学的资源，建设信息化的教学环境，开发信息化教学软件，探索并建构信息化环境下的新型教学模式。

4) 系统方法是现代教育技术的核心思想

现代教育技术是以系统方法为核心思想展开全部教育教学实践的，即对教与学的过程和资源利用进行设计、开发、管理和评价。现代教育技术重视教育教学过程中各个步骤的设计、实施，要求教学各要素有序进行，并随时进行评价和修正。

系统方法和信息技术的内容十分丰富，网络搜索"系统方法""信息技术"概念进行阅读，进一步了解相关内容有助于我们深刻理解现代教育技术的内涵。

1.2 现代教育技术的内容与作用

1.2.1 现代教育技术的内容

现代教育技术的应用领域，包括学习者学习过程和对学习资源的应用、管理、评价方面的理论与实践。

学习过程是指学习者通过与信息和环境的相互作用而得到知识、技能和态度的变化的过程。学习资源是指支持学习的信息来源，包括支持系统的教学材料与环境，但信息资源并非仅指用于教学过程的设备和材料,它还包括人员、经费预算和设施。现代教育技术应用领域的具体内容包括以下几方面。

(1) 学习过程与学习资源的设计,是指为达到设定的教学目标,首先要进行学习者的特征分析和教学策略制定,在此基础上进行教学系统及教学信息设计。它包括教学内容的确定、教学媒体的选择、教学信息与反馈信息的呈现内容与呈现方式设计等,以创造最优化的教学模式,使每个学生都成为成功的学习者。

(2) 学习过程和学习资源的开发,是指对音像技术、电子出版技术、计算机辅助教学技术,以及多种技术综合集成应用于教育教学过程的开发研究。即开发是对教学设计结构的"物化"或"产品化",是教学设计的具体应用。开发领域的范围可以是一节课、一个新的教学策略,也可以是一个系统工程的具体规划和实施。

(3) 学习过程和学习资源的利用,强调对新兴技术、各相关学科和最新研究成果,以及各种信息资源的利用和传播,并加以制度化、法律化,以支持现代教育技术手段的不断革新。

(4) 学习过程和学习资源的管理,是指对所有学习资源和学习过程进行计划、组织、指挥、协调和控制。具体包括教学系统管理、教育信息及资源管理、教学研究及开发管理等。管理出效益,科学管理是现代教育技术的实施和教学过程、教学效果优化的保证。

(5) 学习过程和学习资源的评价,是指要注重对教育教学系统的总结性评价,更要注重形成性评价,并以此作为质量监控和不断优化教学系统与教育过程的主要措施。因此,应及时对教育教学过程中存在的问题进行分析,并参照规范要求(标准)进行定量的测量与比较,向学习者提供有关学习进步的情况,以便及时调整学习进度,直至取得成功。

1.2.2 现代教育技术的作用

在信息化社会,以信息化为基础的现代教育技术对教育变革起哪些作用?要回答这个问题,只有将现代教育技术放在整个教育领域和社会环境中去考察,才能对现代教育技术的功能与使命认识得更加全面、深刻,才能更加有利于我们清楚地认识现代教育技术的学科定位、研究对象、学科属性等基本问题。只有这样,才能为我们从事教育技术学科的理论研究和实践开发奠定基础,使我们的工作有较强的针对性和现实意义。

1) 有效地促进学生信息素养的提高

现代教育技术是为了促进教学优化,教师借以帮助学生实现有效学习的工具与方法,是教师将教育理论与实践相联系的桥梁。现代教育技术可以说包含了信息素养的成分,信息素养是现代教育技术的基础。在教育教学领域中,无论是对教师还是对学生来说,要在信息社会中发展并具备竞争力,都必须有良好的信息素养,而良好的信息素养有赖于现代教育技术的开展和学习。

2) 有效地促进学生科学思维能力的培养

现代教育技术的应用,特别是教学设计技术的应用,可以使教师科学地设计每一节课,从而有更多的机会将大量的思维训练内容整合到课堂教学中去,使学生形成良好的思维习惯,超越一般思维定式、习惯性的认知方式和传统观念的束缚,从而形成创造性思维。

3) 有效地促进教师专业化发展

现代教育技术是促进教师发展专业技能和自我完善的重要途径，是信息化社会对教师专业化的内在要求。

在信息化社会中，教师理所当然地应该成为"数字化生存"的带头人——能够应用信息技术开展有效的教育教学；能够应用信息技术进行教学研究，寻求解决教育教学过程中所遇到问题的方法；能够利用信息技术进行合作，塑造出开放、融洽、互动的协作风格；能够利用信息技术进行学习，成为信息化条件下的终身学习者，实现知识、技能、伦理道德的自我提升与自我完善。这些问题的有效解决有赖于现代教育技术，要通过现代教育技术来促进教师专业的发展。

4) 有效地促进基础教育的改革

为了推进基础教育的深化改革，以利于具有创新能力人才的成长，必须明确认清教学过程的本质，在先进教育理念的指导下，改变传统的以教师为中心的教学模式，建构既能发挥教师主导作用，又能充分体现学生认知主体作用的新型教学模式，以此作为深化教育教学改革的主要目标。

现代教育技术为实现上述教改目标提供了强有力的支持。一方面，以信息技术为基础的教学媒体，可以为学生创新能力和信息能力的培养营造最理想的教学环境，这是新型教学模式的构建所必需的；另一方面，现代教育技术中的教学设计理论，是连接学习理论、教学理论和教与学实践的桥梁，是一门用来指导教学过程，为"如何教"及"如何学"提供具体方法的规定性理论。它可以为新型教学模式的建构提供坚实的理论基础。

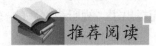

网络搜索"科学思维""创造性思维""信息素养"等概念的含义及内容，加深对这些概念的理解，深入体会现代教育技术的作用。

1.3 教育技术的发展历程

1.3.1 国外教育技术的发展

国外教育技术的发展大致分为三个阶段：初始阶段、发展阶段和形成阶段。

1. 初始阶段 (17 世纪—19 世纪末)

17 世纪，捷克教育家约翰·夸美纽斯 (Jan Amos Komenský)，按照直观教学原则，编写了一本儿童启蒙读物《世界图解》。在这本书中，他将绘画、文字和艺术美感融为一体，形象鲜明，引人入胜。该书于 1658 年出版发行，曾经流行近 200 年之久，现在被认为是教育技术发展史上最重要的成就之一。

瑞士教育家约翰·裴斯泰洛齐 (Johann Heinrich Pestalozzi) 与夸美纽斯一样，也是直观教学的积极倡导者和实践者。他主要采用图片、实物、模型等直观教具来辅助教学，被认为是 20 世纪 20 年代视觉教学运动产生的思想根源之一。

在 18 世纪，地图、地球仪及科学仪器已经成为一些较好的西方学校的标准设备；而直到 19 世纪早期，黑板才作为一种多用途的新媒体被普遍应用到教学中。黑板能够让教师或学生写或者画一些能同时让很多人都能看到的视觉符号，它极大地提高了教师的教学能力。

19 世纪初期，直观教学开始在欧洲流行，并迅速传到美洲大陆，使得直观教学成为教育者有意识的教育行为。

2. 发展阶段 (20 世纪初—20 世纪 60 年代)

1) 视觉教学与视听教学

19 世纪末，照相机、幻灯机、无声电影等机械的或电动的信息传播媒体相继出现，它们可以向学生提供生动的视觉形象。

1906 年，美国宾夕法尼亚州的一家公司出版了《视觉教育》一书，主要介绍照片的拍摄、制作与幻灯片的使用，并首先使用了"视觉教育"一词。之后，"视觉教育"在教育界广泛传播。视觉教育倡导者强调的是利用视觉教材作为辅助，以使学习活动更加具体化，主张在学校课程中综合运用各种视觉教材，将抽象的概念作具体化的呈现。

1937 年，霍本 (Hoban) 和齐思曼 (Ziaman) 在《课程视觉化》一书中系统地论述了视觉教学的理论基础和基本原则，并提出了各类媒体分类的层级模型。

第二次世界大战期间，有声电影被广泛地用于战时培训和战时宣传，并且取得了显著的成效。二战以后，众多信息传播媒体被投入到教学实践之中，视听教学逐渐进入快速发展阶段，人们感到视觉教育的名称已经概括不了已有的实践，从而提出了"视听教育"的概念。这一时期，视听教育实践的媒体对象不仅是指幻灯片、电影、录音、无线广播等新生媒体，还包括照片、图表、模型、标本等直观教具，以及参观、旅行、展览等形式的教学活动。

1946 年，爱德加·戴尔 (E.Dale) 通过"经验之塔"向人们系统地阐述了视听教学观念。他提出了人们的学习经验包括个人直接经验、野外旅行、戏剧表演以及视音频媒体等，这些学习经验可以按照从具体到抽象的顺序排列，并且每种学习经验在塔中都有其适当的位置。

2) 传播理论对视听教学的影响

20 世纪 40 年代，欧美及日本等国相继开展教育广播教学，到了 50 年代，教育电视也逐渐被普及，在这期间传播理论不断得到发展。

1949 年，香农 (Shanon) 和韦弗 (Weaver) 描述了通过感知觉的方式从发送者到接收者接收信息的过程。1954 年，施拉姆 (Schramm) 把香农和韦弗的成果应用到大众传播的研究中，强调传播过程中人类的行为。1960 年，伯罗 (Berlo) 在他的著作中，描述了发送者、信息、通道和接收者之间的循环关系，一般称为 SMCR 模型，强调了人是传播过程的核心，而不是媒体。

受传播理论的影响，教育领域的实践逐渐从视听教学向视听传播理论发展，有人已将教学过程作为信息传播的过程加以研究。例如，1962 年，南加州大学博士研究生埃博克 (Sidney C.Eboch) 在他的博士论文中，首先提出"视听与教育传播过程的关系"的理论模型。

在视听传播理论发展过程中，比视听媒体术语更具有包容性的名词"教学资源"崭露头角。学者们将关注的焦点从原先的视听教具逐渐转向整体的教学传播过程以及教学系统这一宏观层面。

3) 早期的个别化教学

早在19世纪中叶的希腊和罗马时代，学生都是由家庭教师单独授课的，这种制度持续了数百年，可以看作是个别化教学最原始的形式。真正的个别化教学系统，则是伯克(Frederic Burk)1912—1913年间，在美国旧金山一个师范学校试验的个别化系统，它的主要特点是允许学生按他们自己的速度来学习由老师们编写的自学材料。

1919年，沃什伯恩(C. W. Washburne)在伊利诺伊州温内特卡镇的中小学，创立了一种适应个性化的教学形式——温内特卡方案。其目的是充分发展儿童的个性和才能，培养儿童的社会意识。

1920年，帕克赫斯特(Helen Parkhurst)在马萨诸塞州道尔顿中学制订了道尔顿实验室计划，旨在废除年级和班级教学：学生在教师的指导下，各自主动地在实验室内使用不同教材，自定学习时间和步调，以适应其能力、兴趣和需要，达到发展个性的目的。

这些著名的早期个别化教学，对教育理论和实践产生了深刻的影响。由于20世纪30年代经济大萧条和进步教育运动的影响，这类个别化教学形式日趋消失，直到50年代兴起的程序教学运动，使个别化教学重新得到了深入的发展。

4) 程序教学的发展

1925年，美国心理学家普莱西(Sidney Pressey)设计了第一台自动教学机，主要用于对学生的测试自动化。其中也包含了允许学生自定步调、要求学生积极反应和即时反馈等原则的应用。1930年，彼特逊(J.Peterson)设计了一种利用化学原理进行自动记分、即时反馈的教学装置。以上两种教学机器，虽然引起了当时人们对自动教学技术的兴趣，却没有引起教育工作者和研究人员的广泛关注。

1954年，斯金纳(B.F.Skinner)在题为《学习的科学和教学的艺术》一文中指出了传统教学方法的缺点，提出了使用教学机器能解决许多教学问题。他根据自己的操作性条件反射和积极强化的理论设计了教学机器并引起广泛的关注。斯金纳关于学习材料程序化的想法，推动了当时程序教学运动的发展，20世纪60年代，不用教学机器而只用书本形式的"程序教学"开始得到广泛应用。

程序教学设计的广泛开展，不仅在学校领域取得了肯定的效果，而且在军事的、地方的以及国家的一些公共机构，在他们自己的训练活动中，也证实了程序教学的优势。

程序教学也受到一些心理学家和教育学家们的指责，主要是批评程序教学的机械性和不灵活性，说它是一种"不民主甚至更坏，是一种反理智的学习理论"(H. 费兹格拉德)，认为它谈不上能通过学习知识而发展智力。此外，由于技术上原因，拥有模式功能的教学机器的设计已有穷尽之感，并且对于复杂的教学内容也难以处理；于是程序教学的发展到了20世纪60年代后期逐渐衰落。

3. 形成阶段(20世纪60年代末至今)

20世纪60年代初，传播学的产生，把人们的注意力从"物"引向从信源(教师或视听材料)到受众(学习者)的信息传播过程上来。在传播学渐渐向视听教学渗透的同时，系统论也开始对教育产生作用和影响。视听教学逐渐由媒体应用转向系统设计，由媒体技术进入系统技术阶段。

随着信息论、控制论、系统论的不断发展成熟，传播学、行为科学、系统设计渗透于教育之中，教育技术学作为一个独立的科学概念和专业术语逐渐形成。20世纪60年代初，教育技术(Educational Technology)一词首先在美国的一些书刊、杂志中出现，并很快在国际上传播开来。

1) 体现现代教学思想的个别化教学

20世纪60年代后期程序教学虽然衰落，但一些体现现代教学思想的个别化教学系统的研究也得到重视和发展。

凯勒制(The Keller Plan)又称为个人学习系统(PSI)，1963年由哥伦比亚大学心理学家凯勒(Fred S.Keller)首创。这是一项管理教学的技术，在教学过程中贯穿强化理论的应用，在哥伦比亚首次启用后很快推广到世界各国。与传统教学相比，它有五个特点：学生自定学习步调、采用掌握学习法的原理、启用"学监"、依靠书面指导、减少教师讲授。

掌握学习法(Learning for mastery)由布鲁姆(Benjamin Bloom)与他的学生在芝加哥大学创立，其核心是根据实际情况变动教学时间和材料，使所有学生都能掌握每一项学习内容，故称掌握学习法。据统计，掌握学习法曾在美国几千所小学中推行，有的地方甚至整个学区都采用该教学系统。

录音指导法(Audio-Tutorial Approach)亦称为导听教学，是普渡大学植物学教授波斯尔思·韦特(Samuel N.Postieth wait)于1961年设计的一种个别化教学系统。

2) 计算机辅助教学的发展

20世纪70年代，大规模计算机网络及网络化终端得到发展。伊利诺伊(Illinois)大学于1961年开始PLATO项目，开发出自动操作的程序逻辑系统。1972年，杨百翰大学研制的分时、交互、计算机控制的信息电视(TICCIT)系统是最早出现的大规模通信网络。一些偏远大学的终端通过分时操作系统与中心主机相连接，这样整个系统就形成了数以百计的站点，并可以在各学院的课程之间共享上千小时的资源。这标志着CAI系统较好地体现并实现了个别化教学的一个新阶段。

20世纪90年代个人计算机出现以后，计算机在教育领域的应用更加广泛和不断深入。计算机辅助教学经历了行为主义学习理论、认知主义学习理论、建构主义学习理论三个发展阶段。时至今日，计算机辅助教学正向"计算机辅助学习"方向迈进，人们开始利用现代信息技术构造基于建构主义的教学系统。学习者在这种教学系统中既可以进行个性化学习，又可以进行小组协作学习和群体学习。

采用程序教学、计算机辅助教学、个别化教学系统及掌握学习法这些个别化教学形式，促进了学习理论的应用，形成了一种以学习者为中心，产生的学习效果为教学目的及衡量标准的个别化教学模式。

1.3.2 我国教育技术的发展

我国教育技术萌芽于20世纪20年代，是在国外视听教育的影响下引入的，30年代中期进入起步阶段，90年代中期以后，进入迅速发展时期。

  1917年，商务印书馆开始拍摄电影并学习放映，开启了电影教育的先例。1922年，商务印书馆还出版了《有声电影教育》，这是我国第一本教育技术专著。1923年，我国教育家陶行知在各地举办千字课教学，并且在嘉兴使用了幻灯机进行教学。

  南京金陵大学是最早应用视听媒体教学的学校。自1922年起引进若干幻灯片、专业无声电影用于教学，并与上海柯达公司合作，翻译了60多部教学影片。1938年，该校设电化教育专修科，这是我国第一个使用"电化教育"命名的教育技术专业。

  20世纪30年代，"电化教育"一词被正式提出。1932年，"中国教育电影协会"在南京成立，对我国电影教育的发展起到了积极的推动作用。1937年7月建立了播音教育委员会，广播教学也逐渐得到了发展。1940年，教育部将电影教育委员会和播音教育委员会合并，成立了电化教育委员会。1946年年底，当时政府选派留学生赴美国学习电化教育相关的课程并攻读学位。1947年，国立北平师范大学在教育系设置电化教育选修课，并建立了直观教育馆。

  1949年中华人民共和国成立后，电化教育进入了一个全新的发展期。1949个11月，文化部下设的科学普及局成立了电化教育处，负责指导教育技术的工作。

  从1950年到1965年期间，学校电化教育也加快了发展的步伐，广播教育、电视教育先后开展起来。1951年，辅仁大学、西北大学开设电化教育课程。同年，教育部召开高等师范院校课程讨论会，决定将"电化教育"列为教育系的选修课。1953年，上海人民广播电台举办"文化补习"节目，对象为高小毕业未能进入中学的学生。1957年，改名为"上海市自学函授大学"。1958年7月，创设了天津市广播函授大学。

  1958年前后，我国掀起了教育改革运动，在中小学也逐步展开电化教育活动。1958年9月，北京市教育局决定筹建北京电化教育馆。1962年，沈阳市成立了教学电影幻灯组，并在1964年成立沈阳电化教育馆。1965年6月，上海市教育学院正式成立电化教育馆，主要开展电影、幻灯片电化教学工作。

  从1960年起，上海、北京、沈阳、哈尔滨等地相继开办了电视大学。1961年9月，广州也开办了电视大学。

  1978年，继恢复高考并改革开放以后，我国中央电化教育成立，随后全国各地也先后建立了电教机构。1983年，华南师范大学开设了中华人民共和国第一个电化教育本科专业，到1986年年底，全国有25所高等院校设置了电化教育专业或教育传播专业。

  20世纪90年代，我国远距离教育也得到了迅速发展。1978年创办的中国广播电视大学，最后发展成覆盖全国的广播电视教育网络。自1986年起，全国各地相继建立了教育电视台和卫星地面接收站。

  自1982年起，我国计算机辅助教育也不断地向前发展。据1992年不完全统计，当时全国开展计算机教育的中小学已近千所，计算机超过10万台。

  20世纪90年代后期，我国教育技术迎来了迅速发展阶段。"电化教育"名称逐渐与国际接轨并更改为"教育技术"，例如1993年，普通高等学校本科专业目录中将电化教育专业更名为"教育技术学"专业。

  随着网络技术的发展、信息时代的到来，我国教育技术也与时俱进，不断地得到发展：教育技术设备条件不断完善和普及，教育技术的国际交流逐渐增多，国外现代教育技术的研究成果不断地被引进和借鉴。

 思考交流

网络搜索有关个别化教学、程序教学的相关内容，了解个别化教学的含义及特点，个别化教学与程序教学的关系。

 本章小结

本章介绍了教育技术、现代教育技术的基本概念及内涵，阐述了现代教育技术的应用领域和作用，论述了现代教育技术在提高学生信息素养、促进学生科学思维能力的培养、促进教师专业化发展、促进基础教育改革等方面的作用。最后，介绍了国内外现代教育技术的发展历史。

 练习题

1. 现代教育技术的定义和内涵是什么？
2. 什么是科学思维和科学思维方法？什么是创造性思维？
3. 什么是信息素养？论述信息素养与教师专业发展之间的关系。
4. 简要说明现代教育技术与基础教育改革的关系。
5. 试述现代教育技术是促进科学思维能力培育的重要手段。
6. 教育技术的发展历程有哪些？

第2章 现代教育技术理论

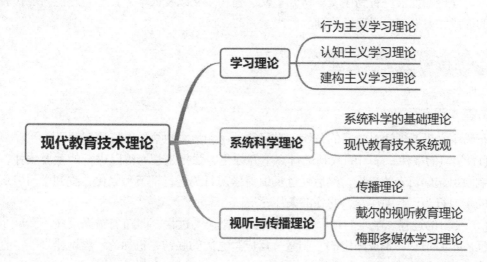

学习目标

(1) 了解行为主义和认知主义的基本观点,掌握建构主义的学习本质及影响。
(2) 了解教育传播系统的三种基本模式;掌握戴尔的视听教育传播理论。
(3) 了解系统科学对现代教育技术的意义。
(4) 掌握梅耶多媒体学习认知理论三大假设,了解多媒体信息设计的基本原则。

核心概念

信息源(Source) 信息(Message) 通道(Channel) 建构主义(Constructivism) 关联主义(Connetivism) 认知加工(Extraneous Processing) 必要认知加工(Essential Processing) 生成认知加工(Generative Processing)

  现代教育技术是教育科学中的一门新兴的综合性学科,在教育教学中的影响已随着信息化时代的发展而日益深入。因此,现代教育技术的理论也在不断地完善和发展。
  由于对现代教育技术的学科认识以及研究立场、研究取向的不同,因而关于支撑它的理论基础也会有不同的看法和认识。现代教育技术在发展过程中不断地汲取其他学科的一些理论和方法，这些学科的理论和方法为教育技术学科的产生和发展奠定了理论基础。纵观现有的现代教育技术的专著和教材，基本上都涉及学习理论、系统科学理论和视听与传播理论。下面主要围绕这些理论进行阐释。

2.1 学习理论

学习理论，就是探讨人类如何学习的理论，旨在阐明学习如何发生、有哪些规律、是什么样的过程、如何才能有效学习等问题，它对现代教育技术的发展具有重要的指导意义。纵观学习理论的发展，行为主义、认知主义、建构主义以及人本主义学习理论为现代教育技术的形成和发展奠定了理论基础。

2.1.1 行为主义学习理论

1. 基本观点

行为主义学习理论对学习的条件、学习的过程和学习的结果作出如下解释。

(1) 学习的条件。学习的顺利进行离不开强化，强化是学习得以进行的重要条件，即外部刺激引起学习者的反应，然后经过反馈对学习行为进行调节和强化，直到学习者形成正确的学习行为，并关注学习的外部条件。

(2) 学习的过程。学习的过程是渐进的尝试错误的过程，即随着错误反应不断减少，正确反应不断增加，形成固定的"刺激—反应"之间的联结，也称为"尝试错误"，直到最后成功的过程。

(3) 学习的结果。学习的结果就是形成刺激与反应的联结，即 S—R 间的联结，即学习就是有机体在某种情境下自发地做出的某种行为，由于得到强化而提高了该行为在这种情境下发生的概率，形成了反应与情境的联系，从而获得了用这种反应应付该情境以寻求强化的行为经验。

2. 发展脉络

在 20 世纪上半叶，占主导地位的学习理论是行为主义理论，其理论先驱是美国心理学家桑代克 (Edward Lee Thorndike，1874—1949)。桑代克早期主要通过动物的行为来研究动物心理，特别是研究动物的"学习"行为。通过研究，桑代克得出了一个非常重要的结论：动物的学习是经过多次的尝试，由刺激情境与正确反应之间形成的联结所构成的。

在现代心理学派中树立起行为主义旗帜的是美国心理学家华生 (John Broadus Watson，1878—1958)。他提出心理学的研究应关注行为，而不是人的意识，他把有机体应付环境的一切活动统称为行为；把作为行为最基本成分的肌肉收缩和腺体分泌称为反应；把引发有机体活动的外部或内部变化统称为刺激。由此建立起行为主义心理学的基本公式："人和动物的全部行为都可以分析为刺激和反应。"华生提出的这个刺激—反应公式成为行为主义解释学习的理论基础，他们认为学习的实质就在于形成、强化刺激与反应之间的习惯性联结。

行为主义发展后期，影响最大的是斯金纳(Burrhus Frederic Skinner，1904—1990)，他发明了一种学习装置——"斯金纳箱"，通过实验，提出了操作性条件反射学说。根据这个实验，斯金纳将学习概括为：刺激—反应—强化。他认为如果一个操作发生后，接着给予一个强化刺激，那么其强度就会增加。用这种方法可以提高这一操作再次发生的概率。

尽管行为主义学派对学习的解释有不一致的看法，但总的来说，在宏观层面对学习的解释是一致的。行为主义理论将人的所有学习简单归结为"刺激—反应"之间的联结，而不考虑人的思维、意识等内心世界，这显然存在理论缺陷，由此导致了认知主义理论的发展。

行为主义学习理论对哪些类型的学习内容的学习具有指导意义？

2.1.2　认知主义学习理论

1. 基本观点

认知主义学习理论源于格式塔(Gestalt)心理学。它的核心观点是：学习并非是机械的、被动的刺激—反应的联结，学习要通过有机体积极主动的内部信息加工活动，形成新的完形或认知结构。

瑞士心理学家皮亚杰(Jean Piaget，1896—1980)提出的认知结构说认为：认识活动的目的在于取得主体对自然社会环境的适应，达到主体与环境之间的平衡，主体通过动作对客体的适应又推动了认识的发展，强调认识过程中主体的能动作用，强调新知识与以前形成的知识结构相联系的过程，表明了只有学习者把外来刺激同化到原有的认知结构中去，人类学习才会发生。认知主义理论的主要代表人物有柯勒(Wolfgang Kohler，1887—1967)、皮亚杰(Jean Piaget)、布鲁纳(Jerome Seymour Bruner，1915—2016)、奥苏伯尔(David Pawl Ausubel，1918—2008)和加涅(Robert M.Gagné，1916—2002)等。

2. 发展脉络

1) 布鲁纳的认知—发现学习理论

布鲁纳(Jerome Seymour Bruner，1915—2016)是美国当代著名的认知心理学家，他反对以S(刺激)—R(强化)联结和对动物的行为习得的研究结果来解释人类的学习活动，而是把研究的重点放在学生获得知识的内部认知过程和教师如何组织课堂教学，以促进学生"发现"知识的问题上。他的认知—发现学习理论是当代认知学习理论的主要流派之一。

布鲁纳的认知—发现学习理论的主要观点：学习的结果就是形成认知结构。在布鲁纳看来，人们是根据类别或分类系统来与环境相互作用的，客观世界由大量不可辨别的物体、事件和人物组成，人类认识客观世界时，不是去发现各类事件的分类方式，而是创建分类方式，借此来简化认识过程，适应复杂的环境；学习的过程就在于学习者主动地进行加工活动(自下而上)，形成认知结构，即进行类目化(类目编码系统)的活动过程；学习的条件涉及知识的呈现方式和学习的内在动机等。

2) 奥苏伯尔的认知同化学习理论

奥苏伯尔 (David Pawl Ausubel，1918—2008) 明确区分了机械学习与有意义学习、接受学习与发现学习之间的关系，并阐明了学生的学习主要是有意义的接受学习，是通过同化使知识结构不断发展的过程。

他认为学习过程是自上而下的同化过程，用同化来解释有意义学习的内部心理机制。有意义学习的结果是形成良好的认知结构。进行有意义学习的条件是：学习材料本身具备逻辑意义，而且学习者具有有意义学习方向；学习者的认知结构中必须有同化的适当概念。

3) 加涅的累积学习理论

加涅 (Robert M.Gagné，1916—2002) 认为，学习的复杂程度是不一样的，既有简单的联结学习，也有复杂、高级的认知学习，并将学习按简单到复杂分为八种类型 (信号学习、刺激反应学习、连锁学习、语言的联合、辨别学习、概念学习、规则学习和解决问题的学习)。加涅用信息加工的学习模式来说明学习的过程，如图 2-1 所示。

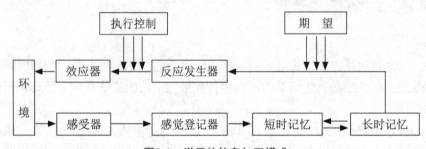

图2-1　学习的信息加工模式

从图 2-1 中可以看出，学生从环境中接受刺激，刺激推动感受器，并转变为神经信息进入感觉登记 (瞬时记忆)，这时记忆储存非常短暂。被感觉登记了的信息很快进入短时记忆，短时记忆的容量和保持时间都是有限的，一旦超过一定数量，新的信息进来就会把部分原有的信息赶走，若想保持信息，就得采取复述策略。当信息离开短时记忆进入长时记忆时，就要通过编码并储存在长时记忆中。当需要使用该信息时，需经过检索提取信息。被提取出的信息可以直接通向反应发生器，从而产生反应；也可以再回到短时记忆中，对该信息的合适性做进一步的考虑，结果可能是进一步寻找信息，也可能是通过反应器作出反应。在整个过程中离不开期望和执行控制。期望是指学生希望达到的目标，即学习动机；执行控制即加涅所说的认知策略。

对学习条件的论述是加涅学习理论中最核心的内容。他认为引起学习的条件可分为内部条件和外部条件。内部条件即学生开始学习某一任务时已有的知识和能力；外部条件是指学习的环境。加涅提出了五大类学习的结果 (言语信息、智慧技能、认知策略、动作技能和态度)。

关于认知主义学习理论还有其他一些代表人物以及他们的学说，但认知主义学习理论对学习的结果、过程和条件还有以下一些共性的东西。

(1) 学习的条件：注重学习的内部条件，如主动性、内部动机、过去的经验、智力等。

(2) 学习的过程：学习的过程是积极主动地进行复杂的信息加工活动的过程。

(3) 学习的结果：学习是形成反映整体联系与关系的认知结构。

思考交流

认知主义学习理论适合用于指导哪些类型的学习内容?

2.1.3 建构主义学习理论

1. 基本观点

建构主义学习理论认为,学习的实质是:①学习是认知结构的改变。同化和顺应是学习者认知结构发生变化的两种方式,同化—顺应—同化—顺应……循环往复,平衡—不平衡—平衡—不平衡相互交替,人的认知水平发展就是这样一个结构变化的过程。②学习是个体主动建构自己知识的过程。学习不是由教师把知识简单地传递给学生,而是由学生自己建构知识的过程。学习不是简单的信息输入、储存和提取,而是新旧知识经验之间双向的相互作用过程。

影响学习的因素主要有:①先前知识经验的作用。学习者不是空着脑袋走进教室的,他们在开始学习之前已经存在许多先前的概念,尽管对每个学习者来说这些概念是不一样的。②真实情境的作用。建构主义强调学习情境,认为学习离不开一定的情境,知识也总是在一定的情境中才有意义。③协作与对话的作用。建构主义重视学习者之间的协作与对话,并将协作与对话建立在合作学习的平台上。建构主义学习理论认为,情境、协作、会话和意义建构是学习环境中的四大要素。由此可见,建构主义学习理论在学习的条件、过程和结果上是做如下解释的。

(1) 学习的条件。建构主义认为,学习者内部的知识经验、真实情境等因素是影响学习的重要条件。

(2) 学习的过程。建构主义认为,学习是学习者主动地建构内部心理表征的过程,是学习者从不同的背景、角度出发,在教师和他人的协助下,通过独特的信息加工活动,建构自己的学习过程。建构主义强调了这个过程的独特性与双向建构性,即建构一方面是对新信息的意义建构,另一方面又包含对原有经验的改造和重组。

(3) 学习的结果。建构主义认为,学习的结果是学习者形成自己独特的认知结构。但这里的认知结构不是加涅所指的直线结构或布鲁纳等人提出的层次结构,而是围绕关键概念建构起来的网络结构的知识,既包括结构性知识,也包括非结构性知识。

2. 发展脉络

建构主义(Constructivism)学习理论是在认知主义学习理论的基础上产生并发展的一种理论。其最早提出者是瑞士心理学家让·皮亚杰(Jean Piaget,1896—1980)。他创立了发生认识论,认为儿童在与周围环境相互作用的过程中,逐步建构起了关于外部世界的知识,从而使自身认知结构得到发展。

在皮亚杰的理论体系中,认为认知发展受同化、顺应、平衡三个过程的影响。①同化原本是一个生物学上的概念,在这里是指个体对刺激输入的过滤或改变的过程。也就是说,个体在感受到刺激时,把它们纳入头脑原有的图式之内,使其成为自身的一部分,就像消化系统将营养物吸收一样。②顺应是指有机体调节自己内部结构，以适应特定刺激情境的过程。顺应与同化伴随而行。当个体遇到不能用原有图式来同化新的刺激时，便要对原有图式加以修改或重建，以适应环境，这就是顺应的过程。③平衡是指个体通过自我调节机制使认知发展从一种平衡状态向另一种较高的平衡状态过渡的过程。

皮亚杰认为：智慧行为依赖于同化和顺应这两种机能从最初不稳定的平衡过渡到逐渐稳定的平衡。需要注意的是，平衡状态不是绝对静止的，而是在"平衡—不平衡—新的平衡"的循环中不断得到丰富、提高和发展。

在皮亚杰的理论基础上，科尔伯格(Lawrence Kohlberg，1927—1987)、斯滕伯格(Robert Jeffrey Sternberg，1949—   )和维果茨基(Lev Semenovich Vygotsky，1896—1934)等人作了进一步的研究。所有这些研究都使建构主义理论得到丰富和完善，为其实际应用于教学过程创造了条件。

建构主义学习理论适用于指导哪些类型的学习内容？

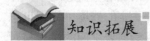

教学理论是研究教学客观规律的科学。教学理论的研究范围主要包括教学过程、教师与学生、课程与教材、教学方法和策略、教学环境以及教学评价和管理等。教学理论是从教学实践中总结并上升为理论的科学体系，它来自教学实践又指导教学实践。对于现代教育技术而言，为了解决教学问题就必须遵循教学的客观规律，也就有必要与教学理论建立起一定的联系。

教学理论的研究和发展为现代教育技术提供了丰富的科学依据。教学理论研究的范围涉及诸多方面，其研究成果极其丰富。现代教育技术从其指导思想到教学目标、教学内容的确定和学习者的分析，从教学方法、教学活动程序、教学组织形式等一系列具体教学策略的选择和制定，到教学评价，都从各种教学理论中吸取精华，综合运用，寻求科学依据。此外，巴班斯基的教学最优化理论、混合式教学理论等，都在现代教育技术的实践中被接纳和融合。

推荐阅读

(1) 巴班斯基的教学最优化理论：巴班斯基(Юрий Константинович Бабанский，1927—1987)提出了教学最优化理论。所谓的教学过程最优化，是指根据培养目标和具体的教学任务，考虑教学的实际，教师制定或选择这样一个最佳的方案，它能使教师和学生在花费最少的必要时间和精力的情况下取得最好的效果。

他提出了十条基本的教学原则：①方向性；②科学性和实践性；③系统性和连贯性；④可接受性；⑤激发动机；⑥自觉性、积极性和独立性；⑦各种方法有机结合；⑧各种教学形式最优结合；⑨为教学创造最佳条件；⑩巩固性和效用性。

(2) 混合式教学理论：混合式教学理论来源于辛格(Singh)和里德(Reed)提出的混合式学习(Blended Learning)模式。依据迈克尔·霍恩(Michael Horn)和希瑟斯·泰克(Heather Staker)合著的《混合式：用颠覆式创新推动教育革命》一书，混合式学习是一种正规的教学模式：①提供数字化学习，让学生灵活地选择他们想要的学习方式；②结合实体课堂和面授教师；③学生有机会通过参加不同形式的活动加强学习。

混合式教学的主要特征：①混合式教学是将在线教学和传统教学的优势结合起来的一种"线上"+"线下"的教学。通过两种教学组织形式的有机结合，可以把学习者的学习由浅到深地引向深度学习；②"线上"的教学不是整个教学活动的辅助或者锦上添花，而是教学的必备活动；③"线下"的教学不是传统的课堂教学活动的照搬，而是基于"线上"的前期学习成果而开展的更加深入的教学活动，是"线上"教学的延续；④混合式教学没有统一的模式，但是有统一的目标，就是要充分发挥"线上"和"线下"两种教学的优势改造我们的传统教学，改变我们在课堂教学过程中过分使用讲授而导致学生的学习主动性不高、认知参与度不足、不同学生的学习结果差异过大等问题；⑤混合式教学改革一定会重构传统课堂教学，因为这种教学把传统教学的时间和空间都进行了扩展，"教"和"学"不一定要在同一时间同一地点发生，在线教学平台的核心价值就是拓展了教和学的时间和空间。

(3) 多元智能理论：是由美国哈佛大学教育研究院的心理发展学家霍华德·加德纳(Howard Gardner)在1983年提出的。加德纳在研究脑部受创伤的病人时发觉他们在学习能力上的差异，从而提出本理论。传统上，学校一直只强调学生在逻辑——数学和语文（主要是读和写）两方面的发展。但这并不是人类智能的全部。不同的人会有不同的智能组合，例如：建筑师及雕塑家的空间感（空间智能）比较强、运动员和芭蕾舞演员的体力（肢体运作智能）比较强、公关人员的人际智能比较强、作家的内省智能比较强等。

加德纳所提出的多元智能理论，定义智能是人在特定情境中解决问题并有所创造的能力。他认为我们每个人都拥有八种主要智能：言语——语言智能、逻辑——数理智能、视觉——空间智能、身体——动觉智能、节奏——音乐智能、交流——人际交往智能、自知——自省智能、自然智能。他提出了"智能本位评价"的理念，扩展了学生学习评估的基础；他主张"情境化"评估，改正了以前教育评估的功能和方法。加德纳的多元智能理论是对传统的"一元智能"观的强有力挑战，给人以耳目一新之感，尤其是当前在新课程改革中，大部分教师对学生评价颇感困惑之时，他的理论无疑会给我们诸多启示。

2.2 系统科学理论

系统科学作为一门介于自然科学和社会科学之间的交叉科学，它的系统观点、方法和原理是各学科的方法论和基础，被广泛用来研究自然科学、社会科学、生命科学等各学科的共性规律。对于研究现代教育技术理论来说，系统科学理论同样提供了重要的方法论和基础，是现代教育技术研究的重要指导思想和有力手段。

2.2.1 系统科学的基础理论

系统论研究中的系统离不开信息的交换与控制，控制论研究控制就是研究系统中信息的测量与控制问题，信息论研究中的信息问题必然涉及系统和控制问题。系统论、控制论、信息论之间有着密切的联系。

1) 系统论 (Systems theory)

系统论的创立者是奥地利生物学家贝特朗菲 (Luduig Von Bertalanffy，1901—1972)，他于1947年发表了《一般系统论》一文，从此奠定了系统论的基础。系统论认为，系统是相互依存、相互作用的，并与环境进行能量和信息交换的各个部分组成的具有一定功能的有机整体。自然界是一个巨大的系统，人类思维是一个复杂的系统，世界上一切事物几乎都是自成体系又相互联系的有机整体，任何系统都是在与环境发生物质、能量、信息交换中求得发展的。

用系统论的观点分析、研究教育问题，指导教育实践就构成了教育系统论。这个教育系统是由教师、学生、教学内容、教学媒体等诸多要素构成的。教育系统论运用系统分析的方法处理教育系统各要素之间、各要素与整体之间以及整体与环境之间的相互依存、相互制约的关系，以求得对问题最优化的处理。

2) 控制论 (Cybernetics)

控制论的创始人是美国数学家维纳 (Norbert Wiener，1894—1964)，他于1948年出版了《控制论》一书，从此奠定了控制论的基础。控制论是研究系统控制和调节规律的科学。控制的核心是反馈，无反馈不能实现控制。

用控制论的原理来研究教育问题就形成了教育控制论。教育控制论通过教育反馈信息控制和调节教师、学生及媒体的行为，从而保证教学目标的实现。

3) 信息论 (Information Theory)

信息论的创始人是美国学者香农(Shanon)，他于1948年出版了《通讯的数学原理》一书，奠定了信息论的基础。信息论是研究系统中信息的计算、传输、交换、储存以及控制问题的科学。信息是物质运动状态和规律的表征，是自然界和人类社会的一种普遍现象，消息、情报、数据等都是信息。信息是可以量化计算的，它的作用是减少和消除人们对事物认识的不确定性。

在教育系统中有各种各样的教育信息，专门研究教育信息问题的科学被称为教育信息论。教育信息论主要关注现代信息技术条件下教育信息的获取、储存、传输、呈现及反馈等问题。

2.2.2 现代教育技术系统观

系统论、信息论、控制论应用到教育教学中，形成了现代教育技术的系统观：系统论促使我们用整体的观点、综合的观点来分析和研究教育教学问题；信息论为分析与处理教育教学系统中信息传播的特点与规律等问题提供了思路与方法；控制论可以有效地调节和控制教育过程中的各个要素，实现教育过程的优化。

2.3 视听与传播理论

教育技术发展过程中，形成了与媒体教学相关的视听理论、多媒体学习理论与教育传播理论。通过对这些理论的学习，能够加深我们对教学媒体的认识，帮助我们理解人类如何通过多种媒体进行学习的机制，从而对我们设计和使用多媒体教学给予指导和帮助。

2.3.1 传播理论

传播理论产生于20世纪40年代的美国，施拉姆(Wilbur Schramm，1907—1987)最早研究传播学，他集中了先驱者的研究成果，把传播规律作为一门学问进行独立研究，从而形成了传播学。

1. 传播及教育传播

传播一词译自英语Communication，也有人把它译为交流、沟通、传递等。一般认为：传播是人们通过符号或信号传递、接收和反馈信息的活动，是人们彼此之间交换意见、思想、感情，以达到相互了解和影响的过程。可见，传播是一种信息交流的互动过程，同时也是一种有目的的行为，即达到信息共享。

用传播学理论来研究、探索媒体在教学过程中的作用机理，是现代教育技术的一个重要课题，并由此诞生了教育传播学。教育传播就是教育者与学习者之间的信息交流活动，根据教学目标、教学内容，通过教学媒体向特定的教学对象传播知识、技能和思想意识等。

2. 教育传播模式

1) 香农-韦弗模式

20世纪40年代，香农出于对电报通信问题和信息论的研究，提出了一种关于通信过程的数学模型，经过与韦弗(Warren Weaver)的合作改进，成为香农-韦弗模式(见图2-2)。它在现代教育技术中的应用获得了巨大成功，也被经常应用于教育传播。

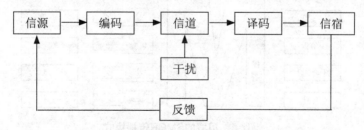

图2-2 香农-韦弗的传播模式

这一模式可用于表明教育传播的过程：教师(信源)把教学内容(信息)编码成各种信息符号，通过相应的传播媒体转换成可以传递的信号，经过各种通道(眼睛、耳朵等)传递给学习者。学习者接收到信号后，通过大脑的工作，将信号译码，教育信息被解释、理解和储存。同时，学习者通过回答、提问、动作、表情等对所传递的信息内容作出反应，反馈给教师。教师分析反馈信息以检验传播效果，进而采取措施，以提高教学效果。在信息传播过程中会受到各种干扰，应该尽量把干扰降到最低限度。

2) 拉斯韦尔"5W"模式

美国传播学者拉斯韦尔(Harold D.Lasswell, 1902—1978)提出了一般传播过程的"5W"的直线模式(见图2-3)。拉斯韦尔的传播模式将传播者、信息、媒体、受众、效果5个要素包含在一切传播行为之中，是一种传播过程的基本理论。

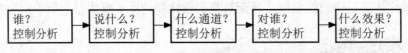

图2-3 拉斯韦尔的传播模式

拉斯韦尔传播模式中的每个"W"都代表教学过程中的一个要素，都体现着现代教育技术应该研究和分析的问题。其中，"谁(Who)"即传播者，也就是教师，他是教学过程的控制者；"说什么(Says What)"即分析传播内容，也就是分析教学内容，研究教学过程说什么和怎么说的问题；"什么通道(in Which Channel)"，即分析和研究媒体，选择和组合最优教学媒体进行教学；"对谁(to Who)"，即信息的接受者，也就是分析作为教学对象的学生的兴趣、爱好、接受行为等；"什么效果(with What Effect)"，即信息传递效果，也就是教学后收集学生的意见、态度以及行为变化信息，作为评价教学效果的依据。总的来看，这个模式就是要发挥教师(传播者)、学生(受众)的积极性和主动性，选择恰当的教育媒体，将教学信息传递给学生并检验教学效果。

3) SMCR 传播模式

贝罗(D.K.Berlo)提出的 SMCR 传播模式(见图 2-4)比较全面地表明了影响传播效果的各种因素。他指出，传播的最终效果不是由传播过程中的某一部分所决定，而是由组成传播过程的信息源(Source)、信息(Message)、通道(Channel)和受众(Receiver)四部分以及它们之间的关系共同决定的。4 部分所对应的英语单词首字母组合起来就是 SMCR，故称它为 SMCR 模式。

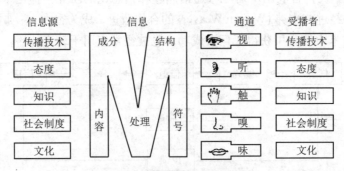

图2-4 贝罗的SMCR传播模式

用 SMCR 模式解释教育传播过程，说明教育传播过程是由多种因素组成的，它们之间相互联系、相互制约，影响着教育传播的效率和效果。为了提高教育传播效果，就应该改善教育传播过程中各个因素的功能及其关系，使它们处于最佳状态。

以上三种传播模式对现代教育技术各有什么启示?

系统论、控制论和信息论是 20 世纪 40 年代先后创立并获得快速发展的系统理论的三个分支学科。虽然它们创立不到一个世纪，但在系统科学领域中已是德高望重的"元老"，合称"老三论"。人们选取了这三论的英文名字的第一个字母，称为 SCI 论。

耗散结构论 (Dissipative structure theory)、协同论 (Synergetics)、突变论 (Catastrophe theory) 是 20 世纪 70 年代以来陆续确立并获得极快发展的系统理论的三门分支学科。它们创立时间虽然不长，却已是系统科学领域中年少有为的成员，合称"新三论"，也称为 DSC 论。

2.3.2 戴尔的视听教育理论

20 世纪 20 年代以后，视听教育在美国兴起，新的教学媒体与教育方式得到了应用和发展。从 20 世纪 40 年代开始运用录音、电视、语言实验室等进行教学，使得视听教育得到了较快的发展。当时从事视听教育的专家戴尔总结了视听教育经验，对视听教学进行了大量研究，提出了著名的"经验之塔"理论。

1. 主要观点

戴尔将人们学习的各种渠道统称为获得经验，将各种经验按照抽象程度的不同，由低到高进行了划分，把人类学习的经验划分为三大类十个层次，如图 2-5 所示。先是十个层次，后增加为十一个层次。

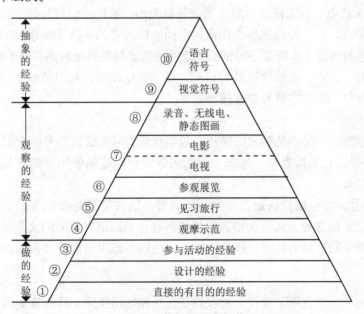

图2-5 戴尔的经验之塔

1) 做的经验

经验之塔底部第一类别是做的经验，包括直接的有目的的经验、设计的经验和参与活动的经验三个层次。

① 直接的有目的的经验。它是指通过直接的实际活动和感知真实的事物而获得知识经验，是教育的基础，是从生活中总结出来的最丰富、最具体的经验。

② 设计的经验。它是指通过观察设计的模型、制作的标本等间接材料获得的经验。这些经验不是事物本身，与真实事物相比，大小和复杂程度都有所不同，但比较容易突出事物的本质属性，应用于教学比真实事物易于领会，具有相当高的价值。

③ 参与活动的经验。它是指通过演戏、表演等再现某种真实的情境，这种情境虽然不是原来面目，但具有典型性。有许多知识不能靠直接经验体会到，如历史知识，但可以通过游戏、表演等活动，使学生在这种情境中获得接近真实的经验。

2) 观察的经验

经验之塔中部第二类别是观察的经验，包括观摩示范，见习旅行，参观展览，电视、电影，录音、无线电、静态图画五个层次。

① 观摩示范。即先看别人怎么做之后，自己再动手模仿去做。观摩示范在教学上应用得很广泛，如教师先演示，然后让学生去做。

② 见习旅行。即在实地观察课堂上看不到的真实事物和情境，从而进行学习，增长知识。例如，生物教学和地理教学中的实地考察都属于见习旅行。

③ 参观展览。即根据一定目的组织学生参观展览，通过观察展览布置的展品而获得观察的经验。

④ 电视、电影。它能集影像、语言、音乐、音响、实物等各种信息于一体，运用色彩的变化、镜头的运动以及各种蒙太奇手法，真实地再现现实生活，具有极强的表现力。看电影、电视获得的经验是间接的经验，能使人看得真切、理解深刻，有身临其境之感。

⑤ 录音、无线电、静态图画。静态图画包括图画、照片、幻灯片等，属于视觉媒体。与电视、电影相比，它只能传递静止图像，空间感比较差，不能反映事物的运动状态和变化过程。但静态图画善于表现某一时刻的状态和表现，抽象层次较高，便于观察。而录音、广播是利用语言、音乐、音响传递教育信息，属于听觉媒体，利用录音和广播传递的信息比静态图画更抽象，比文字符号要直接、具体。

3) 抽象的经验

经验之塔顶部第三类别是抽象的经验，包括视觉符号和语言符号两个层次。

① 视觉符号。它是指表格、地图、示意图等，它们是抽象化了的符号。视觉符号不能提供具体的经验。

② 语言符号。它包括口语语言、书面语言等。语言符号是最抽象的，与它所代表的事物或观念毫无类似之处。如口头语言符号的声音、书面语言符号的文字等是抽象化的信息形式。语言符号的概括力最强，概念、定律、法则等都用语言符号表达。

2. 意义

研究戴尔的"经验之塔"理论，对我们在选择和运用媒体上具有重要的意义。

(1) 分析了学习者获得经验的来源、渠道或媒体，拓宽了我们对教学材料、教学媒体的认识。

(2) 把学习者所得到的经验做了分类，并指出了某些经验来自何种媒体或何种活动方式，分析了各类经验之间的关系，使我们认识到不同类型的经验在学习中的作用，并认识到要得到某些经验，就要选择某种媒体。

(3) 指出了电影、电视、广播、录音等媒体具有传播"替代经验"的作用，看到替代经验在教学中所起的重要作用，即它们是连接具体经验与抽象经验的桥梁和纽带。戴尔指出，利用视听教材学习所取得的经验，"既容易转向抽象概念化，也容易转向具体实际化"。可见，利用视听媒体教学，能克服传统教学要么过于具体难以实现、要么过于抽象难以理解的弊端，从而为现代教育技术在教育中的作用和地位奠定了基础。

为什么说"经验之塔"理论是视听教育的主要理论依据？

2.3.3 梅耶多媒体学习理论[①]

多媒体学习认知理论是研究人是如何通过语词和图像进行学习的理论，是建立在帕维奥(Paivio)的双重编码理论、巴德利(Baddeley)的工作记忆模型、斯威勒(Sweller)的认知负荷理论和维特罗克(Wittrock)的生成学习理论基础之上。

1. 关于人类信息加工系统的三个相关原则

关于人类信息加工系统的三个相关原则源于对认知科学的研究，是构建多媒体学习认知理论的基础。这三个相关原则的内容如下。

(1) 双通道：人们拥有单独加工听觉和视觉信息的通道(Paivio，1986，2001)。

(2) 有限容量：人们在每一通道中同时加工的信息数量是有限的(Baddeley，1986，1999；Sweller，1999)。

(3) 主动加工：当人们在学习过程中进行了适当的认知加工时，有意义的学习才会发生。

认知加工包括注意相关信息、心理上把它们组成连贯的结构，将这些信息和其他结构以及长时记忆中激活的知识进行整合(Mayer，2009；Mayer和Wittrock，2006；Wittrock，1989)。

网络搜索认知负荷理论、生成学习理论、双重编码理论、工作记忆理论等概念进行学习，以加深理解和把握梅耶多媒体学习理论。

[①] J. Michael Spector. 教育传播与技术研究手册 [M]. 任友群，等译. 4版. 上海：华东师范大学出版社，2015.

2. 多媒体学习是如何起作用的

理查德·梅耶(Richard E.Mayer)，是美国当代教育心理学家、实验心理学家。他根据心理学原理，提出了多媒体学习认知模型，如图2-6所示。该模型包括两个通道（上边的听觉通道、下边的视觉通道）、三个记忆存储（方框表示的感觉记忆、工作记忆和长时记忆），以及箭头表示的五个认知过程（选择语词、选择图像、组织语词、组织图像、整合）。

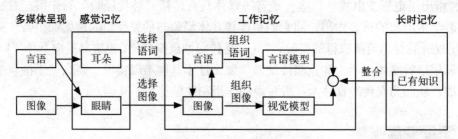

图2-6　梅耶多媒体学习认知模型(Mayer，2005)

梅耶的多媒体学习认知模型呈现了多媒体学习是如何发生的过程。

1) 多媒体呈现——感觉记忆

当学习者进行多媒体学习时，通过两个通道接收多媒体信息（耳朵接收声音信息，眼睛接收视觉信息），并形成短暂的听觉感觉记忆和视觉感觉记忆。图2-6中"言语"指向"眼睛"的箭头，一般表示以印刷或某种显示方式呈现的文字信息，例如，纸质印刷品上的文字、视频画面中显示的文字等。

例如，当学习者观看视频时，声音（解说、配乐等）作用在耳朵上，导致声音在听觉感觉记忆上停留很短的时间（如，小于1秒）；视觉画面、显示的文字作用在眼睛上，导致形象在视觉感觉记忆上停留很短的时间（如，小于1秒）。

2) 感觉记忆——工作记忆

【认知过程1】和【认知过程2】：如果学习者注意到了传入的声音和图像（分别由"选择语词"箭头、"选择图像"箭头表示），其中一部分信息会转移到工作记忆进行额外加工。声音和图像不能全部转移到工作记忆的原因，是因为"每一通道中同时加工的信息数量是有限的（容量有限原则）"。

工作记忆中"言语"与"图像"是双向箭头，反映这样两种情形：①如果学习者能够在心理上读出所注意到的图像中的文字信息，则对该图像的认知过程可能会转移到听觉通道中进行；②如果学习者能够在心理上呈现所注意到的"言语"描述的图像，则对该"言语"描述的认知过程可能会转移到视觉通道中进行。

【认知过程3】和【认知过程4】：在工作记忆中，如"组织语词"箭头所示，学习者将传入的声音安排到一致的认知表征中，该表征被称为言语模型。如"组织图像"箭头所示，学习者将传入的图像安排到一致的认知表征中，该表征称为视觉模型。

3) 工作记忆——长时记忆

【认知过程5】：最后，如"整合"箭头所示，学习者将"言语模型""视觉模型"的相关内容和长时记忆里激活的已有知识（包括学习者的知识库）进行整合。一旦知识在工作记忆里被构建了，学习者便可以将它嵌入长时记忆里永久存储。

图 2-6 也取决于学习者对所呈现材料赋予意义的动机，以及学习者在学习过程中选择、监测与控制认识加工的认知过程。

概念学习

表征和认知表征是心理学概念，理解这两个概念有助于理解上述学习内容。通过网络搜索来了解表征、认知表征的概念。

3. 如何设计多媒体教学，促进多媒体学习

为了能在多媒体环境下产生有意义的学习，多媒体学习模型包括五个认知过程，如图 2-6 所示的五个箭头所示。在学习过程中引导这些认知过程是多媒体教学的焦点。设计有效的多媒体教学面临的主要挑战是：有意义的学习要求学习者在学习过程中进行适当的认知加工，但是学习者工作记忆的每个通道的信息处理能力是极其有限的。

1) 学习者认知能力的三种需求

根据斯威勒 (Sweller) 的认知负荷理论 (1999，2005；Brunken，Plass 和 Moreno, 2010) 和梅耶 (Mayer) 的多媒体学习认知理论 (2009；Mayer 和 Moreno，2003)，表 2-1 列出了学习过程对学习者认知能力的三类需求。

表2-1　学习过程对于学习者认知能力的三类需求

类型	定义	原因	箭头
外在加工	不服务于教学目标的认知加工过程	缺乏教学设计	无
基本加工	对所呈现的材料建立心理表征的认知过程	材料的复杂度	选择（和内在组织）
生成性加工	旨在使材料有意义的认知加工过程	学习者努力学习的动机	组织和整合

(1) 外在加工：是学习过程中不服务于教学目标的认知加工，且是由于缺乏教学设计引起的。例如，当插图放在一页，描述该插图的文本放在另一页时，学习者必须在相关的文字和图像之间来回扫描，导致额外的加工。因此，一个重要的教学目标是设计能够减少外在加工的多媒体教学。

(2) 基本加工：是在学习过程中的认知加工，它要求对呈现材料中选择的部分按照它们呈现的方式进行心理表征，基本加工是由材料内在的复杂程度引起的。例如，初学者学习复杂概念（如闪电雷声是如何形成的）时，需要利用大量的认知对材料进行心理表征。因此，一个重要的教学目标是设计能够进行基本加工的多媒体教学。

(3) 生成性加工：是在学习过程中的认知加工，意在通过深层加工使呈现的材料有意义。它是由学习者努力理解材料的动机引起的。例如，学习者可以向自己解释学习内容，并寻找与自己已有知识不一致的地方。因此，一个重要的教学目标是设计能够促进生成性加工的多媒体教学。

2) 三种多媒体教学情境

根据以上三类需求，教学设计者必须应对这样的情境：学习任务需要学习者进行三种不同的认知加工（即高认知需求），而学习者的认知加工能力都是有限的（即有限的认知加工能力）。图 2-7 所示总结了三个多媒体教学情境，每个都需要不同的多媒体教学设计

方案。

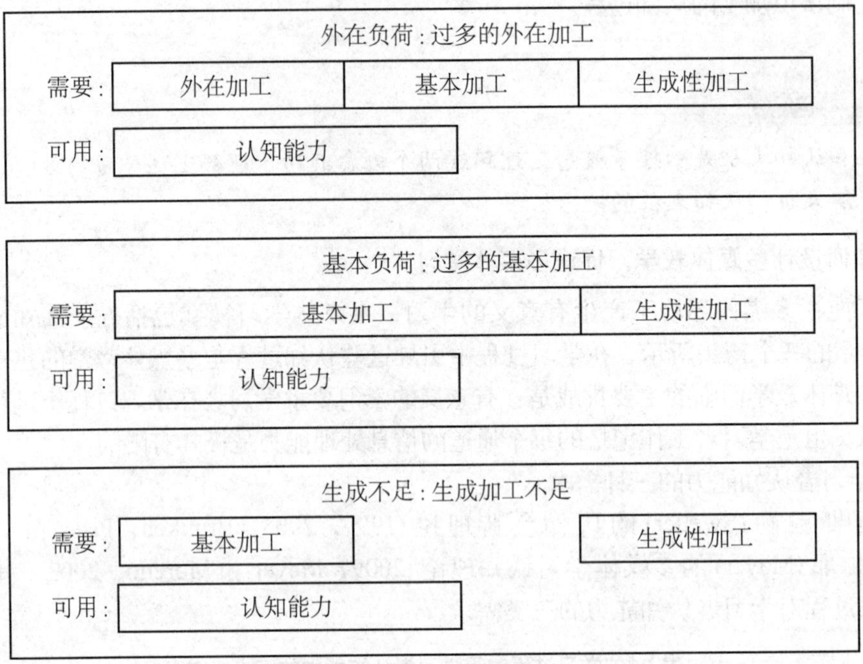

图2-7 三个多媒体教学情境

【情境一】在外在负荷超载的情境中（见图 2-7 上部），学习所需要的外在加工、基本加工和生成性加工的总量超过了学习者的认知能力（即学习者在单位时间内工作记忆的加工量）。如果学习者把宝贵的认知能力浪费在外在加工上，他们就可能没有足够的能力进行有意义学习需要的基本加工和生成性加工。当教学场景带来过多的额外认识加工时，一个重要的教学目标就是设计减少外在加工的教学。

【情境二】在基本负荷超载的情境中（见图 2-7 中部），外在加工被消除或大大减少，但所需的基本加工量仍然超出了学习者的认知能力。在这种情况下，减少基本加工是不合适的，因为基本加工要求学习者对材料进行心理表征（虽然随着专业知识的不断增长，学习者能够通过将传入的信息进行分组以减少对基本加工的需求）。当教学情境安排了过多的基本认知加工时，一个重要的教学目标就是管理这些加工。

【情境三】在生成加工未充分利用时的情境下（见图 2-7 下部），外在负荷消除了，基本负荷管理好了，因而学习者有足够的认知空间进行生成加工，但他们却没有选择这么做。在这种情况下，一个重要的教学目标就是，通过鼓励学习者参与更深层加工（例如组织和整合）的方式，设计教学促进生成性加工。

4. 多媒体教学原则

梅耶（Mayer）根据学习过程对学习者认知能力的三种需求，针对上述三种多媒体教学情境，提出了三类多媒体教学原则。

(1) 减少外在加工的原则：在外在负荷超载的情境中，一个重要的教学目标就是设计减少外在加工的教学，共包括六项原则。

① 一致性原则：减少无关的语词和画面。例如，删除有趣但不相关的轶事和动画。

② 强调原则：突出重要的语词和画面。例如，使用大纲和标题；把关键词用醒目的字体标出并置于文本开始。

③ 空间接近原则：将文本与它描述的图像临近呈现。例如，把每个部分的说明文字嵌入到相关图片的旁边。

④ 时间接近原则：将对应的图像与解说同步呈现。例如，在带解说的动画中，描述事件的音频与屏幕上的画面同步呈现。

⑤ 冗余原则：呈现"图像＋解说"的材料，而不是"图像＋解说＋文本"。例如，不要在带解说的动画中添加屏幕文本。

⑥ 期望原则：教学前呈现预览的测试项目或者教学目标。例如，在学习本部分的内容前，提出问题："减少外在加工六项原则的名称是什么？它们的定义是什么？有哪些例子？"

(2) 管理基本加工的原则：在基本负荷超载的情境中，一个重要的教学目标就是管理这些加工，包括以下三项原则。

① 分割原则：将一个复杂的课分成几个可管理的部分。例如，将多媒体教学信息按照学习者的学习步调分段呈现，学习者的学习效果会更好。

② 预训练原则：在课前提供关键元素的名称和特点的练习。例如，在观看刹车制动系统原理的视频前，告诉人们制动系统中每个部分的名称、位置和活动。

③ 通道原则：在图片附近添加语音而不是印刷文本。例如，给雷电添加带解说的动画，而不是添加屏幕说明文字。

(3) 促进生成性加工的原则：在生成加工未充分利用的情境下，一个重要的教学目标就是，通过鼓励学习者参与更深层加工（例如组织和整合）的方式，设计教学促进生成性加工，包括以下三项原则。

① 多媒体原则：语词和画面组合呈现而不是语词的单一呈现。例如，呈现带解说的雷电动画，而不是只有解说。

② 个性化原则：将语词以交谈风格的方式呈现。例如，说"我"和"你"，而不是仅仅使用第三人称。

③ 声音原则：使用人类话语而不是机器话语。例如，使用人类声音的录音文件而不是机器的合成声音。

5. 其他能够促进生成加工的教学原则

(1) 图像原则：使用多媒体形式呈现信息时，讲解者的图像出现在屏幕上的学习效果并不一定优于没有图像出现时的效果。

(2) 具体化原则：当不熟悉的材料以与人们已有知识相关的方式呈现时，人们会学得更好。

(3) 抛锚原则：当材料在一个熟悉的情境中呈现时，人们将学习得更好。

(4) 测试原则：通过已学材料的实际测试，学生会学得更好。

(5) 自我解释原则：在学习过程中促使学生解释课程要素，会使学生学得更好。

(6) 范例原则：用注释的方式给问题解决过程的每个步骤举例，学生会学得更好。

(7) 指导发现原则：当人们在解决问题时，给予他们合适的指导，会使学生学得更好。

(8) 提问原则：在学习过程中，人们必须提出和回答深层问题，这样学生学得会更好。

(9) 精细加工原则：人们对给出的材料进行归纳、总结或者其他精细化加工时，会学得更好。

教与学活动建议

(1) 教师引导学生采取小组协作的方式，访问教育部网站或通过搜索引擎搜索，查阅重要文件《中共中央国务院关于深化教育改革全面推进素质教育的决定》《面向21世纪教育振兴行动计划》及一些相关的文章等。通过上网查阅相关文件或文章，并通过小组讨论，使其理解发展现代教育技术的重要意义。

(2) 围绕"当代大学生是如何学习的"这一主题开展如下活动。

① 先分学习活动小组，给每个小组布置不同的活动任务，然后各组内再进行分工。每个小组根据自己小组的具体情况访谈相应专业的同学，与他们探讨和交流，重点要了解大学生是怎样进行学习的这一主题。

② 各小组上网利用自己熟悉的搜索引擎去搜索有关的学习理论，深刻理解每一种学习理论的内涵和实质，然后分析自己了解的大学生的学习与所查找的学习理论上的介绍是否对应，学习理论如何指导大学生当前的学习等相关问题，在小组内讨论并达成一致观点。

③ 各小组选派一名代表进行主题发言，汇报小组对学习理论的理解及学习理论对当前大学生学习的指导意义，以共享他们的信息资源。

④ 各小组把自己的活动结果发布在自己的个人主页或博客上，参与日志的评论和交流。

⑤ 评价方法。采用个人自评、小组互评和教师评价相结合的办法。

在这个活动过程中，教师指导主题活动，收藏相关的网络资源，观察学生的表现，解答学生在活动中出现的问题，指导小组学习并进行评价。

本章小结

信息化时代以网络为媒介的学习方式日益成为学习者与教育工作者关注的焦点，期间涌现了许多新理论和新观点，对现代教育技术的发展影响深远。本章介绍了现代教育技术理论基础——学习理论、传播学理论和系统科学理论对教育技术的影响；重点介绍了多媒体学习认知理论内涵、多媒体学习认知过程步骤和多媒体信息设计原则。

本章的重点是多媒体学习认知理论、建构主义对现代教育技术的影响，难点是多媒体学习认知过程的步骤和多媒体信息设计原则的应用。

1. 阐释行为主义、认知主义和人本主义学派的学习理论。
2. 试述建构主义学习的本质，影响学习的因素有哪些？
3. 阐述戴尔的视听教育传播理论。
4. 简述教育传播系统的三种基本模式。
5. 利用梅耶多媒体学习认知模型，简述多媒体学习的发生过程。
6. 结合多媒体教学原则，举例说明如何减少外在加工在教学中的应用。
7. 多媒体信息设计的原则有哪些？

第3章　信息化学习资源及应用

知识导图

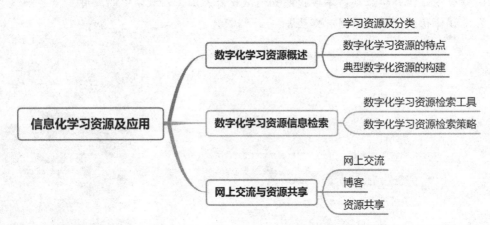

 学习目标

(1) 了解数字化学习资源的基本类型、特点及典型数字化资源的构建。
(2) 掌握博客、微信、QQ及资源检索工具的使用方法。
(3) 掌握资源下载工具的使用方法，能够利用网络进行信息交流与资源共享。

 核心概念

数字化 (Digitization)　　教学资源 (Instructional Resource)　　学习资源 (Learning Resource)　学习环境 (Learning Environment)　　学习材料 (Learning Materials)

自20世纪30年代视听教育兴起以来，教育观念不断发生变化。早期，教师被看成信息源，媒体只起单向传递作用，学生处于被动学习状态；到了70年代，人们认识到学生是学习活动的主体，媒体成为师生相互沟通的中介物，师生可以更多地交流；到了80年代，学习心理学的发展推动了教育技术的进步，媒体再也不仅仅是传递信息的"通道"，而是构成认知活动的实践空间和实践领域，人们更加关注媒体资源及环境；到了90年代，人们认识到"教育技术是对与学习有关的过程和资源进行设计、开发、运用、管理和评价的理论和实践"；进入21世纪，互联网+教育的出现，尤其是移动互联网的应用，使学习进入了"泛在、泛载"时代，数字化学习正逐渐成为越来越普遍的学习方式。

3.1 数字化学习资源概述

学习资源是教育技术的两个主要研究对象之一。一般指可用于学习的一切资源,包括信息、人员、资料、设备和技术等。

3.1.1 学习资源及分类

综合 AECT'1977 定义和 AECT'1994 定义,学习资源按类别可分为学习材料与教学环境;按形态可分为设计的与可利用的两种形态。学习环境资源又分为信息资源型与授递型;还有一类是集成化教育环境,在一定程度上综合了以上各类资源的特点。表3-1给出了学习资源的分类方法及各类资源的例子。

表3-1 学习资源分类

资源的形态	资源的类别	设计型资源	可利用型资源	集成型资源
学习材料		音像教材、投影资料、多媒体课件	电子百科、教育音像资料、网上教育信息资源	交互学习系统、学校内联网、Internet、虚拟教育系统
教学环境	信息资源型	学习资源中心、电子阅览室、数字化图书馆	Internet	
	授递型	多媒体教室、语言实验室、微格教室、网络教室	卫星电视、有线电视、图文电视、Internet	

设计型资源学习材料,是指为教学目的而专门开发的数字化资源,如教学软件(广义的教学软件)、教学录音带/录像带、教学投影片/幻灯片、多媒体课件等。

可利用的资源,是指本来并非为学习者专门设计,但被发现具有一定的教育价值可用来为学习者服务的数字化学习资源,特别是网络上的多种多样的信息资源,主要包括电子图书、电子期刊、网上数据库、虚拟图书馆、百科全书、教育网站、通信新闻组、软件工具、音像资料,以及多种多样的网上信息资源。与此相对应的是非数字化学习资源,包括印刷材料、幻灯片、投影片、电影、电视、录像等。学习资源数字化能够激发学习者通过自主、合作、创造的方式来寻找和处理信息,从而使数字化学习成为可能。

信息资源型的教学环境,是指那些以提供信息服务为主的系统。其特点:一是拥有大量的信息资源;二是提供自由的访问。有些信息资源型系统是为教育目的而设计的,如学习资源中心和电子阅览室;有些系统本来并非为教育而设计,但因其具有教育利用价值而被用作教学环境,例如电子图书馆和 Internet 上的各种信息系统。

授递型的教学环境,是指由各种信息传播媒体及配套运作软件组成的媒体化教学环境,一般称之为教学授递系统(Instructional Delivery System)或教学传播系统(Instructional Communications System)。教学传播环境也有设计的与可利用的之分。设计的教学传播环境如多媒体教室、语言实验室、网络教室等,在设计时通常对它们所能支持的教学传播模式有比较明确的假定,如课堂教学、远程教学、个别化教学、小组合作学习、班级教学、众体教学(Mass Teaching)等。利用的教学传播环境大多是借用了大众传播系统的功能来为教育服务,如卫星电视、有线电视、图文电视等。

另外，随着计算机网络在教育技术中的发展，目前出现了学习资源向集成化方向发展的趋势，各种学习材料和环境，包括设计的与利用的，都包含在一个系统中，统称为集成化教育环境。许多交互型学习环境、学校内联网、在线教育系统都具有这样的特点。

尽管我们对学习资源作了上述划分与定义，但它们之间的界限有时还是不明显。例如，校园有线电视网在技术上是可利用的，但在使用功能上则是设计性的。还有很多校园计算机网，在初建时并没有把很多教学功能设计在内，而与可利用的公共网络功能无异，但随着网上教学功能的不断开发运用，它就会变得越来越具有设计的教学环境的特征。鉴于此，用图3-1表示这些分类之间的相互关系，从而能更好地理解教学资源的性质。

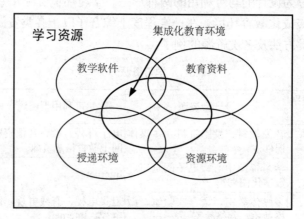

图3-1　学习资源综合视图

3.1.2　数字化学习资源的特点

数字化学习资源就是将文本、图像以及音视频等类型的学习资源转变为计算机可以处理的二进制代码，并依据学习者的特征进行编辑，可以在多媒体计算机上或网络环境下运行的供学习者使用的多媒体资料。

传统的非数字化学习资源，可以通过信息处理技术转换为数字化的学习资源。学习资源数字化能够激发学习者通过自主、合作、创造的方式来寻找和处理信息。从而使数字化学习成为可能。与传统的学习资源相比，数字化学习资源有以下几方面的特点。

1) 处理技术数字化

处理技术数字化是指用数字化处理技术将声音、文本、图形、图像、动画、音频和视频等信号经过转换器抽样量化，使其由模拟信号转换成数字信号。数字信号的可靠性远比模拟信号高，对它进行纠错处理也容易实现。

2) 处理方式多媒体化

处理方式多媒体化是指利用多媒体计算机技术存储、传输、处理多种媒体形成的教学资源。与传统的纯文字或图片处理信息的方式相比，经多媒体计算机处理的学习资源更加丰富多彩。

3) 信息传输网络化

信息传输网络化是指数字化教学资源可以通过网络实现远程传输，学习者可以在异地任何一台能上网的计算机上获取自己需要的信息。

4) 教学资源系列化

教学资源系列化是指数字化教学资源可由资源管理人员或教学人员进行系统分类，在教学过程中向不同的学习者提供不同系列的教学信息。

5) 资源建设可操作化

资源建设可操作化是指教学资源允许学生和教师利用多种信息处理方式对其进行运用和再创造，师生还可以将自己制作的资源（如电子作业）加入到数字化资源库中。

思考交流

把书上一段文字或者图片通过拍照的方式保存在电脑里或者上传到网上是不是就是数字化了？

3.1.3 典型数字化资源的构建

1. 多种形式的学习支持工具与平台

除了多媒体课件和网络信息资源之外，数字化学习资源中还包括各种学习支持工具与平台。按照功能不同，学习支持工具与平台可分为通信学习工具、信息共享工具和创作学习工具三大类，如表3-2所示。

表3-2 学习支持工具与平台的分类

工具类别	常见工具
通信学习工具	辅导答疑系统、视频会议系统（如 NetMeeting）、聊天系统（微信、QQ）、电子邮件（文本、语音、视频）
信息共享工具	远程屏幕共享系统、服务器文件共享（如 FTP）、检索服务系统（如 Wais、Gopher）、异步合著系统（如 Blog、Wiki）、数字化图书馆、远程登录（Telnet）、网盘和云盘等
创作学习工具	文字处理工具（如 Word、写字板）、几何画板、作图（如 Photoshop、Visio）、作曲（如 Cakewalk）、制表工具（如 Excel）、信息集成工具（如 PowerPoint、Ebook）、建立网站工具（如 Dreamweaver）、支持评测工具、网络教学平台系统（如慕课平台、学堂在线、学银在线等）

2. 多种形式的网络学习资源

互联网是最大的数字化学习资源的公共网，资源类别丰富，门类众多，涉及政治、经济、科学、文化、法律、体育等各个方面。面对互联网上这么多的学习资源，我们有必要对它们进行分类，以便于查询。通常将网上教育信息资源划分为七大类，如图3-2所示。

(1) 电子书籍。网络上的电子书籍琳琅满目，但主要类型是名家的经典名著。当前比较流行和常见的电子读物的格式有 EXE、CHM、HLP、PDF、WDL、SWB、LIT、EBX、RB、EBK 等。其中 EXE 格式的电子读物制作简单，且无须专门的阅读器支持就可以阅读，但多数需要 IE 支持；CHM、HLP 文件格式的读物一般不需要安装专门的阅读工具，其支持文件往往在 Windows 操作系统中已经安装；有些格式的电子读物需要安装相应的阅读器才能使用，经常使用的电子读物阅读器有超星数字图书馆、CAJViewer 等。知名的电子

书籍网站主要有超星电子图书、e书时空、中国典籍网、国家百科全书等。

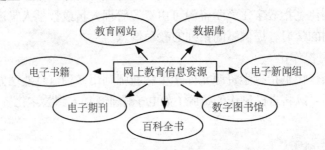

图3-2 网上教育信息资源分类

(2) 电子期刊。电子期刊主要有三种类型：电子报纸类、电子杂志和期刊类、电子新闻和信息服务类(NIS)。根据电子期刊是否发行印刷版本，可分为两种类型：一类是同时发行印刷版本，目前绝大部分的电子期刊属于此类；另一类是只发行电子版本，是真正意义上的电子出版物，如《教育技术通信》(http://www.etc.edu.cn)等。目前，大多数的电子期刊是免费的，知名的电子期刊有中国期刊网，万方数字化期刊，国际教育技术杂志FNO(Failures is Not all Option，决不接受失败)，课程、教材、教法等。

(3) 百科全书。百科全书是以辞典形式编排的大型参考工具书，以其内容的高度概括性、知识的科学性、编撰出版的权威性、数据事实的准确性、编制体制的完备性等特点，被称为"工具书之王"。从古希腊时代(亚里士多德(Aristotle)，公元前384—前322)算起，百科全书至今已经有2000多年的编撰历史了，而电子百科是近些年才发展起来的新事物，不过著名的《大英百科全书》1996年就已经有了在线服务。知名的电子百科网有：韦式在线辞典、辞典网、我国《英汉-汉英科技大辞典》的网络版、《大不列颠百科全书》、知识在线、网络知识百科全书等。

(4) 数据库。数据库是指大量信息对象的集合，允许用户根据某些属性进行检索。网上有各种各样的数据库，通常包括图书馆目录和专门用途的数据库。图书馆目录通常是免费的，可以辅助教师和学生对各种题目进行研究，也可以帮助学生收集文献资料以完成作业或学期论文；专门用途的数据库通常是按次计费的，它包含用户所需的(电子的或印刷的)期刊上的文章，可以对它们进行搜索，然后生成一个以超文本形式输出的符合用户需要的文章列表。美国教育资源信息中心(Education Resources Information Center，ERIC)成立于1966年，是目前世界上规模最大的网上教育资源数据库。它包括超过100万条有关教育书籍、杂志、会议论文、研究报告、课程和教学指导的记录。ERIC网站主页上有六个主要栏目，分别是ERIC数据库检索(Search ERIC Database)、ERIC资源(Resources)、ERIC出版物(Publication)、ERIC摘要(ERIC Digests)、ERIC教育资源索引(Ask ERIC)、关于ERIC(About ERIC)。知名的数据库有美国的ERIC、世界大讲堂、全球校园等。

(5) 教育网站。教育网站是专门提供教学、招生、学校宣传、教材共享的网站。各大学校和教育机构都有自己的网站。由于教育系统信息化平台的发展与应用，根据国家教育部的发展规划，众多教育网站将融入整体的教育云平台当中，以学校教育社区为现有的教育网、校园网升级，为无网站的学校提供新一代教育网、校园网和班级网，必然成为其升级和新建的最佳选择。众多的教育机构通过互联网或局域网发布自己的数据资源，用于存放课堂教学的教案、学习资料、学习者作业甚至完整的网上课程等。著名的教育网站有美国的 K-12(https://www.k12.com/) 教育网、英国的开放大学、新东方教育在线、中国教案网等。随着教育技术手段在社会化媒介和移动设备中逐渐成为主流，通过新技术来提高学习效率和教学过程是现代教育技术的发展趋势。MOOC（慕课）作为其中一个新兴的形式，正在推动教育、学校、企业或者社会组织的知识整合与学习。

(6) 电子新闻组。电子新闻组是世界范围内通过 ISP 的一个公共电子公告板系统，它可以是讨论主题的巨大集合，也可以是任何人发布想法、观点和建议的新闻组。这些发布的信息可以被有互联网连接的大多数人阅读和回答，而且是免费的。在教育环境中可以利用新闻组完成两类任务：一是可以帮助查找信息（如阅读张贴在新闻中的关于某一课题的文章或者通过张贴文章来寻求帮助）；二是可以支持不同文化间的交流和跨地区的学生/学校之间的合作（如比较大的项目和作业课题需要共同合作来完成）。

(7) 数字图书馆。随着信息技术的发展，需要存储和传播的信息量越来越大，信息的种类和形式越来越丰富，传统图书馆的机制显然不能满足这些需要。因此，人们提出了数字图书馆的设想。数字图书馆，实质上是一种多媒体制作的分布式信息系统。它把各种不同载体、不同地理位置的信息资源用数字技术存储，以便于跨越区域、面向对象地网络查询和传播。它涉及信息资源加工、存储、检索、传输和利用的全过程。通俗地说，数字图书馆就是虚拟的、没有围墙的图书馆，是基于网络环境下共建共享的可扩展的知识网络系统，是超大规模的、分布式的、便于使用的、没有时空限制的、可以实现跨库无缝链接与智能检索的知识中心。每个拥有电脑终端的用户只要通过联网，登录相关数字图书馆的网站，都可以在任何时间、任何地点方便快捷地享用世界上任何一个"信息空间"的数字化信息资源。

知识拓展

数字化学习资源的工作原理，从建构主义学习理论的视角来看：学习者所获取的知识不是由外部直接给予的，而是通过学习者自主建构形成的。学习者在解决问题的过程中会产生新的需要，要求有新的可用的资源的帮助，新的可用的资源可以从提供的资源中寻找，当提供的资源中不满足所需时，可反馈给数字化学习资源的设计者或智能代理，从而促进其不断修改、完善所提供的数字化学习资源。

思考交流

(1) 网上都有哪些学习资源？相对于传统课本，这些学习资源有哪些优点？

(2) 国际新闻组在命名、分类上有其约定俗成的规则。新闻组由许多特定的集中区域构成，组与组之间呈树状结构，这些集中区域就被称为类别。网络搜索有关新闻组命名的相关知识，了解新闻组命名有哪些规则。

3.2 数字化学习资源信息检索

3.2.1 数字化学习资源检索工具

随着互联网的飞速发展，网上资源日新月异，信息量呈爆炸性增长。面对浩如烟海的数字化、多媒体、非规范、跨时空、跨行业、跨语种的信息资源，需要高效的检索技术和检索工具。互联网上有许多检索工具，为查询信息提供了诸多途径。所谓检索工具，是指在互联网上提供信息检索服务的一类网站或服务器，其检索的对象是存在于互联网信息空间中的各种类型的网络信息。搜索引擎分为全文搜索引擎、目录索引类搜索引擎及元搜索引擎。

1. 全文搜索引擎

全文检索是指计算机索引程序通过扫描文章中的每一个词，对每一个词建立一个索引，并指明该词在文章中出现的次数和位置，当用户查询时，检索程序就会根据事先建立的索引进行查找，并将查找的结果反馈给用户的检索方式。这个过程类似于通过字典中的检索字表查字的过程。目前全文搜索引擎通常使用倒排索引技术。倒排索引(Inverted index)，也经常被称为反向索引、置入档案或反向档案，是一种索引方法，被用来存储在全文搜索下某个单词在一个文档或者一组文档中的存储位置的映射。它是文档检索系统中最常用的数据结构。

这种搜索引擎的特点是搜索率比较高。最常用的全文搜索引擎有百度、谷歌(Google)等。它们从互联网上提取各个网站的信息(以网页文字为主)，建立起数据库，并能检索与用户查询条件相匹配的记录，按一定的排列顺序返回结果。

2. 目录索引类搜索引擎

目录索引，顾名思义，就是将网站分门别类地存放在相应的目录中，因此用户在查询信息时，可选择关键词搜索，也可按分类目录逐层查找。如以关键词搜索，返回的结果与搜索引擎一样，也是根据信息关联程度排列网站，只不过其中人为因素要多一些；如果按分层目录查找，某一目录中网站的排名则由标题字母的先后顺序决定(也有例外)。

目前，搜索引擎与目录索引有相互融合渗透的趋势。原来一些纯粹的全文搜索引擎现在也提供目录搜索，如Google就借用Open Directory目录提供分类查询。而像Yahoo!这些老牌目录索引则通过与Google等搜索引擎合作扩大搜索范围。在默认搜索模式下，一些目录类搜索引擎首先返回的是自己目录中匹配的网站，如国内搜狐、新浪、网易等；而另外一些默认的是网页搜索，如Yahoo!。

这种引擎的特点是查找的准确率比较高。创建于1994年的Yahoo!(http：//www.yahoo.com/)，是最早、最有代表性的目录索引类检索工具。

3. 元搜索引擎

元搜索引擎(META Search Engine)也称集成式搜索引擎，它接收到用户的查询请求后，会同时在多个搜索引擎上进行搜索，并将结果返回给用户。著名的元搜索引擎有 InfoSpace、Dogpile、Vivisimo 等，中文元搜索引擎中具有代表性的是搜星搜索引擎。在搜索结果排列方面，有的直接按来源排列搜索结果，如 Dogpile；有的则按自定的规则将结果重新排列组合，如 Vivisimo。

元搜索引擎的优点是可以同时检索多个搜索引擎，检索结果全面丰富，省时省力。其缺点是由于其本身需要借助多个搜索引擎来完成检索任务，不同的搜索引擎解析查询表达式的方式不同、处理大小写字母的方式不同、支持自然语言理解与否不同，故用户在使用元搜索引擎进行检索时，只能适用 AND、OR、NOT 等比较低级的通用搜索操作，这样很难充分利用每个搜索引擎的特色功能。

3.2.2 数字化学习资源检索策略

互联网中蕴含着丰富的信息资源，但是它每时每刻都在变化和更新。网络信息量飞速膨胀，使用户从海量的信息中迅速而准确地获取有用的信息变得十分困难。

为了加快获取信息的速度，避免或减少信息检索过程中所走的弯路，应掌握一定的网上信息检索的策略和技巧。影响网络信息检索效率的因素有很多，比如网络信息源因素、网络信息检索工具的问题等。针对这一问题，通过调查研究出了一些比较有用的检索方法和技巧，以提高网络检索信息的效率。

一般情况下，选用一个好的搜索引擎，采取科学的搜索策略和技巧，正确应用布尔逻辑符，并熟悉所搜索的领域知识，就能够事半功倍地获得一个比较满意的检索结果。

1. 检索方法

(1) 目录分类检索法。通过逐层点击网络信息主题目录，直到找到需要的信息为止。该方法适用于分类明确的信息查找。

(2) 关键词检索法。当需要查找一个特定信息时，使用关键词来查询搜索引擎的数据库，通常能得到比较满意的结果。适当掌握关键词的使用方法和技巧，就能获得更加精确的查询结果，大大提高信息的查找效率。

(3) 分类目录加关键词检索法。当对采用分类目录检索还是采用关键词检索犹豫不决时，使用分类目录加关键词混合检索通常是最佳选择。其具体做法是：先通过网络分类目录查找所需信息所在的范围较窄的类别，再在该类别下应用关键词做进一步检索。

(4) 元搜索引擎检索法。经常在网上查资料会发现，用某个搜索引擎查找时，搜索到的信息比较少，为使搜索到的信息全面而丰富，常用多个搜索引擎逐个进行查找，从而浪费不少时间和精力。元搜索引擎的出现大大提高了检索的成功率。当用户输入关键词后，它会将关键词同时提交给多个搜索引擎进行检索，从而快速、准确、全面地找到所需信息。

(5) 专门搜索引擎站点检索法。专门搜索引擎（如人物搜索引擎、旅行路线搜索引擎、域名搜索引擎、网址搜索引擎、主机名搜索引擎、商业搜索引擎、FTP 搜索引擎等）往往具有专一的特点，如要查找某方面的信息，使用专门搜索引擎可以更快速、更准确地查到所需信息。专门搜索引擎在某一行业的信息较之综合性的搜索引擎更全、更新，而且因信息相对集中，检索起来也能够节省很多时间，查准率也有保证。进行信息检索过程中，应根据课题的学科领域、专业范围、所需要的信息形式有针对性地选择搜索引擎和检索工具。

使用逻辑运算符提高检索效率

(1) 逻辑"与",一般也可以用"+""AND"或空格来表示。其含义是只有"相与"的关键词全部出现时,所搜索到的结果才算符合条件。例如:在搜索引擎的关键词输入框中输入"信息+网络"("信息 AND 网络""信息 网络")时,表示所要搜索的网址中必须同时出现"信息"和"网络"这两个关键词。

(2) 逻辑"或",其常用的表示方法为","、"OR"。其含义是只要"相或"的关键词中有任何一个出现,所搜索到的结果就算符合条件。例如:在搜索引擎的关键词输入框中输入"硬件,软件"("硬件 OR 软件")时,表示所要搜索的网址中只要含有关键词"硬件"或"软件"即可。当然,它也包括关键词"硬件"和"软件"同时出现的情况。

(3) 逻辑"非",其常用的表示方法为"-"或"NOT"。其含义是搜索的结果中不应含有"-"或"NOT"后面的关键词。例如:在搜索引擎的关键词输入框中输入"教育-技术"("教育 NOT 技术")时,表示所要搜索的网址中应含有关键词"教育"而不出现关键词"技术"。

(4) 通配符"*"号的使用。在大多数搜索引擎中,可以把"*"号作为通配符使用。可用它代替任意几个字符。例如:在搜索引擎的关键词输入框中输入"电脑*",它可以代表关键词"电脑硬件""电脑软件"等。

(5) 运算符"NEAR"的使用。一般也可以用"~"来表示。它用于寻找在一定区域范围内同时出现的检索单词的文档,但这些单词可能并不相邻,间隔越小的排列位置越靠前。其彼此间距可以通过使用 <NEAR>/N 来控制,N 是大于 1 的整数,表示检索单词的间距最大不超过 N 个单词。例如:在搜索引擎关键词输入框中输入 computer NEAR/100 game,表示要查找 computer 和 game 之间间隔不大于 100 个单词的文档。

(6) 括号的使用。括号的作用和数学中的作用一样,是为了多种符号组合时调整优先级。用括号括起来的部分将具有最高优先级。例如:在搜索引擎关键字输入框中输入 (计算机 OR 电脑)AND(杂志 OR 游戏),表示查询的关键字是"计算机杂志"或者"计算机游戏"或者"电脑杂志"或者"电脑游戏"。

(7) 引号的使用。引号的使用目的是告诉搜索引擎将几个关键字作为一个完整的组合字符串进行搜索。例如:在搜索引擎关键字输入框中输入"信息技术",它表示的是将"信息技术"作为一个整体的检索网页。

2. 检索策略

常用的检索策略有以下几点。

(1) 多数搜索引擎都将最符合检索要求的网址排列显示在所检索结果的前面,如果时间不允许,只需阅读检索结果的前面几条信息即可。

(2) 当检索返回的网页太多,而需要的网页又不在最前面几页时,可通过改变搜索关键词、搜索范围,使用逻辑符 AND 及引号等方法进一步缩小查询范围。

(3) 当检索返回的网页较少或没有所匹配的信息时，可按下面方法进一步处理：①检查关键词的拼写有无错误，关键词的组合有无自相矛盾的地方；②将某些关键词用更常见的同义词替代后重新进行搜索；③换一种搜索工具试一下，因每种搜索工具的检索方式和所拥有资料的侧重点都会有所不同。

3. 检索技巧

(1) 查找对话框法。用搜索引擎检索到所需文档并链接到相关网页后，有时会发现所需要的文件并没有出现在当前屏幕中，这时最简单的方法就是在该网页中使用查找功能。其具体方法是：按 Ctrl+F 组合键，弹出"查找"对话框，输入所要查找的关键字，以便在当前网页中查找相应内容。

(2) 猜测法。一些网站的 URL(网址) 通常是可以猜测出来的，当然首先需要了解 URL 的基本组成，在需要时就可以"构造"出这样一个网站的 URL 来。一般情况下，带"～"符号的大多是个人主页；.edu 是教育类网站；.gov 是政府网站；.com 是商业网站；.net 是未来服务公司网站；.org 是非营利性组织网站。例如，假设不知道中央电视台的 URL，但根据常识可以猜测其网址可能是 http：//www.cctv.com 或 http：//www.cctv.com.cn。事实上，经链接证明这两个 URL 均是正确的。

(3) 右切断网址法。在信息检索中，当一个很长的网址链接不上时，可以试试此方法。其具体做法是：从右至左依次删除网址中斜杠后面的内容，直至链接成功。例如，当我们查找 http：//www.people-daily.com.cn/channel/welcom.htm，但链接不成功时，可以试着依次截去 welcom.htm 和 channel/welcom.htm。最后，http：//www.peolple-daily.com.cn/ 链接成功，然后可以从这个链接成功的网页开始，层层往下寻找所需的网页。

(4) 关键词优先法。当所查询资料的关键词多于 1 个时，可以把它们按关键词重要性的次序输入搜索引擎中。因为某些搜索引擎会以第一个关键词作为查找信息的依据，再把符合第一个关键词条件的内容作为第二个关键词的搜索范围，依此类推。所以应该把最重要的关键词最先输入。

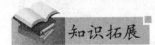

检索过程中可能会出现出错信息，这时可以在搜索引擎中输入提示的出错信息，就有可能找到相关的解释及处理方法。

3.3 网上交流与资源共享

3.3.1 网上交流

1. 电子邮件 (E-mail)

1) E-mail 概述

电子邮件 (Electronic Mail，E-mail) 是互联网上非实时的通信方式，它可以快捷、方便、廉价地完成全球用户之间的通信。使用电子邮件首先要向 Internet 的服务商申请一个电子邮箱，电子邮箱实质上是在提供电子邮件服务的主机上申请的一块硬盘空间，申请者可以根据用户名和密码对这个空间进行管理。其他人可以往这个空间里发送信息，发送的信息就是电子邮件。同时电子邮件可以是文字、图像、声音等多种形式。用户可以得到大量免费的新闻、专题邮件，并实现轻松的信息搜索。电子邮件的存在极大地方便了人与人之间的沟通与交流，促进了社会的发展。

每个电子邮箱都拥有一个全球唯一的地址，它由用户名和主机域名两部分组成，中间用代表 at 的 @ 符号连接，即"用户名 @ 提供电子邮件服务的主机域名"。

例如，一看到 support@foxmail.com.cn，就知道它是一个电子邮件地址。它表示用户 support 在域名是 foxmail.com.cn 的网站上申请的一个硬盘空间，空间的大小由提供服务的 foxmail 决定。在大多数电子邮件地址中，@ 符号后的内容就是公司、Internet 服务提供者、教育机构和其他组织的域，是 E-mail 地址中具有公共特征的部分。由于 E-mail 的实际使用范围超过了 Internet 本身涵盖的区域，许多没挂在 Internet 上的网络也可以用 E-mail 进行通信。

电子邮件系统最基本的功能是用来收发电子邮件，也能以附件的形式传递文档、图形、动画、音频、视频等多媒体信息。它往往还提供邮件群发、存储、转发以及进行回复等功能。回复时还可以自动附上接收到的原信并自动填入收信人的电子邮件地址。也可以使用电子邮件系统订阅电子刊物，或作为网络盘使用。将本地硬盘的内容转移到电子信箱所在的网络空间上去，使得资料存取不受时间和地点的限制，实现文件的备份和共享。

2) E-mail 的申请和使用

一般来说，用户需要在互联网上的一台可提供电子邮件服务的主机上进行注册后，才能获得相应的电子邮件地址。很多大型网站都提供了免费的电子邮件服务，如新浪、搜狐、163 等。申请免费电子邮箱的方法基本相同，即登录到提供电子邮件服务的网站，然后按照网站上的提示去申请和使用就可以了。

 思考交流

申请一个电子邮箱，并尝试发出文字、图片和声音文件等。能不能给自己发一封邮件？

2. 网络寻呼机 (ICQ)

ICQ 是互联网上最流行的即时信息传递软件，名称来自 I seek you (我找你)。它是以色列 Mirabilis 公司于 1996 年开发出来的，可以即时传送文字信息、语音信息、聊天和发送文件，并让使用者侦测出其朋友的联网状态。而且它还具有很强的"一体化"功能，可以将寻呼机、手机、电子邮件等多种通信方式集于一身。

QQ 是深圳腾讯公司模仿 ICQ 开发的即时通信软件，已成为目前流行的一种网络通信工具，许多教学平台都有支持 QQ 的功能。腾讯 QQ 支持在线聊天、视频通话、点对点断点续传文件、共享文件、网络硬盘、自定义面板、QQ 邮箱等多种功能，并可与多种通信终端相连。也就是说，它不仅能发布即时文字消息，还可以实现视频和声音消息的即时传递，支持多人实时交互。

3. 网络日志 (Blog)

创建 Blog 的关键并不在于技术方面，而是需要教师有足够的时间和热情去建设和维护，持续不断地丰富 Blog 的内容，从而使它真正为教学教研服务，发挥实效。

除了上述提到的交流工具外，网络上可以用于交流和作为教育教学手段的工具还有很多，如网络电话、新闻组软件、聊天室、维克等。这些交流工具说到底只是一项技术，它们给教育带来了变革，在教育教学上如何用，用的效果如何，还取决于教师和学生的参与程度。

4. 微信 (WeChat)

微信是腾讯公司于 2011 年 1 月 21 日推出的一个为智能终端设备提供即时通信服务的免费应用软件。微信支持跨通信运营商、跨操作系统平台通过网络快速发送语音、视频、图片和文字，同时，也可以使用"朋友圈""公众平台""小程序"等服务插件实现传送。能够支持人与人之间即时的交互，其公众平台还具备资源传播的功能。

3.3.2 博客

博客，英文名为 Blogger，是 Web Log 的合成，博客现象正在成为世人瞩目的焦点。博客是继 E-mail、BBS、ICQ 之后出现的第四种网络交流方式。

1. 博客的概念、特点

Web Log 是网络发布和阅读的记录，称为"网络日志"，博客是其中文音译。一个博客就是一个网页，由简短且经常更新的张贴 (Post) 构成，这些张贴按照年和日期排列。Web Log 的内容和目的有很大的不同，从对网站的链接和评论，到有关公司和个人的新闻、日记、照片、诗歌、散文，甚至科幻小说等形式都有。博客是个人心中所想之事的发表，有的博客则是团队基于某个主题或共同利益的创作。总的来说，Web Log 是一项免费或价格相对较低，简单易行，适合于学习、交流和内容管理的个人出版工具。

博客具有以下几个特点。

(1) 易用性。博客的申请、建立和维护都非常简单。零技术——简单易用，从注册到使用都非常简单方便，没有技术门槛；零时差——即时发布，不需要从本机到网络的上传过程；零成本——完全免费，有很多提供免费博客的网站。

(2) 共享。博客的出现，标志着在以信息共享为特征的第一代门户之后，以追求思想共享为特征的第二代门户的出现，互联网开始真正凸现其无穷的知识价值。思想共享把人们带入一个更加宽容与开放的世界，扩展了视野，也开发了创造性。

(3) 非线性与集中性。博客中超链接技术的运用使博客文本具有非线性的特征，它使知识的组织更接近本真。博客又是一种异步的表达方式。博客把个人的思想汇集起来；而社区博客则是把分散在不同个人大脑中的观点汇集起来。这种汇集也决定了博客文本的非线性特征。在系统科学中非线性意味着非加性整合，非线性的内容组织，会创造出新的观点，在博客中的作用与蒙太奇手法在影视中的作用是类似的。与这种非线性相对的是博客的内容，体现了一定的集中性，与博客本人的兴趣爱好是联系在一起的，因而博客的内容一般不会相差很远；而社区博客的建立更加严格，要遵守一定的规则，内容更加具有集中性。这种集中性也使博客文化带有一定的社区文化的特征。

(4) 批判性与多元性。博客的内容不一定就是真知，代表个人观点，具有模糊性。只有经过大家的讨论，它才逐步接近真实。这些讨论的魅力并不在于盲目地赞同，更多的是理性地批判。博客吸引持不同观点的人来讨论，博客文化的精华也就在于此。博客不但要批判，而且这种批判具有多元性，从而引起思想的共鸣或争论。

2. 教育博客

教育博客是一种博客式的个人网站，是各年级各学科的教师与学生利用互联网新兴的"零壁垒"的博客(blog)技术，以文字、多媒体等方式，将自己日常的生活感悟、教学心得、教案设计、课堂实录、课件等上传发表，超越传统的时空局限(课堂范畴、讲课时间等)，促进教师与学生个人隐性知识显性化，并让全社会可以共享知识和思想，记录教师与学生个人的成长轨迹。

未来的教育博客将不仅仅局限于现状，由于教育系统信息化平台的发展与应用，尤其是根据教育部的"十二五"规划，众多教育博客教育网站将融入整体的教育云平台当中，以学校教育社区为现有的教育网、校园网升级，为无网站的学校提供新一代教育网、校园网、班级网，同时将大量的教育博客变成整体云平台的一部分，必然成为其升级和新建的最佳选择，亚洲教育网素质教育云平台是国内首个实现三网合一的智慧教育云平台，实现互联网、电信网、广电网跨平台使用，并且手机短信支持联通、电信、移动全网覆盖。而未来的教育博客将是这一系统的重要组成部分，同时也将成为这一系统当中重要的交流部分。

3. 微博（微型博客）

1) 微博的概念

微博(MicroBlog)是指一种基于用户关系实现信息分享、传播以及获取的通过关注机制分享简短实时信息的广播式的新媒体平台。允许用户通过 Web、Wap、Mail、App、IM、SMS 以及通过 PC、手机等多种移动终端接入，以文字、图片、视频等多媒体形式，实现信息的即时分享、传播互动。

2) 发展历史

最早的微博是美国的 Twitter。2006 年 3 月，博客技术先驱 Blogger 联合创始人埃文·威廉姆斯(Evan Williams)和比兹·斯通(Biz Stone)创建 OBVIOUS 推出微博服务。在最初阶段，该服务只限于好友之间用手机发送文本信息，之后，微博的新服务功能陆续推出，在中国得到快速发展。2009 年 8 月新浪(Sina)推出"新浪微博"内测版，成为中国第一家提供微博服务的门户网站。各大网络平台先后出现腾讯(Tencent)微博，网易(NETEASE)微博，搜狐(Sohu)微博等，微博正式进入中文网上主流人群视野。2014 年 3 月，新浪微博宣布改名为"微博"。

随着微博的迅速传播，在微博中诞生的各种网络热词也迅速走红，微博效应逐渐形成。微博的出现，让网民拥有了一个可以独立自主且相对自由的发声渠道，许多一手新闻甚至猛料均来自草根。在互联网监管较为严格的环境下，微博的这个属性显得弥足珍贵，迅速成为不论富贵贫穷的公开平台。据中国互联网络信息中心(CNNIC)资料统计，中国微博用户规模高峰期达到 3.31 亿，97% 以上的中央政府部门、100% 的省级政府和 98% 以上的地市级政府部门开通了政府门户网站，政务微博账号超过 24 万个。仅微博每天发布和转发的信息量就超过 2 亿条，整体即时通信用户规模在 5.32 亿。

微博作为新媒体平台，促进了政民沟通，政务微博规模持续增长，并朝矩阵化、专业化、垂直化的方向发展。通过微博快跑、微博直播、微博随手拍等方式，出现了"微博扶贫""微博反腐""微博打拐"等；通过微博的影响力，提高了公益参与度，推动了公共事件行动，网民参与公共事件的行动也日益彰显出理性与成熟。

3) 平台特点

① 便捷性。微博开通的多种 API 使得用户可以通过手机、网络等方式即时更新自己的个人信息。

② 传播性。微博草根性强，且广泛分布在桌面、浏览器和移动终端等多个平台上。微博这种"草根媒体"没有任何门槛，任何享有公民权的人都可以加入。微博信息获取具有很强的自主性、选择性，用户可以根据自己的兴趣偏好来选择信息。微博信息共享便捷迅速，可以通过各种连接网络的平台，在任何时间、任何地点即时发布信息。

③ 原创性。微博上大量的原创内容呈现爆发性地被生产出来。微博的出现具有划时代的意义，真正标志着个人互联网时代的到来。微博的出现，将互联网上的社会化媒体推进了一大步，使个体在心理层面真正找到了展示自己的舞台。

查询并访问一位中学优秀教师的博客，了解都有哪些你感兴趣的内容。这些内容对学生学习和教师成长能起到什么作用？

3.3.3 资源共享

资源共享是人们建立计算机网络、数字化资源的主要目的之一。计算机资源包括硬件资源、软件资源和数据资源。相应地，资源共享也分为数据资源共享、软件资源共享和硬件资源共享。硬件资源的共享可以提高设备的利用率，避免设备的重复投资。如利用计算机网络建立网络打印机。软件资源和数据资源的共享可以充分利用已有的信息资源，减少软件开发过程中的劳动，避免大型数据库的重复设置。

网络最大的功能之一就是资源共享，可以利用多种方法将搜索到的资源下载到本地来共享。常用的共享方法有以下几种。

1. 通过 Web 浏览器

可以通过 Web 浏览器来浏览、下载数字资源，也可以将自己的资源用 FrontPage、Fireworks、Dreamweaver 等工具软件制作成 Web 形式的网页，供他人浏览、下载。

2. 共享硬盘

用共享硬盘的方式来实现资源共享，一般用在局域网中，它的安全性差一些。用这种方式还可以实现打印机、刻录机之类的硬件共享。其具体做法是：找到想设置共享的文件，然后右击，从弹出的快捷菜单中选择"共享"命令，单击"确定"按钮。双击桌面上的"网上邻居"图标，在打开的"网上邻居"窗口中双击"工作组"中的计算机，即可在打开的资源管理器中找到该计算机共享的文件夹和资源。

3. 使用网络通信工具

目前常用的网络通信工具有 MSN、QQ、Internet Phone 等，它们一般都具有呼叫功能，能进行文本、语音、视频对话，有些还具有文件传输等功能，可以通过网络实现信息的交换与获取，也能达到资源共享的目的。

4. 网盘

网盘是由互联网公司推出的在线存储服务，服务器管理者为用户划分一定的磁盘空间，为用户免费或收费提供文件的存储、访问、备份、共享等文件管理功能，并且拥有高级的世界各地的容灾备份。用户可以把网盘看成一个放在网络上的硬盘或 U 盘，不管你是在家中、单位，还是其他任何地方，只要你连接到互联网，你就可以管理、编辑网盘里的文件。不需要随身携带，更不怕丢失。目前常用的网盘主要有百度网盘、新浪微盘、腾讯微云和 360 云盘等。

学习资源

（1）天空软件：该网站提供了大量可以免费下载的计算机系统和应用软件资源。

（2）新浪爱问共享资料：该网站提供了大量可以免费下载的专业资料和名著书籍。

（3）陈建铎. 计算机应用基础教程 [M]. 4 版. 西安：西安电子科技大学出版社，2007. 该书较为详细地介绍了关于计算机的相关基础知识。

教与学活动建议

（1）让学生学会使用各种学习支持与协作工具，如远程登录系统、视频会议系统、异步合著系统（如 Wiki）等，并分享他们各自的使用心得。

（2）引导学生在本校的电子图书馆内检索下载所需的电子书以及电子期刊。

（3）用案例引导学生利用检索策略和技巧检索相关内容。①在"Windows 优化大师"的"开机速度优化"中发现了名为 Wuamgdp.exe 的程序，你知道它有什么作用吗？②某位朋友的地址是上海市宝山区示范新村 37 号 403 室，那么这个地址怎么用英文表述呢？

（4）引导学生用各种下载方式下载所需的网络信息内容，包括流媒体资源下载、P2P 资源下载、网盘资源下载等。

（5）试依据信息素养的要求，组织学生进行一次有意义的网上协作学习活动，以此促进学生信息素养能力的提高，从而增强分享意识、反思能力和创新能力。

本章小结

随着信息化时代网络技术与计算机科学技术的快速发展，以互联网为平台的学习方式日益成为学习者与教育工作者关注的焦点。本章介绍了数字化学习资源的特点和种类，以及如何获取数字化学习资源，怎样对其进行加工和利用；还介绍了网上交流与资源共享以及基于网络的资源型学习等内容。

本章的重点是数字化学习资源的检索和加工、数字化资源的检索；难点是掌握信息化时代的学习策略和运用新时代教育理念和建构主义学习观，分析解决教育教学中遇到的实际问题。

 练习题

1. 数字化学习资源有哪些种类？它们各自有何特点？
2. 检索工具有哪些？它们各自有何特点？
3. 试分别列举目录型检索工具、独立搜索引擎、元搜索引擎以及智能型搜索引擎，并进行简要说明。
4. 资源检索的方法有哪些？分别适用于何种情况？
5. 电子邮件地址由哪几部分组成？各部分的含义是什么？
6. 教育博客有何特点？教师该如何利用博客促进教师专业成长？

第4章 信息化教学环境

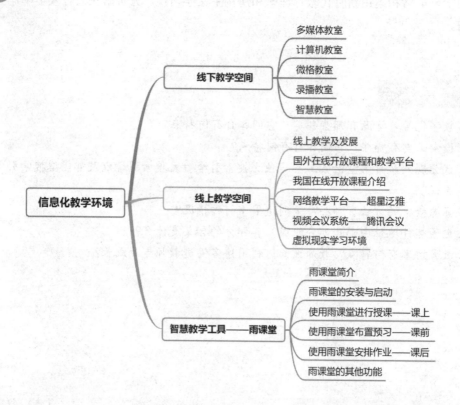

 学习目标

(1) 了解多媒体教室、计算机教室等基本构成和功能，并熟悉其基本操作方法。
(2) 了解国内外网络教学平台的功能、特点，掌握其操作使用方法。
(3) 通过对雨课堂的学习，掌握智慧教学工具的功能和使用方法。

 核心概念

多媒体教室(Multimedia classroom) 微格教室(Micro Classroom) 智慧教室(SMART classroom) 虚拟学习环境(Virtual Learning Environment) 网络教学平台(Network Teaching Platform)

教学环境是一个由多种不同要素构成的复杂系统。广义的教学环境是指影响学校教学活动的全部条件(包括物质的和精神的),它可以是物理环境和心理环境。而这两类环境又可作为相对独立的子系统存在,并具有各自不同的构成要素。狭义的教学环境特指班级内影响教学的全部条件,包括班级规模、座位模式、班级气氛、师生关系等。

进入21世纪,教学环境已经从实体环境延伸到网络空间。本章从线下教学空间、线上教学空间两个视角介绍教学环境的组成、功能及特点,通过教学工具实例介绍说明智慧教学工具的功能及使用方法。

网络教学是在一定教学理论和思想的指导下,应用多媒体和网络技术,通过教师、学生、媒体等多边、多向互动和对多种媒体教学信息的收集、传输、处理、共享,来实现教学目标的一种教学模式。教师把教学资源及其相关的内容放在能长期动态存储信息的服务器上,学习者按课程要求、学习计划随时通过互联网进行学习。支撑网络教学的教学软件系统叫作线上教学空间,也叫网络教学平台、网络学习平台等。

相对于线上教学空间,我们将传统的教学场所(物理空间、实体空间)叫作线下教学空间。

4.1 线下教学空间

4.1.1 多媒体教室

多媒体教室是根据现代教育教学的需求,将计算机、投影、音频设备等现代教学媒体结合在一起而建立起来的综合教学系统。它能方便、灵活地应用多种媒体及各种教学软件实施多媒体组合教学,使教学过程更加科学有效,更符合人们对事物的认识规律,更有助于人们对知识的理解和记忆。一般来说,多种媒体应包括传统媒体,如黑板(白板)、书本、挂图、模型、标本等,还包括各种各类教学媒体和设备,如幻灯、投影、录音、电视机、扩音机、计算机等。

多媒体教室依据其规格大小,设置、配置、教学功能的不同,可分为简易型多媒体教室、普通型多媒体教室和教学一体机型多媒体教室。

1. 简易型多媒体教室

在普通型教室的基础上,增加少量多媒体设备就可以组成简易型多媒体教室,如图4-1所示。其基本设备有计算机、投影机及投影幕布。简易型多媒体教室投资少,设备简单,安装布置容易,适宜对多媒体环境要求不高的授课、演讲、演示等场所。它既可以在教室、会议室里固定安装,也可以在临时场地快速搭建。使用时,教师在计算机端操作,投影机实时同步显示计算机播放的课件、图片、视频及计算机操作演示等内容。若有音频输出需求,可以选择增配桌面小音箱或教室固定大音箱,也能继续增加其他设备,如实物投影展示台、话筒等。配置也可以调整,如:投影机和投影幕布可以用大屏幕电视机替代,投影幕布可选固定式或升降式,有时甚至可以用整洁的白墙代替。

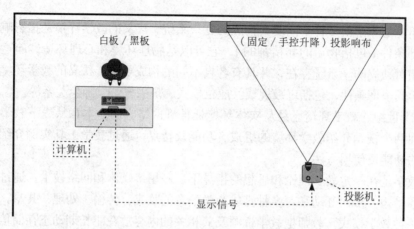

图4-1 简易型多媒体教室设备连接示意图

投影机是多媒体教室中的重要设备，也是较为贵重的设备，如图 4-2 所示。投影机从技术角度上分可分为阴极射线管投影机 (CRT)、液晶显示投影机 (LCD) 和数字光路投影机 (DLP)。投影机的主要显示指标有分辨率、亮度、投影尺寸、梯形矫正。

图4-2 投影机实物图

投影机显示的画面宽高比例及显示分辨率有不同的规格，显示效果与计算机显示器也有一定差异，不同的投影机的显示效果也有差别。教学课件在投影机上播放的效果会差一些，在计算机显示器上能清晰显示的细节在有的投影机上可能显示不出来。初次使用或间隔较长时间再次使用某个多媒体教室之前，应该携带教学课件到现场试用，这一点每位使用者必须牢记。

在使用多媒体教室进行教学的过程中，教师的讲解应该与大屏幕显示的内容同步配合，这就需要教师一边操作计算机一边讲解，这对教师的行动范围及肢体表达动作带来了限制，教师不能离开计算机，不方便走下讲台走到学生身边讲课。使用激光翻页笔就可以很容易地解决这个问题。

激光翻页笔，如图 4-3 所示，又叫无线演示器、激光教鞭，可以发射出高亮度的红色（或绿色）激光，在屏幕上打出高亮度的激光点辅助讲解，激光翻页笔还包含一个 USB 接口的接收器，插在计算机上就可以接收激光翻页笔的翻页、黑屏等控制信号。

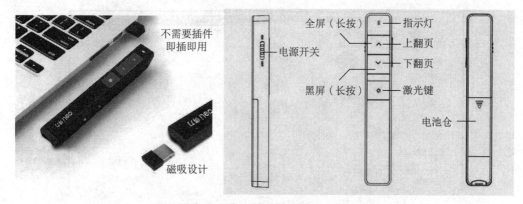

图4-3 激光翻页笔及其按键功能图

有的激光翻页笔产品，其 USB 接收器还是一个 U 盘或 TF 读卡器，具备存储功能。有的新型激光翻页笔用蓝牙连接计算机，免除了 USB 接收器。

激光翻页笔的出现，使教师解决了以往在课堂上使用鼠标不方便的难题，实现了"走到哪里、讲到哪里，讲到哪里、指到哪里"。激光翻页笔是可以随手拿、随处放的小物品，不必固定在教室的某个位置，多媒体教室通常不配备激光翻页笔，往往是教师个人自备或配备在有专人管理的会议室、报告厅、专用教室中。

简易型多媒体教室一般不配备多媒体中央控制器（参见"普通型多媒体教室"），所以每个设备的启动与关闭都需由使用者手动独立操作。投影机的开、关机需使用投影机遥控器，投影幕布可以采用固定式或手控电动升降式。

需注意的是，每次关闭投影机时切勿直接切断投影机供电电源（如直接关闭电源开关、拔掉电源线），这样做会严重损伤投影机灯泡的寿命，也极易损坏投影机的其他部件。关机后再开机应有一定时间的间隔。

正确关闭投影机的操作步骤如下。

(1) 使用投影机遥控器或机器操作面板按钮执行投影机关机操作；
(2) 等待几分钟，此时投影机电源指示灯闪烁（其内部的散热风扇仍继续运转散热）；
(3) 投影机电源指示灯停止闪烁（其内部的散热风扇停止运转），切断投影机电源；
(4) 关机后再开机应间隔3～5分钟。

2. 普通型多媒体教室

普通型多媒体教室的主要配置有计算机、投影机、投影幕布、多媒体中央控制器、音频功放、音箱及互联网接入。可选配的设备有话筒（有线或无线）、实物投影展示台等。图4-4所示为普通型多媒体教室设备连接示意图，图4-5所示为普通型多媒体教室实景图。

与简易型多媒体教室相比，普通型多媒体教室增加了关键设备——"多媒体中央控制器"。多媒体中央控制器，简称"多媒体中控"，是为了方便对教室内多种教学媒体和设施的操作与控制（不仅是控制投影机开关、投影幕布升降），把操作与控制的功能键集中放置于讲台的一块面板上，如图4-6所示。除了控制多媒体设备外，多媒体中央控制器还增加了其他功能接口，如网络接口、USB 接口、外接音视频输入、外接笔记本电脑等功能。

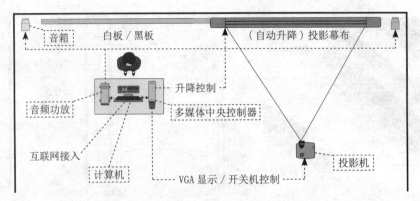

图4-4 普通型多媒体教室设备连接示意图

图4-5 普通型多媒体教室实景图

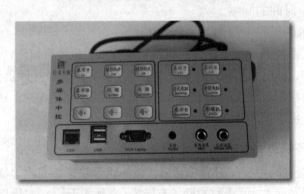

图4-6 多媒体中央控制器操作面板

多媒体中央控制器可以直接控制教室内的多媒体设备,包括:计算机的启动与关闭;投影机的开机与关机;投影幕布与投影机的联动;扩音设备的控制等。把多个教室的多媒体中央控制器通过网络连接起来,配以专用的服务器及管理软件,就形成了多媒体中央控制系统,如图4-7所示。多媒体中央控制系统可以远程查看(配合视频监控使用更好)教室内多媒体设备的状态,如计算机、投影机是否正在使用,也可以远程控制多媒体机柜解锁、启动计算机、关闭投影机、按课表授权使用等。

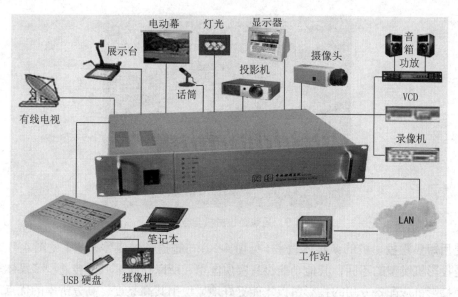

图4-7 多媒体中央控制系统示意图

目前，普通型多媒体教室在各类学校中应用最多，主要体现在以教师为中心的教学活动中，主要有以下作用。

(1) 便于教师利用多种媒体辅助教学活动。

(2) 能利用多种媒体组合，优化教学过程，突破教学的重点、难点，提高教学的质量与效率。

(3) 便于观摩示范教学，扩大教学规模。

(4) 用于开展新型教学模式的教学实验与研究，或用于专题讲座、学术报告等活动。

普通型多媒体教室，选择的是投影焦距比较长的普通型投影机，所以安装位置一般是吊装在投影幕布正前方几米远的棚顶下，为避免遮挡投影光路，授课时教师不能站在投影幕布前讲解，给教学带来了很多不便。近年来兴起的短焦距投影机解决了这个问题，由于它焦距短，可以安装在离投影屏幕较近的位置，解决了遮挡光路的问题，如图4-8所示。

图4-8 普通投影与短焦距投影光路对比

相比于普通投影机，短焦距投影机有高亮度、高分辨率，还可以搭配电子白板组成具有"显示+触控"功能的交互式终端等优势，给投影机增添了新功能。图4-9所示为短焦距投影机与电子白板组合安装实景图。

图4-9　短焦距投影机与电子白板

使用短焦距投影机的多媒体教室（见图4-10）与普通型多媒体教室（见图4-4）的区别主要是投影机类型的不同，其他功能没有实质区别，所以在此都归为普通型多媒体教室。短焦距投影机应配备专用的投影白板才能更好地显现出其高亮度、高分辨率的优点。在多媒体教室配置中，短焦距投影机有逐渐取代普通投影机的趋势，如果搭配电子白板，还能实现具有触控、手写等新功能，组成具有交互功能的教学一体机。

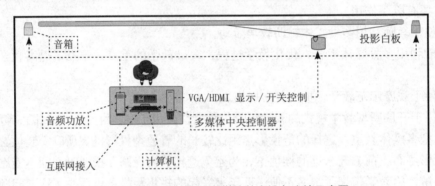

图4-10　短焦距投影机多媒体教室设备连接示意图

配备多媒体中央控制器是普通型多媒体教室的最主要特征。多媒体中央控制器（及多媒体中央控制系统）给使用和管理带来了许多方便，同时也会增加出现故障的概率，尤其是对于使用多年的老旧设备。实际使用中出现问题较多的是中央控制器操作面板（见图4-6）不能联控相关设备或相关设备状态不对，教师在现场可以尝试以下方法解决，如表4-1所示。

表4-1　多媒体中控故障解决办法

故障表现	解决办法
按下系统"ON/OFF"按钮后，系统没有整体启动或关闭	稍等一会儿（不超过30秒）看有没有反应，如没有反应再次按下按钮并等待
投影机"开机或关机"不受控	单独按"投影机开/关"按钮，或使用摇控器、有红外功能的手机遥控器解决
投影没有信号或信号源错误	使用"信号切换"或"投影机视频/电脑"按钮
幕布升降状态不对	单独按"电动幕升/降"按钮

3. 教学一体机型多媒体教室

近年来，大屏幕交互式智能平板、交互式白板一体机也开始应用到教学中，组成了一种新型的多媒体教室，在此称为"教学一体机型多媒体教室"，如图4-11所示。

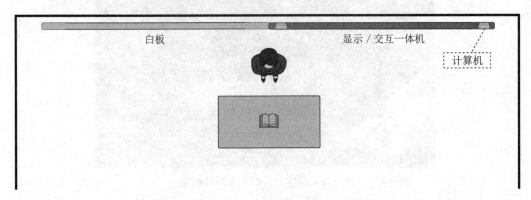

图4-11　教学一体机型多媒体教室示意图

多媒体教学一体机将红外触控技术、智能化办公教学软件、多媒体网络通信技术、高清平板显示技术等多项技术综合为一体，整合了投影仪、电子白板、计算机（可选项）、电视、触摸功能等多种设备于一体的多功能互动教学设备，将传统的显示终端提升为功能全面的人机交互设备。此产品除具有显示功能外，还具有书写、批注、计算机操作的功能，尤其适合教学演示、图文互动的场景，直接打开设备即可轻松演绎精彩的互动课堂，是新型的多媒体互动教学终端。

目前，实现多媒体教学一体机有两种方案：一种是前面提到的"短焦距投影机＋电子白板"；另一种是使用大屏幕交互式智能平板。

交互式智能平板，如图4-12所示（图引自 www.viewsonic.com），俗称触控屏一体机、触控屏。它以高清液晶屏为显示和操作平台，具备书写、批注、绘画、多媒体娱乐、网络会议等功能，融入了人机交互、平板显示、多媒体信息处理和网络传输等多项技术，是信息化时代中办公、教学、图文互动演示的新型装备。

图4-12　交互式智能平板应用场景

交互式智能平板式多媒体教室与"短焦距投影机＋电子白板"式多媒体教室的技术原理及组成差别很大，技术指标也有一定区别，但其使用功能和使用方法基本相同，在此把使用这两种设备的多媒体教室统称为教学一体机型多媒体教室。图4-13所示为使用交互式智能平板的多媒体教室典型布局。

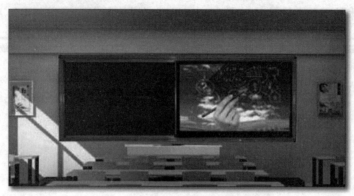

图4-13　教学一体机型多媒体教室

教学一体机型多媒体教室不只是对传统的普通型多媒体教室设备的升级，在教学应用方面也带来了很多创新功能。下面是某一典型教学一体机产品手册中的相关说明。

1) 交互软件基础功能

(1) 一键进行备授课及屏幕书写场景切换。菜单功能按钮／图标配备明确的中文标识，可通过软件功能扩展不少于10种硬件快捷键功能。

(2) 书写：软件提供了不少于10支书写笔（包括手写识别笔、手势笔、智能笔、激光笔、图章笔等）；可根据手势实现上下翻页、擦除对象、手势识别聚光灯、放大镜等教学工具（提供手势说明，便于用户快速掌握）；手写识别笔可预设多种字体、中英文、加粗、倾斜、对齐方式、颜色等，满足不同教师的书写需要。

(3) 提供多种擦除方式，包括点擦除、区域删除、清页及智能擦除，可一键擦除教师所有的书写字迹，保留图片素材，不需反复擦除动作。

(4) 页面设置：可一键设置页面背景，切换背景颜色、图片或学科背景，如五线谱、田字格、米字格等。

(5) 具备趣味教学工具，从而提高学生兴趣，调动学生学习积极性。老师可通过简单操作设置小游戏，如可设置内层答案、外层图片的翻翻卡；具备三维立体图形工具。

(6) 支持导入PowerPoint。

2) 学科专用工具

每种工具下方标注中文提示，便于教师快速掌握工具应用，可实现语文、数学、外语、化学、物理、地理、音乐、生物、历史、书法等不少于15个分学科教学模式；在各个学科教学场景中提供相应的教学工具及Flash动画：语文具备字典、成语词典功能，支持按成语拼音或汉字、成语形式如AABB、AABC、ABAC等选项搜索匹配的成语，英语提供字母、单词及日常对话教学动画工具；物理、化学、历史、地理等学科均提供相应的动画教学工具，以上学科工具不需连接网络即可互相切换使用，连接到网络的用户登录后，与用户注册的学科自动匹配切换。

3) 软件资源

(1) 仿真实验（不少于450个，包括K-12年级科学、初高中物理、化学、生物等学科）。

(2) 在有网络的情况下可实时获取：专题课程（主要提供素质教育类课程，包括中华古诗词、健康教育、安全教育、中国传统节日总数量不少于 250 个）；试题库（不少于 50 万道、支持教师即时出题，可定义单选、多选、判断、解答等形式题目）。

(3) 素材资源(12 学科按照教材章节分类，每个素材都具备关键字描述及知识点描述，可一键插入当前白板页面，便于教师课堂即时展示）。

4) 移动授课

教师授课过程中，可以使用移动设备手机或 Pad 控制大屏，实现同步大小屏画面，控制电脑关机，远程操作 PowerPoint、白板课件，实时上传影像等功能。

教学一体机是科技新产品，使用方法与传统教学多媒体设备完全不一样，不同品牌、不同型号的教学一体机在功能及使用方法上有一些出入，所以教师在使用前一定要阅读相关使用手册、学习资料。

教学一体机型多媒体教室不仅是对传统教学设备的创新，还能帮助教师实现教学方法的创新，发挥新设备的新功能，展现多样、精彩的教学内容，积极开展教学创新，给教师和学生以更好的教与学体验，促进教学效果的提高，是当前教育领域高度关注的话题。

4.1.2 计算机教室

1. 计算机教室及组成类型

计算机教室（全称：网络型计算机教室，简称：计算机室、计算机房），是由多台计算机及网络设备、系统软件以及专用软件组成的一个综合实验、实训教室。计算机教室以提供学生上机操作为主要目的，同时配备教师专用终端（教师机）和大屏幕投影、扩音设备及相关功能软件辅助教学。图 4-14 所示为典型的计算机教室实景。

图4-14 计算机教室

早期的计算机教室由于条件限制，不具备组网条件，现在由于网络的普及，计算机教室都建设成网络型（组成局域网并具备接入互联网功能），所以目前的计算机教室是指网络型计算机教室。从技术角度来看，计算机教室的构成有以下三种类型。

1) 物理机联网型

这里的"物理机"实际就是我们日常所见的传统计算机。"物理机"强调的是计算机硬件构成完整，机箱内有"硬盘"及其他部件，这是与后面两种计算机教室的主要区别。

物理机联网型是把普通台式计算机通过网络设备连接起来，配以相关的软件支持，组成的计算机教室，其结构如图4-15所示。物理机联网型运维工作量大，计算机容易感染病毒。

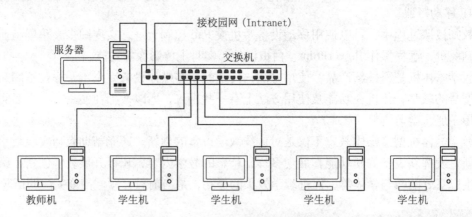

图4-15 物理机联网型计算机教室结构图

2) 无盘系统型

无盘系统型是将客户端计算机（学生机、教师机）中的硬盘集中用服务器的存储功能替代，其他功能还是依靠客户端计算机中的硬件实现。因为客户端机箱内没有硬盘，运维工作量将减少许多，同时降低了计算机感染病毒的风险，但对客户端计算机配置要求较高。

3) 桌面云型

桌面云型是把传统计算机主机的所有功能在服务器上实现，再根据终端用户的资源需求不同按需分配。桌面云型客户端使用低配置的计算机或专用终端盒子，俗称"瘦终端"。每一个用户只需要在终端插上显示器、键盘、鼠标，接入网线便可使用。

桌面云型计算机教室能集中、高效、安全地管理客户端计算机，例如：使用桌面云快速部署功能，只需课间休息的十分钟就能将整个计算机教室的学生机软件系统更改为另一种软件系统，换成另一个类型的上机环境。桌面云是最新型的计算机教室架构，有逐渐取代前面其他类型计算机教室的趋势。

2. 计算机教室管理软件介绍

前面介绍的三种计算机教室相互之间有很大的差别，这对机房管理员影响很大，但是对于使用者（学生和教师）影响不大。计算机教室都会安装用于教师管理学生上机的专用软件。图4-16所示是某款较为流行的计算机教室管理软件窗口截图。

图4-16 某款计算机教室管理软件窗口截图

计算机教室管理软件的主要功能如下。

1) 屏幕监视

教师可实时监视每个学生的计算机屏幕,观察学生的学习情况,这样教师不用离开座位便可观看学生的操作情况,可对单一、群组或全体学生进行多画面和单一循环监视。

2) 遥控辅导

教师可远程接管选定的学生机,控制学生机的键盘和鼠标,对学生远程遥控,辅导学生完成学习操作,进行"手把手"式交互式辅导教学。在此过程中,教师可随时锁定或允许学生操作计算机。教师在遥控辅导教学中可实时监视被遥控的学生的计算机屏幕,可与被遥控学生进行双向交谈,在遥控辅导的同时可利用电子教鞭功能。

3) 教学示范

教师在进行屏幕监视和遥控辅导时可使用转播教学功能,教师可选定一个学生机作为示范,由学生代替教师进行示范教学,该学生机的屏幕及声音可转播给其他学生,增加学生对教学的参与度,提高学习的积极性。在此过程中,教师可随时使用电子教鞭功能进行教学示范。

4) 师生对讲

教师可与任意指定的学生进行实时双向交谈,教师可以选择是否允许其他学生旁听。

5) 分组讨论

教师可对教室内的学生进行任意分组,每个小组的学生通过文字、语音、电子白板进行交流,教师可随时插入任意小组,并参与讨论,小组内允许多个学生同时交谈。

6) 消息发送

模仿电子邮件功能,教师与学生可选择发送对象,相互发送信息,同时提供附件插入和粘贴复制功能。教师可以允许或禁止学生使用消息发送功能。

7) 电子抢答

教师在电子抢答组中使用电子论坛、电子白板提出抢答题目,组织学生进行抢答,抢答过程受教师控制。

8) 文件分发

教师可以将本机的应用软件、文本文件、图片等数据传送给指定的一个、一组或全体学生。

9) 网络考场

网络考场是传统考场的延伸,它可以利用网络的无限广阔空间,随时随地对学生进行考试,加上数据库技术的利用,大大简化了传统考试的过程。服务器端对数据库进行管理,客户端通过浏览器登录网络考场。它基于题库操作,能够实现智能自动组卷、自动阅卷和自动分析,大大缩短了考试周期。

4.1.3 微格教室

微格教室一词来自于微格教学。微格教学(Microteaching)通常又被称为"微型教学",是专门训练学生掌握某种技能、技巧的小规模教学活动。

微格教室是在装有电视摄像、录像系统的特殊教室内,借助摄像机、录像机等媒体,进行技能训练和教学研究的教学环境，一般用于师范院校的学生和在职教师教学技能训练的模拟教学活动。

进行微格教学的一般方法是：由受训者（人数以 10 人为宜）用 10～15 分钟的时间，对某个教学环节，如"组织教学"或"授新课"进行试讲。试讲情况由录像机记录，指导教师和受训者一起观看，共同分析优缺点，然后再做训练，直至掌握正确的教学技能。由于这一训练活动只有很少人参加，时间很短，而且只训练掌握某一教学技能，所以称为微格教学，也称微型教学。

1. 微格教学系统的构成

微格教学系统一般由微格教室、控制室和观摩评课室构成，如图 4-17 所示。

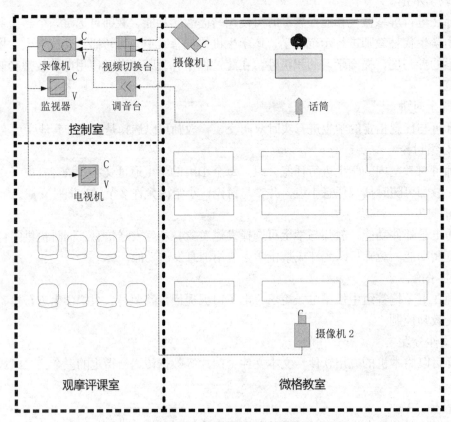

图4-17 微格教学系统示意图

微格教室（也称"模拟教室"）里装有两台摄像机、摄像机云台、话筒及其他教学多媒体设备。其中，摄像机 2 用来拾取"模拟教师"的声音和教学活动形象；摄像机 1 用来拾取"模拟学生"的学习反应情况。室内还设置有电视机（监视器）和放音设备，用来重放已记录的教学过程录像，供学生进行评价分析。

控制室装有视频切换台、调音台（混音器）、录像机、摄像机云台控制器、视频分配器、监视器等设备。从每间模拟教室送来的"模拟教师""模拟学生"教学活动的两路视频信号经视频切换台合成后分成两路，一路送到录像机进行录像，另一路送到观摩评课室，供同步评述分析。

观摩评课室是一个装有电视机的普通视听教室，把控制室传来的视频信号传送到电视机上，即可实时同步播放微格教室内的教学实况，供同行、同学观看，专家、指导教师现场即时点评。观摩评课室的研讨不会干扰到模拟教室（微格教室）的活动。

2. 微格教学系统的教学应用

数字化微格教学系统由于其自动化、经济化、网络化的特点，其功能也日益完善，主要体现在以下几个方面。

1) 客观、全面地及时反馈评价功能

微格教室的主要优势就在于它的及时反馈评价功能。这个过程应该通过在本教室内部对受训者活动的获取来实现。它可以通过简单的摄像头录制或现场播放受训者自身的表现，使其能够了解自己的表现，学会自我"诊断、治疗"。在微格教学训练过程中，具有多种形成性评价方式：可以是"教师"角色扮演者通过重播自己训练的录像，肯定成绩，分析问题，进行自我纠正和评价；也可以是同组训练的"学生"角色扮演者通过听课、一起观看重播录像，对"教师"角色扮演者的模拟教学情况进行讨论、分析和评价。此外，指导老师也要对"教师"角色扮演者的模拟教学情况进行全面的分析、评价，并提出改进意见。这些评价方式，对于帮助"教师"角色扮演者提高教学技能是积极有效的。

2) 课后指导点评功能

实时同步点评受时间、空间的限制，不可避免地存在着"盲点"。因此教师的课后指导指导是必不可少的。课后指导点评功能是教师通过网络点播受训人员的课堂实录，将受训人不正确的语言、行为和教案采用特殊的再录设备进行标识后再返还受训者，使受训者知道自己存在的不足并事后更正。

3) 双向交流功能

导师与受训者之间的交流或受训者与受训者之间的交流，能够使受训人看到自己的长处与不足，也能看到别人的长处和不足。同时，在交流中，指导教师也可以更多、更深刻地了解受训者，为更深入、正确的指导打下基础，只有这样，才能使受训者得到更好的了解和学习。双向交流可以是一个教室里面对面的交流，也可以在各教室之间，或者各教室与控制室之间通过录播系统来进行。

4) 实时远程评价功能

传统的微格教室只能实现本地的交流，在当今通信技术的支持下，运用计算机网络技术，微格教室不仅能实现本地的即时交流、反馈和指导，还能实现远程评价功能，即可以实现远程的视频、音频传输，远程的评价人员进行异地评价，而且受训成本、范围和效果也大大提高。

5) 用人单位远程人才选择功能

毕业前学生可以通过微格教室记录下自己不同阶段的教学案例，并将其放在学校相应的网站或资料库中。用人单位在异地通过网络进入学校人才资料库可远程了解所需人才的在校表现及综合素质，同时还可了解所需人才的成长过程。

4.1.4　录播教室

随着互联网技术在教育领域应用的发展，传统的面授教育已经不能满足教育方式多元化的需要。教学场地已从传统的实体空间（线下教学空间）扩展到网络空间（线上教学空间），因此需要一种功能型教室能便捷地把课堂教学过程用视频形式记录下来，且通过网络传播出去，录播教室便应运而生。

1. 录播教室的组成

录播教室是录播系统在教育领域的应用形式。录播系统可以把现场摄录的视频、音频、电子设备的图像信号（包含电脑、视频展台等）进行整合同步录制，生成标准化的流媒体文件，用来对外直播、存储、后期编辑、点播等。图4-18所示为录播教室三维示意图。

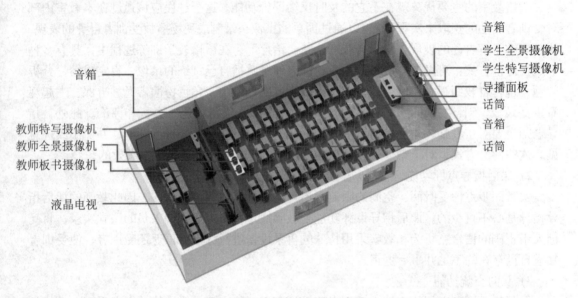

图4-18 录播教室三维示意图

用于教学的录播系统（录播教室）需要满足以下需求：可同时满足录播与直播功能；自带数据传输通道，可同步实现PowerPoint、电子白板、视频流的传输；满足会议室的同步接收，达到良好的视觉效果；具有高清画质与清晰音质；可实现自动跟踪与导播拍摄，系统操作简单、运行可靠；当课程或演讲结束可立即将内容刻录成光盘保存或存放于服务器中，提供随选点播（VOD）服务。图4-19所示是录播教学系统结构图。

与多媒体教室相比，录播教室最明显的特征是在教室内安装了多个能自动跟踪拍摄教师、学生活动的摄像机，并能与获取的教学一体机屏幕画面组合切换生成高质量的教学视频。图4-20所示为录播教室各路视频信号源效果示意图。

2. 录播教学系统的两种操作方式

1）教师操作方式

在录播教室讲台嵌入式安装有触摸导播台，供授课教师使用，用于教师对录课过程的管控。教师端导播台（见图4-21）能设置系统为自动、半自动、手动运行方式，能控制教师、学生、特写、全景、板书等各路信号源的导播切换。教师端导播台操作方便简单，使用自动导播一键即可开启、暂停、停止录制，支持远程互动、画面切换。

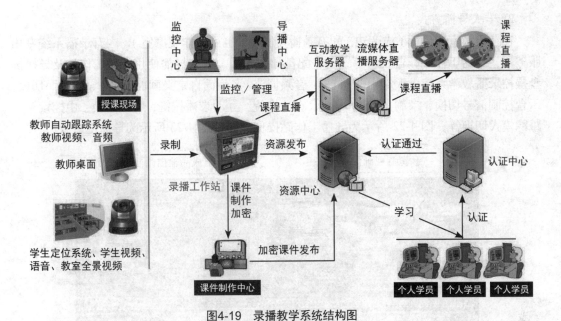

图4-19 录播教学系统结构图

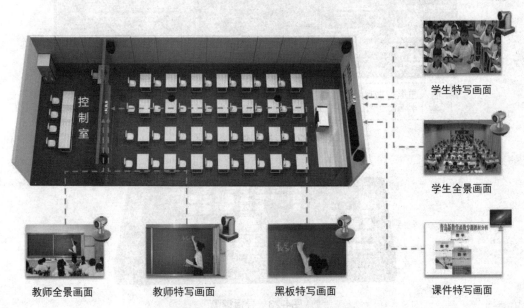

图4-20 录播教室各路视频信号源效果示意图

图4-21 教师端导播台

2) 专人导播方式

在录播教室的后面（或旁边）配有录播控制室（也可兼作观摩室），内有录播系统专用服务器、导播工作站、监视器等设备，配备导播人员。专人导播使用录播工作站及导播键盘操控录播教学系统，可实现的功能有：音频调节、多画面自定义画面切换、导播画面切换、云台控制信号切换、录制/暂停/停止、直播推流、互动录播按键、特效切换、中控设置、跟踪模式切换等。图4-22所示为导播工作站操作界面，图4-23所示为导播键盘。

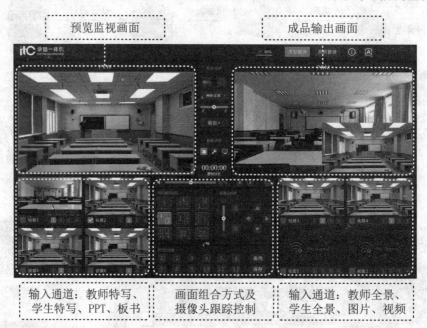

图4-22　导播工作站操作界面

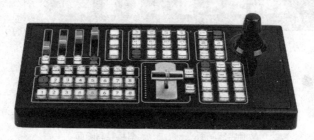

图4-23　导播键盘

3) 自动导播视频跟踪策略

自动导播可在主讲视频、听众视频或主讲电脑屏幕中进行全自动的画面导播切换，切换工作可由系统全自动完成，不需要操作人员的帮助。

以下是自动导播视频跟踪策略。

➤ 当教师在讲台上快速走动时，系统切换教师全景摄像机。

➤ 当教师站定在讲台上，讲课系统切换教师特写摄像机。

➤ 当教师站定在黑板前写字时，系统切换板书特写摄像机。

➤ 当学生起立回答教师提问时，系统切换学生全景摄像机。

> 当学生站定后3秒左右，系统切换学生特写摄像机。
> 当两位学生起立时，系统切换学生全景摄像机。
> 当教师操控计算机(教学一体机)时，系统切换电脑屏幕画面。
> 当教师结束操作计算机后，系统切换到教师特写摄像机。

3. 录播教室的用途

精品录课应用，为录制教师教学活动提供了专业化的数字化平台，可以高质量地全面记录教学活动全过程，满足了学校视频公开课、精品课程、远程教育的视频制作和重要会议、学术报告等录制任务。

常态录课应用，有助于积累优质教学资源。录播教室中的全自动录播系统会将教室内教师上课的情况实时地拍摄录制下来，然后将制成的标准化教学视频自动上传到教学资源共享平台。

同步课堂应用，录播教室的远程交互教学功能，能够让学校的多个校区打破地点的约束，实现多个教室同上一节课的效果。利用录播教室，能实现教师在自己的课堂上进行讲课，远在其他校区的学生也能实时地收看到教学场景，并能对教课过程中的疑问和教师进行互动。远程交互教学很好地利用了优秀的师资力量，减少了因地理位置的限制带来的对师资力量的限制。

自主学习应用，学生能通过互联网课后点播教师录制的课堂视频，可以根据自己的兴趣选修相应的课程，将学习的主动权抓在自己手中，促进个人的全面发展。课后观看教学视频进行自主学习，不受时间和地点的限制，大大地提高了学生的学习效率。

4.1.5 智慧教室

智慧教室是基于移动互联网、物联网等新技术，集设备智能化管理、环境智能感知于一体，提供个性化师生服务、实现多元化交互教学的实体环境与虚拟环境相融合的学习环境。图4-24所示是一种典型的智慧教室实体空间效果图。

图4-24 智慧教室实体空间效果图

1. 智慧教室的组成

智慧教室系统模型如图 4-25 所示。该系统模型从低到高分为五个层次：基础设施层、网络通信层、服务层、教学环境应用层和终端交互层。

图4-25　智慧教室系统模型

(1) 基础设施层。基础设施层为智慧教室的教学和管理提供了必要和完善的物理平台。它主要包括：教室基础设施，如活动桌椅、灯、空调、窗帘等；多媒体教学设备，如计算机、投影机、交互白板、功放、音箱、话筒、幕布等；物联网设备，如传感器、RFID、摄像头等。

(2) 网络通信层。网络通信层提供多种网络连接方式 (4G/5G、Wi-Fi、IPv4 /IPv6 等)，确保上、下层之间实现无障碍、安全、可靠的信息传输，为各类随时、随地、随需、随意应用提供基础条件。

(3) 服务层。服务层为模型的核心层。运用云计算和大数据等技术，打造出一个信息化公共支撑环境，为智慧教室教学实施、资源利用、数据安全和智能管理等提供了全新的运行模式，而且积极推进了智慧教室的高效建设和安全管理。服务层包括计算与存储平台、采集与管理平台和挖掘与分析平台。

(4) 教学环境应用层。依托服务层提供全面的支撑和保障，将各类教学系统 (智能录播系统、远程教学系统和教学资源库等) 整合在统一界面、统一认证的教学应用管理平台上，并且具有强大的移植性和伸缩性；建立智能化管理平台，实现设备智能化控制和安全管理，为良好的综合教学信息化提供保障。

(5) 终端交互层。各类终端根据用户的需求、设备的调节和环境的变化，实现良好的交互。用户通过台式电脑、笔记本电脑、平板电脑、智能手机等终端设备，可以在任何时间和任何地点，采用任何通信方式，访问教学资源和处理教学任务；温度传感器感知智慧教室环境的温度变化，温度控制终端自适应对教室内的空调温度进行调节，使得环境温度保持在最佳状态。

此外，信息标准化体系和信息安全与运行维护体系，有利于保障整个智慧教室的建设、运营及管控。

2. 智慧教室的功能特点

智慧教室不是简单的"录播教室＋学生平板＋分组座位"，而是一个技术领先、功能全面、应用便捷的智慧学习环境，尤其适用于小组讨论、研究性学习、互动交流，以及精品课程录制和远程互动教学等使用，其功能特色如下。

(1) 移动网络支持。借助Wi-Fi/校园无线网的覆盖，使大量设备之间能够进行无缝连接，形成易于使用且人性化的学习环境。

(2) 多屏互动环境。教室配备多种交互式显示终端，教师利用多屏显示，可以增加知识传授的连续性，使学生能够把前、后知识相互联系得更紧密，再加上多维度的知识讲授，使学生对教学内容的理解和记忆有极大的帮助。学生可以按照需求选择不同的显示终端进行学习，同时也可以将自己的学习成果无线投影到显示终端，供大家讨论和分享，营造出一个合作、交流、展示的平台。

(3) 移动式空间布局。布局合理的物理空间和符合人体工程学的活动桌椅构成了智慧教室的空间环境，活动桌椅可摆设成礼堂式、教室式、圆桌式、中空方形式、马蹄形(U形)等，搭配校园无线网和多屏显示等元素，满足互动交流、小组讨论和研究性学习等教学活动的需求。

(4) 教学服务环境。视频会议系统支持异地同步互动教学，课程录播系统用于记录教学全过程，教学资源库为师生提供所有的学习资源和课堂教学过程中生成的资源，以云计算和大数据为依托，各类教育教学系统地整合在统一界面、统一认证的教学应用管理平台上，实现物理环境与虚拟环境的融合，创造多元化的学习模式，满足不同学习者的自主、个性化和泛在学习需求。

(5) 智能化管理。通过物联网设备，实现学生自动考勤、环境智能控制(温湿度、光照等传感器和控制终端)、教室远程监控等智能化管理和维护功能，并基于大数据进行智能化的采集、分析和处理，管理人员通过智能化管理平台的可视化界面查看运行状况和进行管理操作，从而实现教学过程的全方位"实施感知、动态控制和智慧管理"。

3. 智慧教室功能介绍

智慧教室的功能十分丰富，不同厂商的产品功能不尽相同，但都具备以下主要功能。

1) 授课功能

(1) 基于课件教学：支持PowerPoint、Word等文档的原生态播放，保留PowerPoint的各种动画特效，支持文档编辑。

(2) 基于白板教学：支持插入电子白板，能在电子白板上原笔迹书写、自由批注、擦除等。

(3) 基于实物展示教学：支持教师在教室的任意位置进行静态图片拍照、动态实时视频的展示。

(4) 讲评功能：提供包括学生作业、试卷、图片、成果照片、问题等讲评功能，方便教师有针对性地、分重点地对比讲解。

(5) 课堂讲解：提供画笔、白板、快照、聚焦、放大、批注、板擦等基础教学工具。

2) 互动工具

(1) 课堂互动：支持基于电子课本、PowerPoint课件、交互课件、图片、拍照、截屏及草稿箱等任意素材进行提问、投票、分享、随堂测试等课堂互动活动。

(2) 互动题型：支持客观题（单选、多选、判断）、主观题（填空、简答、论述与投票）。

(3) 应答方式：支持全部作答、学生抢答、分组作答与随机点名回答。

(4) 学情动态分析：支持教师即时查看学生互动结果、完成情况的动态反馈，并对结果进行数据分析，包括总人数、参与人数、平均分、单选项正确率、正确及错误学生的具体名单、分析图表。

(5) 课件分享：支持教师将电子课本、PowerPoint、白板、第三方应用等任意教师端的页面与内容分享至学生端。

(6) 学习社区：提供了围绕教学的学习社区，可帮助师生完成在线答疑解难、学习互相帮助，实现分享见解、书籍、趣事、心得、成果、作品的虚拟社区。

(7) 师生互动：支持师生在线交流、沟通，支持教师发布教学通知、公告等信息，内容包括文字、图片、语音、微课、表情等。

3) 作业工具

(1) 布置作业：支持作业的添加与布置；支持作业以留言、拍照、图片、文档和在线题库等多种方式出题；支持作业即时、定时下发功能。

(2) 批改作业：学生提交作业自动提醒；支持教师批阅、学生互批、组内互批等多种批改方式；实现客观题、朗读题自动批改，主观题人工批阅。

(3) 分享作业：教师可以收藏典型的错误作业、优秀作业，也能将作业分享给学生。

(4) 作业质量分析：支持教师即时查看学生的作业完成情况，完成质量动态统计与显示，并对结果进行数据分析。

4) 考试工具

在线考试：在互联网情况下，支持教师调用网络题库快速组卷、出卷或者自由编辑方式制作试卷与答题卡，支持单选题、多选题、判断题、填空题、简单题、论述题、连线题、语音题等多种题型。

支持考试开始时间、结束时间的自由定制；教师收到学生提交答卷后客观题自动评分，主观题支持教师评阅或者学生互评、自评等多种方式。

5) 辅导工具

(1) 集体辅导：支持教师利用多种素材（教材、作业、试卷、习题、图片、课件等）录制微课并发布，推送指定给全体学生、分层小组或错误学生等，支持学生微课学习效果、学习行为（评价、留言、笔记）等统计与管理。

(2) 个性化辅导：支持教师给指定学生推送分层作业、教案等，支持教师为学生推送适合学生的个性化微课讲解。

(3) 在线辅导：支持教师在线接受学生申请的辅导要求，教师可以在学生问题上直接批注、推演、讲解。

以上列出的功能摘自几款主流的智慧教室产品手册，因篇幅关系不再进一步详述。智慧教室是高科技产品，功能多，结构复杂，虽然设备具有智能化管理功能，但还不能完全代替人的操作，所以使用智慧教室前一定要先学习使用方法，单位要组织培训。

智慧教室的使用不仅是能操作教室内的各种设备，还要会使用软件的各种功能，把这种新型设备的功能与教育教学相结合。教师要多思考研究如何转变、提升教学方法、策略，把以教师为中心的课堂转变为以学生为中心，整合校内、校外资源，集成师生互动、答疑、管理等功能为一体，让课堂互动性更强，更加生动活泼，能收到相比传统教学更加理想的教学效果。

4.2 线上教学空间

4.2.1 线上教学及发展

线上教学还没有统一的定义，字面含义是"在网上开展的教学"，一般是指以班级为单位组织授课和双向互动，以录播或直播的方式，采取"录播+线上答疑"或"直播+线上答疑"的教学形式，线上教学，其实质就是网络教学。网络教学的开展，必须有一个完整的支撑环境——网络教学平台，为了方便与实体教学空间(线下教学空间)对应，这里按"线上教学空间"分类。

1. 网络教学及相关概念

1) 网络教学

关于"网络教学"的概念，可以从广义和狭义两个方面来定义。从广义的角度来说，网络教学是指在教学过程中运用了网络技术的教学活动；从狭义的角度去看，网络教学是指将网络技术作为构成新型学习生态环境的有机因素，以探究学习作为主要学习方式的教学活动。后者强调了网络的优势只有在教学中得到有效利用，促成学生的有效学习，才是真正意义上的网络教学。随着时间及应用发展，网络教学衍生出"线上教学""在线教学""在线学习""在线教育"等名词。

2) 网络教学平台

网络教学平台，也被称作"网络教学系统""网络学习平台"等，国外多称为学习管理系统(Learning Management System)、e-Learning 平台等。网络教学平台是开展网络教学的基础和保障，是在先进的教育思想、教学理论与学习理论指导下的基于 Web 的教学系统，是按一定的教学目标、教学策略组织起来的教学内容和网络教学支撑环境的集合。

从功能上看，网络教学平台也可理解为网络教学或网络辅助教学的支撑环境，包括支持网络教学的软件工具、教学资源以及在网络教学平台上实施的教与学活动，是课程与学校教学服务的有机集成。从活动上看，利用网络教学平台，教师可以设计各类基于网络教学平台的学习活动和学习内容，指导和帮助学生利用网络教学平台开展自主式、协作式、研究式学习等。

国内外各类网络教学平台不下百种，分为专用平台和通用平台两类，专用平台是指专门为某个机构开发的和专门为某类学科、课程开发的，如国外的 Coursera、Udacity、edX，我国的清华大学"学堂在线""中国大学 MOOC""好大学在线"等，这些均是专用平台；通用平台不含课程，供学校、办学机构获取后再自行添加课程资源供学生使用，通用平台又分为开源平台和商业平台。比较出名的开源网络教学平台是澳大利亚的 Moodle，商业化网络教学平台是美国的 Blackboard 和我国的清华教育在线 (THEOL)。

3) 慕课 (MOOC)

慕课 (Massive Open Online Course，MOOC)，即大规模开放在线课程。前面提到的"网络教学平台"是教学支撑环境，慕课是网络课程，属于学习资源，网络课程要部署在网络教学平台上才能使用。

慕课的起源早到 1989 年，美国凤凰城大学就开始推行在线学位计划，1991 年授予首批在线 MBA 学位。2002 年，联合国教科文组织进一步提出开放教育资源 (OER)，即通过信息通信技术向教育者、学生、自学者提供的，基于非商业用途，可被自由免费查阅、参考或应用的各种教育类资源。2005 年，加拿大曼尼托罗大学的乔治·西蒙斯首先提出网络时代的连通主义学习理念，2008 年，乔治等人在明确教育目标的基础上借助网络开设了在线公开课。而后，戴夫等人将其称为"MOOC(慕课)"。

2011 年，美国建成了三大著名的"慕课"平台——Coursera、edX 和 Udacity。此后，慕课开始在全球流行，很多国家的高等院校和教育机构都对其高度重视，并纷纷行动起来。2018 年慕课累计学习人数超过 1 亿，参与慕课建设的高校已经超过 900 所，累计上线的课程超过 1 万门。表 4-2 所示是根据 ClassCentral 的统计，2018 年年末五大代表性平台 Coursera、edX、学堂在线、Udacity 和 FutureLearn 的注册人数、资费情况和开课模式基本信息表。

2. 网络教学平台的组成

不同的网络教学平台，其组织结构不尽相同。但作为通用型的网络教学平台，一般都至少包括门户系统、教学资源管理系统、在线学习系统三个方面，部分网络教学平台还具备自己的特色，如课程开发工具、课程管理工具等。

1) 门户系统

门户系统用于统一管理和展示课程、教学数据，类似于课程中心，一般具有以下几个作用：①系统的登录入口；②浏览列表和课程公开信息；③通知公告；④相关应用链接。

2) 教学资源管理系统

教学资源管理系统用于存储和管理网络教学资源，将教学资源划分成各种素材，进行系统化、科学化的分类，为学习者提供内容丰富的优秀教学资源，便于共享使用。通过教学资源库进行资源管理并构建各类资源的关联，在制作及管理过程中实现同一内容多种形态的多渠道发布，以适应用户的不同需要，素材内容可以按学科、专业进行分类，其形式包括文本库、图形图像库、动画库、视频库、习题库、试题库等素材库，以及电子教案库、网络课件库、网络课程库等资源,各类资源优化整合在一起,为网络教学平台提供了一个标准化的、多方位应用的、具有强大检索和管理功能的资源集成应用平台,为教学资源共享提供了存储和运行环境。

表4-2 主要慕课平台基本信息

平台	注册人数	课程的付费与免费访问情况	开课模式
Coursera	3700万	免费课程可完整访问,可申请付费证书; 收费课程7天免费试用,随时可取消自动续费	学期制
edX	1800万	免费课程可旁听,可选择付费证书; 收费课程数周免费访问(权限依课程而定)	自定步调
学堂在线	1600万	免费课程可选择付费认证学习; 收费课程必须先付费后学习	随堂/自定步调 学期制
Udacity	1000万	保留免费课程,不提供课程证书; 收费课程可7天付费试学	自定步调 学期制
FutureLearn	870万	免费课程无限制访问,可免费获得电子证书; 收费课程开课期间与结课两周内免费访问	学期制

3) 在线学习系统

在线学习系统是网络教学平台的核心,是为师生提供教学、学习、交流和评价的环境和工具。它在最大范围内拓展了多媒体教学资源,为整合的课程资源提供了一个数字化的教与学平台。教师和学生可以利用系统提供的各种教学环节进行网络辅助的教与学。系统记录并评价学生的学习过程,通过成果展示、教学效果统计、资源建设等栏目进行项目建设过程的管理和教学过程的评估。

4) 课程开发工具

课程开发工具可以进行教学文档的建设。一般的网络教学平台都有最基本的课程开发工具,即在线编辑器,可进行简单的文档输入和排版,但功能不强。目前,有些网络教学平台引入专业的课程开发工具,用于辅助非计算机专业人员(普通教师)方便快捷地构建网络课件和相关内容(如备课、考试等),简化教师开发网络课件和备课的过程,降低课件开发对教师计算机技能的要求,使一般教师易于学习掌握。另外,这些工具能够与网络教学平台进行紧密的配合,可直接将开发好的网络课件发布到系统上。

5) 课程管理工具

教师在网络教学平台上建设在线课程,课程经历了创建和使用两个过程,部分课程完善为成熟的在线课程,进入良性循环阶段,得以持续发展;部分课程因各种原因,没有使用价值或已经失效,应对其进行回收或删除。因此,网络教学平台一般都具备一定的课程管理功能,包括课程导入/导出、课程及课程阶段性信息的备份和存档、课程生存周期管理等。

3. 网络教学平台的发展

20世纪90年代,为了满足网络教学的发展需求,一些教育和商业机构开始开发专门的教学系统(网络教学平台)。这些系统从最初的帮助教育机构开发教学资源库,到后来的支持和管理网络教学,都是围绕教学资源的管理和网络教学活动的管理两方面的功能发展起来的。网络教学平台大体经历了以下四个发展阶段。

第一阶段：普通的学习资源库，也称为内容管理系统(Content Management Systems，CMS)。在网络技术发展的初期，一些大学、公司和培训机构开始有意识地开发专门的网络资源库，用来存储和管理教学资源，从而减少开支，使学习者可以自主地学习，也丰富了知识的传播途径。但其功能仅限于资源管理，资源格式与管理技术不统一，难以广泛共享。

第二阶段：学习管理系统(Learning Management Systems，LMS)。LMS源于培训自动化系统，具有用户注册管理、课件目录管理、学习者的信息数据记录等功能，但一般不具备教学内容制作的功能。

第三阶段：学习内容管理系统(Learning Content Management Systems，LCMS)。LCMS最初是为高等教育开发的传统课件管理系统的发展版，旨在帮助没有技术经验的教师或资源专家设计、创建、发布和管理网络课件。LCMS能够同时对用户进行管理，可以跟踪学生的学习进度并及时调整以适合学习者的学习需要。LCMS使学习内容的共享和教学系统的交互成为可能。

第四阶段：通用网络教学平台(Web-based Instruction Platforms)。通用网络教学平台在既有教学系统的基础上，从对教学过程(课件的制作与发布、教学组织、教学交互、学习支持和教学评价)的全面支持，到教学的管理(用户与课程的管理)，再到与网络教学资源库及其管理系统的整合，集成了网络教学需要的主要子系统，形成了一个相对完整的网络教学支撑环境。

4.2.2 国外在线开放课程和教学平台

1. 三大"慕课"平台Coursera、edX和Udacity

国外著名的在线课程，三大"慕课"平台分别是Coursera、edX和Udacity，表4-3是他们的课程建构表，表4-4是它们的评价功能表。

表4-3 国外三大开放学习平台课程建构表

平台	课程组织维度	课程领域	垂直领域
Coursera	按学科组织	以社会科学和自然科学为主	学士、硕士等
edX	按学科组织	以社会科学和自然科学为主	学士、硕士等
Udacity	按学科组织	以自然科学为主	基础专业

表4-4 国外三大开放学习平台评价功能表

平台	作业	考试	测验	成绩	复习	申请认证证书
Coursera	√	√	√	√	√	√
edX	√	×	×	√	×	√
Udacity	√	×	×	√	×	√

1) Coursera

Coursera(官网：https://www.coursera.org)是由美国斯坦福大学两名计算机科学教授

创办，旨在同世界顶尖大学合作，在线提供网络公开课程。Coursera的首批合作院校包括斯坦福大学、密歇根大学、普林斯顿大学、宾夕法尼亚大学等美国名校。2013年10月Coursera进驻中国，北京大学、南京大学、上海交通大学、复旦大学等高校加入。

2) edX

edX(中文官网：https://www.edx.org/edxchina)是哈佛大学和麻省理工学院于2012年5月共同创立的非营利网络教育项目，旨在为全球提供来自哈佛大学、麻省理工学院、加州大学伯克利分校、清华大学、北京大学、香港大学、香港科技大学等全球顶尖高校及组织的慕课。课程主题涵盖生物、数学、统计、物理、化学、电子、工程、计算机、经济、金融、文学、历史、音乐、哲学、法学、人类学、商业、医学、营养学等多个学科。

3) Udacity

Udacity(优达学城，中文官网：https://cn.udacity.com)是由前Google X Lab创始人、斯坦福大学人工智能教授、全球无人车发明者Sebastian Thrun于2011年创立，目前，优达学城在中国、印度、巴西、迪拜几个国家或地区设立分部。Udacity与全球行业领袖共同设计教育内容，涵盖人工智能、数据科学、自动驾驶、自然语言处理、计算机视觉、AI量化投资、区块链、云计算等前沿科技与热门信息与开发技术。Udacity在中国已与滴滴、京东、腾讯、百度等领先互联网企业在课程内容、企业培训、学员招聘等方面展开战略合作。

2. 通用网络教学平台

在国外，通用型网络教学平台很多，开源网络教学平台比较著名的是Moodle和Sakai，商业网络教学平台是Blackboard最成功的。

1) Moodle

Moodle(魔灯，中文官网http：//www.moodle.org.cn)是由澳大利亚人马丁·多基马(Martin Dougiamas)于2002年开发的。由于Moodle"社会构成主义"的理念及其代码的开放性，来自世界各个国家的程序爱好者参与了Moodle的开发，并使它具有70种语言，适合于150多个不同国家的使用者，是目前世界上最流行的学习内容管理系统(LCMS)之一。图4-26所示是Moodle官网的演示网页。

图4-26　Moodle官网的演示网页

Moodle平台各种功能均实现模块化管理，系统管理员可以灵活安装或卸载这些模块，对于平台中安装的各种功能，管理员也可以通过灵活控制实现是否赋予教师使用权限。教师在使用这些教学模块功能的时候可以任意指定其显示的位置，可以灵活地移动、关闭或修改。

Moodle的模块主要有网站管理模块、用户管理模块、课程管理模块、作业管理模块、聊天管理模块、投票管理模块、论坛模块、测试模块、资源模块、问卷模块、专题讨论模块共11个模块构成，各个模块都充分体现了网络教学的特点和要求。在课程中，教师可以跟踪学生的学习进度，不仅可以了解学生浏览过哪些页面，在该页面上停留的时间，而且还可以对学生的学习情况作出及时的反馈，及时发现问题。

Moodle平台界面简单、精巧。使用者可以根据需要随时调整界面，增减内容。课程列表显示了服务器上对每门课程的描述，包括是否允许访客使用，访问者可以对课程进行分类和搜索，按自己的需要学习课程。

Moodle平台是开源软件，可以通过互联网免费获取，软件的安装需要懂得相关的计算机知识，包括操作系统、数据库、Web服务器等。

2) Sakai

Sakai(https://www.sakailms.org)是由美国密歇根大学、斯坦福大学、印第安纳大学和麻省理工学院于2004年共同发起的协同学习开源网络平台，主要致力于技术促进教学和学习科学研究，帮助研究院校、商业组织和自主群体创建一个用于协作的网站或学习环境，替代各校独自开发的系统或相关商业软件系统。

3) Blackboard

Blackboard（简称BB，中文官网：http：//www.blackboard.com.cn)最早由美国康奈尔大学计算机系的教师研发，成立于1997年。经过十多年的发展，Blackboard已成为全球用户数最多的商业网络教学平台，为全球90多个国家的数千所高校提供了网络辅助教学、混合式教学、翻转课堂、在线教学(SPOC、MPOC等)以及专业认证、教学质量保障等方面的产品与服务。

4.2.3 我国在线开放课程介绍

在线开放课程(慕课)在中国的发展经历了从加入国际慕课平台到自主开发中文平台的过程。

2013年5月，北京大学、清华大学率先加入edX，同年7月，上海交通大学和复旦大学同时加入Coursera。

2013年10月，清华大学推出了第一个中文MOOC平台"学堂在线"，其合作伙伴包括北京大学、浙江大学、南京大学、上海交通大学等部分"九校联盟"。

2014年4月，上海交通大学研发的中文慕课平台"好大学在线"上线，实现了上海西南片19所高校互认慕课学分。同年6月，"好大学在线"与英国开放大学的慕课平台Future Learn签约建立了课程互换体系，优质课程将实现双平台同步上线。

2014年5月，"爱课程"网与网易云课堂合作推出了"中国大学MOOC"平台，全国高校均可通过该平台进行MOOC建设和应用。"爱课程"网是我国高等教育课程资源共享平台，承担国家精品开放课程项目的视频公开课和资源共享课的建设任务。

1. 学堂在线

学堂在线的网址是：https://next.xuetangx.com。

学堂在线是清华大学于2013年10月发起建立的慕课平台，是教育部在线教育研究中心的研究交流和成果应用平台，也是联合国教科文组织(United Nations Educational, Scientific and Cultural Organization，UNESCO)国际工程教育中心(International Centre for Engineering Education，ICEE)的在线教育平台，学习者只要能够上网就可以通过学堂在线参与课程学习，实现真正意义上的开放学习。由于学堂在线的研发是基于互联网技术的新型开放学习平台，所以它是互联网环境下的开放学习平台，也是教育部在线教育研究中心的研究交流和成果应用平台。学堂在线的口号是"成为全球领先的终身学习平台"，它的理念是"根基于学校，服务社会"。

学堂在线首页有七个分类：首页、全部课程、计算机学院、职场商学、考试必备、雨课堂和更多，能自适应显示页面宽度调整显示的分类项目数，右侧是搜索栏和用户登录区，如图4-27所示。

图4-27　学堂在线首页

在"全部课程"页面，左侧是筛选栏，可以按"上课状态""学科分类""课程类型""学校"进行筛选。

- 上课状态：全部、即将开课、开课中和已结课。
- 学科分类：全部、计算机、外语、管理学、哲学、经济学、法学、教育教学、文学文化、历史、理学、工学、农林园艺、医药卫生、艺术设计和其他。
- 课程类型：全部、微学位、直播课、名校认证、训练营。

目前，学堂在线运行了来自清华大学、北京大学、复旦大学、中国科技大学，以及麻省理工学院、斯坦福大学、加州大学伯克利分校等国内外一流大学的超过2300门优质课程，覆盖13大学科门类。

学堂在线支持大规模免费课程，以其课程内容精良、课程来源权威、课程种类丰富而著称，在2016年果壳网发布的"全球慕课排行榜"中，学堂在线被评为"拥有最多精品好课"的三甲平台之一。

2. 好大学在线

好大学在线的网址是：https://www.cnmooc.org。

好大学在线发布于2014年4月，汇聚两岸三地一流大学的精品课程资源，它是公益性、开放式、非官方、非法人的合作组织，它是中国高水平大学慕课联盟的官方网站。好大学在线建立学分互认机制，学习者通过自主学习获得相应课程的学分，获得平台认证，让所有的学生都能够享受到来自中国高水平大学的优质教育资源。

好大学在线首页有四个分类，即首页、课程、微专业和院校，下面是"最新课程"，如图4-28所示。

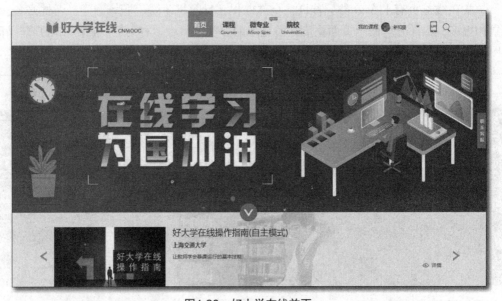

图4-28 好大学在线首页

在"课程"页面，左侧是筛选栏，可以按"课程状态""有无证书""学科分类"等快速筛选。

➢ 课程状态：全部、预发布、即将开始、正在进行、已结束。
➢ 有无证书：有证书、无证书。
➢ 学科分类：哲学、经济学、法学、教育学、文学、历史学、理学、工学、农学、医学、军事学、管理学、艺术学、体育学。

好大学在线的版面简洁、导航清晰、课程分类多样、注重用户体验，以及平台提供的"知识导航""作业互评""翻转课堂""学分互认"和"证书认证"等多样化的服务，提供给学习者丰富的学习体验，增强学习者的学习效果。

所有参与"好大学在线"课程学习的学生，在完成课程学习任务且考试成绩合格者，均可申请获取课程证书（须支付课程证书费）。图4-29所示为课程证书样式。

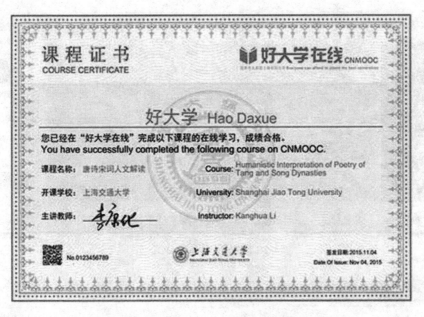

图4-29 好大学在线课程证书模板

3. 中国大学 MOOC

中国大学 MOOC 的网址是：https://www.icourse163.org。

中国大学 MOOC 发布于 2014 年 5 月，是由国内领先的互联网公司网易和高等教育出版社联合打造的开放学习平台，它的口号是"好的大学，没有围墙"，体现了开放学习的特征。中国大学 MOOC 专注于中国名校开放课程，辅以考研、名师等付费课程，它的核心资源来自于政府的扶持。与大多数开放学习平台一样，中国大学 MOOC 平台有视频播放、视频下载、付费课程、播放记录、讨论区、提问和考核等功能。中国大学 MOOC 里的大部分课程都是免费的，只有名师课程和考研课程是收费的，课程类别丰富，开课数量多，并且承接教育部国家精品开放课程任务——"2017 年国家精品在线开放课程认定工作"。

中国大学 MOOC 首页有四个分类：详细的"课程"分类、平台合作"学校"、建设在线教育平台的"学校云"和"下载 APP"，如图 4-30 所示。左侧栏是快速筛选课程栏，右侧是搜索栏、个人中心和"我的课程"列表。

在"课程"分类下又细分为以下几方面。

- 大学：国家精品、计算机、外语、理学、工学、经济管理、心理学、文史哲、艺术设计、医药卫生、教育教学、法学、农林园艺，共13个。
- 升学/择业：期末不挂、21考研、22考研、四六级雅思、实用英语、考证就业。
- 终身学习：名师专栏。

课程由各校教务处统一管理运作，高校创建课程并指定负责课程的教师，教师制作发布课程，所有的教师都必须在高教社爱课程网实名认证过。教师新制作一门 MOOC 课程需要涉及课程选题、知识点设计、课程拍摄、录制剪辑等九个环节，课程发布后教师会参与论坛答疑解惑、批改作业等在线辅导，直到课程结束颁发证书。

图4-30　中国大学MOOC首页

4.2.4　网络教学平台——超星泛雅

我国的通用型网络教学平台，多数是商业化产品，如清华教育在线、超星泛雅、云班课等，下面以国内用户较多的产品"超星泛雅"为例进行介绍。

超星泛雅网络教学平台主要包含了八个大的模块，分别是：网络教学门户、教学资源库、学习空间、慕课课程建设、教学互动平台、教学管理评估、质量工程、移动学习。超星泛雅网络教学平台是商业化产品，需要学校或教学机构购买安装，教师和学生凭账号、密码登录即可使用。图4-31所示是超星泛雅演示网页，网址http：//super.fy.chaoxing.com，读者可以登录了解。

图4-31　超星泛雅示范网页

1. 用户登录

在教学平台门户页面单击"登录"按钮，输入账号和密码完成登录，账号一般是教师工号或者学生学号。

2. 创建课程

进入教师个人首页创建课程，如图 4-32 所示，然后设置课程名称、开课教师姓名以及课程说明。

图4-32　创建课程

3. 课程建设

1) 制作课程封面

编辑课程信息，选择模板风格，填写课程封面信息，上传课程封面宣传图片，填写课程的相关信息。

2) 编辑课程内容

进入课程空间，界面如图 4-33 所示，单击"编辑"按钮。

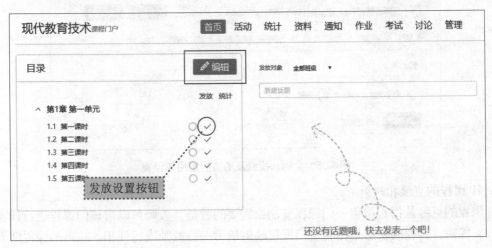

图4-33　新建课程教师管理页面

进入如图 4-34 所示的编辑课程内容页面，上部为编辑器工具栏，左侧为章节目录，右侧为章节内的具体内容。

3) 课程内容编辑器

课程内容可以输入文字、图片、视频、链接、文档、音频、动画、附件、测验等形式，PowerPoint、Word、Excel、PDF 文档需使用"文档"按钮插入。模板提供了几种常见的图文编排模式，可以根据自己的需要来选择。

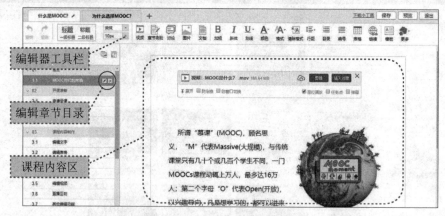

图4-34 编辑课程内容页面

对文档、视频、测验等内容可以设置任务点，用于提醒学生及记录学生的完成情况，对文档和视频等能控制播放，如图 4-35 所示。

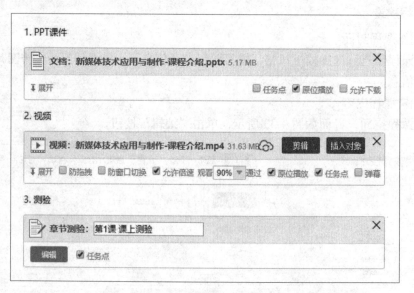

图4-35 文档、视频及测验的使用与设置

4) 课程的克隆和映射

课程的克隆是指直接将一门课程复制给需要的教师，教师可以对该门课程进行任意的修改、编辑。课程的映射是指将一门课程映射给另一位教师进行使用，映射的课程随着被映射的课程的改变而改变，教师无法对映射的课程进行编辑。

5) 课程发布与归档

将鼠标指针移到课程上，单击"发布到门户"按钮，可以将课程发布。单击"归档"

按钮，课程收入已归档课程中，之后可进行删除。

4. 课程教学

1) 课程进程管理

教师可以根据教学需要选择发放课程的模式，单击如图 4-33 中的"发放设置"按钮，在弹出的页面中选择课程的发放模式，如图 4-36 所示。

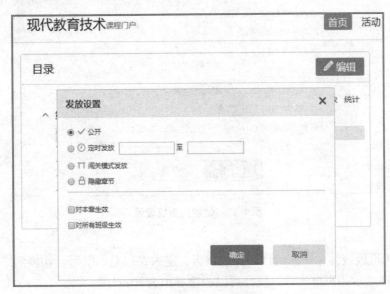

图4-36 发放设置

2) 作业

在作业管理界面，教师可以新建作业，查看已经建立好的作业，以及编辑章节测验，作业题型有"单选""多选""填空""判断""简答"和"其他"。教师也可以从教师的题库中直接选择题目导入。客观题由系统自动批阅，主观题则需手动批阅。主观题由教师批阅，教师也可以设置生生互评，并指定互评份数。教师可以查看生生互评的情况，可以修改学生给出的评分。

3) 考试

在考试页面，教师可以建设一门新的考试。编辑试卷与编辑作业的操作类似，也可以通过题库选择试题。

发布试卷时，可以对试卷进行发放设置。"高级设置"可设置是否允许学生查看分数、查看答案等，如图 4-37 所示。

4) 资料

资料包括课程资料、题库、作业库、试卷库。课程资料，通过添加已有的资料，丰富课程。作业库和试卷库的本质是一样的，都是题库中选定的试题的组合，放在作业库以作业的形式发放，放在试卷库以考试的形式发放。

5) 讨论答疑与通知

在"课程空间"首页即可直接发布话题，也可以查看教师、学生发布的话题并参与讨论。在讨论界面可以查看学生和教师最新的讨论，也可以发表自己的言论。所有的帖子都按操作时间排序,支持置顶、加精操作。

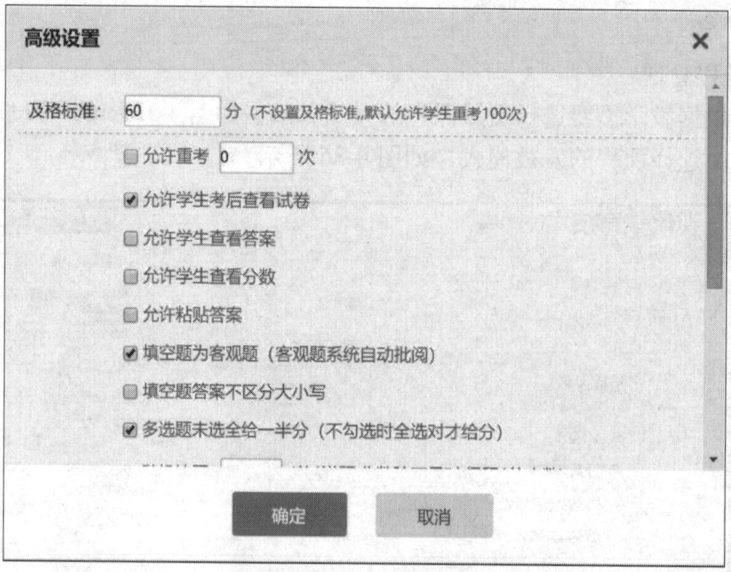

图4-37 试卷的高级设置

6) 统计

统计分为班级统计、资源统计和课程报告。进入课程空间以后,切换到"统计"选项卡,如图4-38所示为班级统计,统计可以一键导出为Excel表。

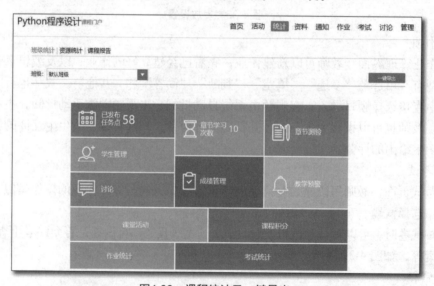

图4-38 课程统计及一键导出

平台可以详细地统计出本门课程的所有章节数,包括在这门课程中间所包含的任务点数、作业数、视频数等,方便教师对整个课程有一个宏观的了解。同时,教师还可以统计出在最近一段时间学生们的活跃程度,一方面可以对学生的学习情况有一个整体的了解,另一方面也在客观上督促了学生的学习。图4-39所示为课程学情统计图表。

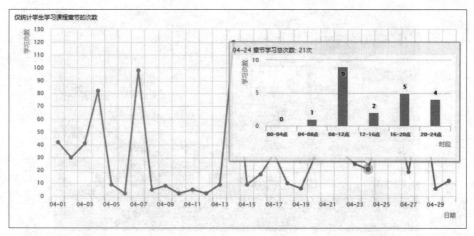

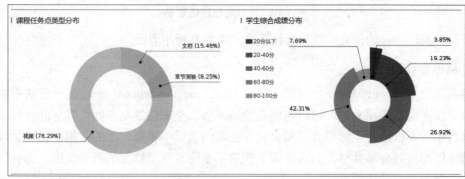

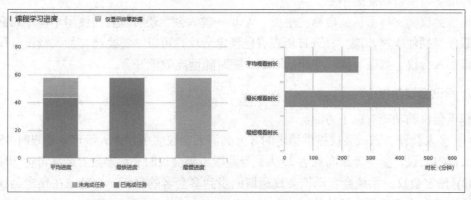

图4-39　课程学情统计图表

4.2.5　视频会议系统——腾讯会议

  视频会议系统，又称会议电视系统，是指两个或两个以上不同地方的个人或群体，通过传输线路及多媒体设备，将声音、影像及文件资料互传，实现即时且互动的沟通，以实现会议目的的系统设备。视频会议的使用有点像电话，除了能看到与你通话的人并进行语言交流外，还能看到他们的表情和动作，使处在不同地方的人就像在同一房间内沟通一样。

  图4-40所示为视频会议现场实景。

图4-40 视频会议现场实景

下面以腾讯会议为例介绍视频会议系统的功能及使用方法。

1. 腾讯会议简介

腾讯会议(Tencent Meeting，TM，官网 https://meeting.tencent.com)是一款基于腾讯云的视频会议产品，使用它可以随时随地高效地开会，全方位满足不同场景下的会议需求。"腾讯会议"不仅适用于远程音视频会议，在网络教学中也有广泛的应用。腾讯会议的在线文档协作与实时屏幕共享，为远程课堂营造了专注、互动性强的教学氛围，弥补了目前一些网络学习平台功能的不足。

腾讯会议，支持手机、电脑、平板、Web 一键入会，还可以直接使用小程序入会，无须下载任何插件或客户端。打开日历查看已预定会议，可以一键唤起、加入腾讯会议。支持电话加入会议，打破时间、空间的限制，随时随地高效地开会。

2. 腾讯会议功能

腾讯会议的功能有以下方面。

(1) 多人会议。腾讯会议提供稳定的多人高清云会议服务。个人版可享受限时 45 分钟的多人群组会议，参会者最高可达 25 人。专业版不限会议时长，参会者最高可达 300 人。

(2) 预定会议。系统会自动把会议邀请同步到参会者的日历。也可以在预定会议时上传会议文档，方便进行文档协作。

(3) 小程序入会。无须下载任何插件或客户端，输入会议号即可加入会议。

(4) 主持人控制。主持人可以管理参会者发言权限，保证会议有序进行，也可以在会议中将主持人权限转移给他人。专业版支持设置联席主持人。

(5) 在线文档。参会者可打开预定者提前上传的会议文档(doc/xls/ppt)，或直接在会议中创建/导入在线文档，进行多人协作。

(6) 屏幕共享。移动和桌面端均支持高清晰屏幕共享，桌面端支持指定内容共享。专业版屏幕共享支持水印功能，保护信息安全。

(7) 会议聊天。在会议中，可以进行在线文字沟通，辅助讨论。

(8) 会议录制。专业版支持在会议中一键开启会议录制功能，录制完毕后视频将自动加密存储到专属的云空间。

3. 使用方法 (以移动端为例)

(1) 下载安装：访问官网下载或扫描二维码，或在应用市场搜索"腾讯会议"。腾讯会议目前已上架国内部分应用市场 (App Store、华为应用商店、魅族应用商店、OPPO 应用商店、vivo 应用商店、小米应用商店、应用宝等)。

(2) 注册账号。

(3) 个人资料页面。登录后点击头像进入个人资料页面，如图 4-41 所示。

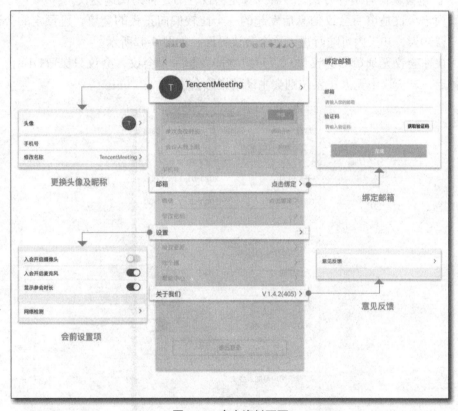

图4-41　个人资料页面

(4) 设置：选择下方菜单栏"设置"选项，即可进入设置页面。

➢ 入会开启摄像头：选中后，加入会议的同时，会打开摄像头。

➢ 入会开启麦克风：选中后，加入会议的同时，会打开麦克风。

➢ 入会开启扬声器：选中后，加入会议的同时，会打开扬声器。

➢ 显示参会时长：选中后，会议中的右上角会展示加入会议的时长。

➢ 开启麦克风浮窗：选中后，麦克风图标将以浮窗效果展示。

➢ 语音激励：开启语音激励后，会优先显示正在说话的与会成员。

(5) 会议设置：选择下方菜单栏"管理成员"→"设置"选项，该页面设置仅主持人/联席主持人可操作。

➢ 成员入会时静音：选中后，成员入会时全部静音。

- 允许成员自我解除静音：选中后，允许成员自我解除静音。
- 成员进入时播放提示音：选中后，有成员进入时，将播放提示音。
- 锁定会议：选中后，可以锁定会议，保证会议安全。
- 仅主持人可共享：选中后，仅主持人才能共享屏幕。
- 仅登录用户可加入会议：选中后，会议中仅允许登录用户加入会议。
- 聊天设置：共四种聊天权限，分别为允许自由聊天、仅允许公开聊天、仅允许私聊主持人和全体成员禁言。

(6) 创建会议：有两种方式，一种为预定会议，另一种为快速会议。
- 预定会议是填写会议信息后发起的一个比较偏向正式的会议，已预定的会议将保留30天，30天内可随时进入这个会议界面，如图4-42所示。
- 快速会议无须填写会议信息，可以立即发起一个会议，会议只保留1小时，1小时后，若会议中无人，系统则会主动结束该会议。

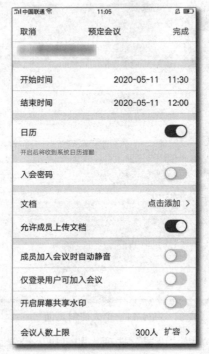

图4-42 腾讯会议手机端"预定会议"界面

(7) 邀请成员：复制会议邀请信息，并通过微信、QQ等即时聊天工具发送给被邀请人，被邀请人可通过会议号、入会链接、电话拨入、小程序入会的方式加入会议。

(8) 加入会议：可以通过以下三种方式加入会议。
- 通过会议ID入会，单击"加入会议"按钮，输入9位数会议号，并输入会议密码。
- 通过分享链接入会，单击邀请链接，验证身份后，即可直接进入会议。
- 通过小程序扫码入会：单击邀请人分享的会议链接，使用手机识别小程序二维码，即可一键进入会议界面。

(9) 管理成员：当身份为主持人时，可以单击"管理成员"按钮对会场纪律进行控制。当身份为成员时，可以单击"成员"查看当前成员列表、与会成员数量，还可在该界面对自己进行静音/解除静音操作。

(10) 共享屏幕：支持移动端和桌面客户端发起共享屏幕，单击"共享屏幕"按钮后，便可快速发起共享，在同一时间内，只支持单个人共享屏幕。

(11) 开启视频：在进行会议时，可以开启/停止视频，腾讯会议目前同时最大支持30方视频，移动端一个页面同时可呈现4个视频画面。

(12) 上传文档：可以在会议中使用会议文档功能，与参会人员一起共同协作。

(13) 会议聊天：当不方便语音或被主持人静音时，可以使用聊天功能和会议内其他成员进行沟通交流。

4.2.6 虚拟现实学习环境

虚拟现实学习环境主要以三维虚拟技术为基础，通过系统建模、场景设置、问题任务、角色扮演、沉浸体验以及虚拟漫游等方式进行一种虚拟仿真式的体验学习，目前常见的有虚拟博物馆、虚拟科技馆、虚拟仿真实验、虚拟教育游戏等网络虚拟学习平台。图4-43所示为虚拟仿真的教学应用场景。

(a) 虚拟仿真化学合成药生产车间

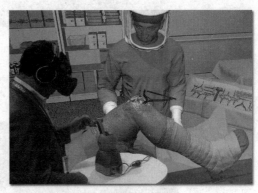
(b) 虚拟仿真外科手术

图4-43 虚拟仿真的教学应用场景

1. 数字图书馆

数字图书馆是用数字技术处理和存储各种图文并茂的文献的图书馆，实质上是一种多媒体制作的分布式信息系统。它把各种不同载体、不同地理位置的信息资源用数字技术存储起来，以便于跨越区域、面向对象的网络查询和传播。它涉及信息资源加工、存储、检索、传输和利用的全过程。通俗地说，数字图书馆就是虚拟的、没有围墙的图书馆，是基于网络环境下共建共享的可扩展的知识网络系统，是超大规模的、分布式的、便于使用的、没有时空限制的、可以实现跨库无缝链接与智能检索的知识中心。

知名的数字图书馆有中国国家图书馆、清华大学数字图书馆、英国的爱丁堡大学图书馆、美国总统图书馆以及美国国会图书馆等。其中，美国国会图书馆是世界上最大的图书馆，其网站为学习者提供了丰富的信息资源。图4-44所示为中国国家图书馆·中国国家数字图书馆主页面。

2. 数字博物馆

数字博物馆是运用虚拟现实技术、三维图形图像技术、计算机网络技术、立体显示系统、互动娱乐技术、特种视效技术,将现实存在的实体博物馆以三维立体的方式完整地呈现于网络上的博物馆。具体来说,就是采用国际互联网与机构内部信息网信息构架,将传统博物馆的业务工作与计算机网络上的活动紧密结合起来,构筑博物馆大环境所需要的信息传播交换的桥梁,把枯燥的数据变成鲜活的模型,使实体博物馆的职能得以充分实现,从而引领博物馆进入公众可参与交互式的新时代,引发观众浓厚的兴趣,达到科普的目的。图 4-45 所示为大运河数字博物馆。

图4-44 中国国家图书馆·中国国家数字图书馆主页面

图4-45 大运河数字博物馆

3. 数字科技馆

科学技术馆(简称科技馆)是以展览教育为主要功能的公益性科普教育机构。它主要通过常设和短期展览,以参与、体验、互动性的展品及辅助性展示手段,以激发科学兴趣、启迪科学观念为目的,对公众进行科普教育。数字科技馆是运用虚拟现实技术、三维图形图像技术、计算机网络技术、立体显示系统、互动娱乐技术、特种视效技术，将现实存在的实体科学技术馆以三维立体的方式完整地呈现于网络上的科技馆。图4-46所示为中国科学技术馆(http：//cstm.cdstm.cn)网站场馆漫游·华夏之光页面。

图4-46 中国科学技术馆网站场馆漫游·华夏之光页面

4.3 智慧教学工具——雨课堂

4.3.1 雨课堂简介

1. 雨课堂概述

雨课堂是清华大学在线教育办公室和学堂在线共同推出的新型智慧教学工具。雨课堂将复杂的信息技术手段融入PowerPoint和微信中，将课前—课上—课后的每一个环节都赋予全新的体验，快捷免费地实现大数据时代的智慧教学，包括师生多元实时互动、教学全周期数据分析等。

雨课堂全部功能基于PowerPoint和微信，轻量易用，操作便捷。使用雨课堂，教师可以将带有MOOC视频、习题、语音的课前预习课件推送到学生手机上，师生沟通并即时反馈；课堂上实时答题、弹幕互动，给传统课堂增加了活力；布置课后作业，教师可实时查看学生作答的情况。雨课堂能运用于"课前—课上—课后"的每一个环节，为师生提供完整立体的数据支持、个性化报表、自动任务提醒功能，让教与学更明了。

雨课堂是一款教学工具，它不属于教学平台。雨课堂尤其适用于把传统的以教师讲授为主的授课方式提升、改造为能随手教、随手学，实时互动，全程管理的新型课堂。

2. 雨课堂的教学创新

课上：创新师生互动

➢ 课堂弹幕——轻松组织讨论，活跃班级气氛。

- 匿名反馈——学习遇到困难，匿名反馈教师。
- 限时测试——随堂知识检测，结果实时统计。
- PowerPoint 同步——不再拍照抄写，专注听课思考。

课下：轻松翻转课堂
- 随时推送预习材料+语音讲解。
- 内置免费名校慕课视频。
- 难点报告反馈，师生随时沟通。
- 课后推送作业题目。

全景：个性数据报表
- 教学数据全周期采集。
- 分析课程数据。
- 量化学习情况。
- 帮助教师精准教学。

4.3.2 雨课堂的安装与启动

1. 电脑端雨课堂软件安装

授课教师需要在电脑端安装雨课堂的 PowerPoint 插件。电脑端软件环境要求：Windows XP SP3、Windows 7 或以上版本 +Office 2010 或以上版本；WPS 个人版 (6929) 及以上版本均支持正常安装和使用雨课堂的核心功能。

电脑访问雨课堂官网 (http：//www.yuketang.cn) 下载雨课堂软件，安装成功后，打开 PowerPoint 雨课堂就出现在顶端工具栏中，如图 4-47 所示。

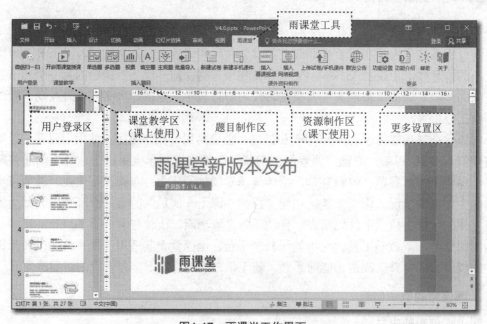

图4-47 雨课堂工作界面

2. 手机端关注"雨课堂"公众号

手机进入微信,搜索"雨课堂",并关注公众号。关注后应及时修改雨课堂中的个人信息设置,便于学生认识教师,如图4-48所示。

图4-48　雨课堂中个人信息设置

进入公众号后选择"我的"|"课程"|"我",编辑个人信息。若进行了账号及绑定设置,并设置登录密码后可以使用账号+密码的方式登录雨课堂和学堂在线网站。

学生端关注"雨课堂"公众号后,也需要修改个人信息,以便教师识别学生。将身份设置为"学生"后会自动增加学号设置栏。

3. 启动雨课堂

教师打开PowerPoint,选择"雨课堂"工作区,鼠标单击"用户登录"区的"微信扫一扫",弹出扫码登录界面,如图4-49(左)所示,也可以选择账号密码登录,如图4-49(右)所示。

图4-49　雨课堂登录界面

4.3.3 使用雨课堂进行授课——课上

雨课堂完全支持使用已有的 PowerPoint 课件授课（授课计算机需已安装"雨课堂"插件），为了发挥雨课堂的特点，应该在授课前对课件进行加工——插入几道题目，在课上发起限时小测验，活跃课堂气氛，促使学生提高听课注意力，方便教师第一时间掌握学生的学习情况。雨课堂支持插入单选、多选、投票、填空题和主观题。

第一步：改造课件，插入题目，如图 4-50 所示。

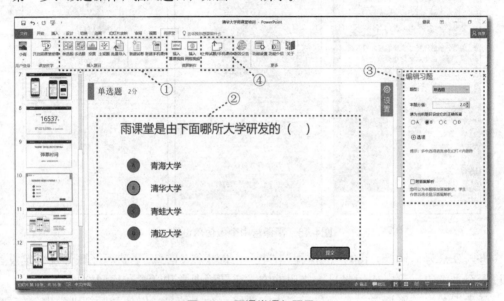

图4-50 雨课堂添加题目

(1) 添加题目模板，单击所需题型。

(2) 添加题目，编辑题干和选项。

(3) 设置答案与分值，单击"设置"按钮，弹出"编辑习题"页面，设置题目分值，设置正确答案。

根据需要，可以添加其他不同类型题目，完成后保存。保存后的 PowerPoint 课件携带至教室的计算机上播放，建议进行下一步上传至"手机课件"。

(4) 单击"手机课件"上传，上传后可以随时使用手机开启授课使用，也可以登录 Web 端开课使用。

第二步：使用雨课堂授课。

(1) 开启雨课堂授课。

支持使用两种方式开课，一是原来的桌面 Office 插件端开启雨课堂授课；在雨课堂 4.0 新增加了 Web 端使用课件库一键开课。

电脑端开启雨课堂授课，单击"开启雨课堂授课"按钮，弹出"选择课程和班级"页面，如图 4-51 所示。

Web 端课件库开课，在"我教的课"页面，单击班级卡片上的"上课"按钮，选择课件库中的课件即可直接开课，大屏幕出现二维码等待学生扫码。

学生扫码结束后，在电脑或手机上点击"开始上课"按钮进入上课状态，授课过程中教师可用手机或电脑进行翻页，学生收到课件同步翻页。

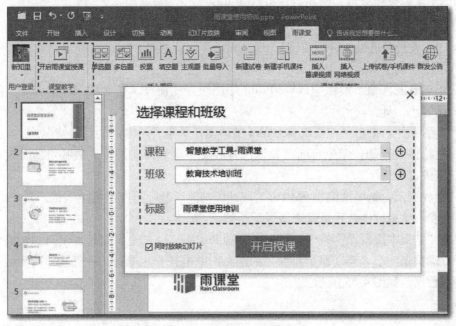

图4-51 开启雨课堂授课

(2) 课上限时答题。

在播放 PowerPoint 课件过程中，遇到"题目页"时，在电脑或手机上点击"发送此题"按钮，直接或限时发送单个习题到学生，如图 4-52 所示。

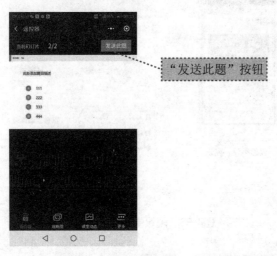

图4-52 教师手机端发送测试题

发送题目后，系统将自动评判和统计学生作答情况。教师能对客观题作答情况投屏，并能提供清晰的柱状图展示。

主观题可以发布至小组或个人作答，学生可以以文字或图片的形式提交答案，教师可直接给学生的答案进行打分，展示学生答案至大屏幕。

教师可在课前创建分组，也可以当场创建。小组作答时，每位组员均可提交答案，以最后一份为小组答案，得分即为每位组员的得分。

以上是以发送单个题目为例，在授课过程中教师可以调取试卷库中的试卷（课前已"上传试卷"），发送到班级，进行考试。

(3) 课上其他工具或活动。

> 小工具悬浮窗：授课中PowerPoint中出现浮动窗口，包含截图、开弹幕、随机点名等小工具。
> 查看课件：单击可查看PowerPoint缩略图及学生"不懂"的反馈情况。
> 进行课堂互动：学生可随时发送图片和文字至教师遥控器，教师可随时查看、收藏或投屏。
> 生成词云：新增投稿/弹幕内容生成词云功能。教师可在手机生成词云并投屏。

第三步：结束授课，手机端查看课后小结。

单击"结束本次授课"按钮，退出电脑端PowerPoint的全屏放映。同时，雨课堂会向教师手机端推送一个名为"课后小结"的消息，单击查看此消息，教师能够精确地了解到本次课程数据，如图4-53所示。

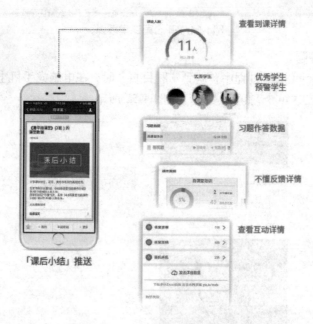

图4-53 雨课堂课后小结推送

4.3.4 使用雨课堂布置预习——课前

利用雨课堂，教师在课下可以轻松地制作"预习课件"，并向学生手机端推送，灵活地开展翻转课堂。建议教师制作"预习课件"时使用"新建手机课件"版式，使用竖版PowerPoint方便学生查看。该课件可以添加习题、视频、语音等材料，内容在精不在多，以免影响学生自主学习的积极性。

第一步：电脑端制作手机课件。

(1) 单击创建新的手机课件，编写预习课件。

(2) 在预习课件中添加适当的题目，用于测试学生的预习效果。题目制作方法与授课课件相同。手机课件中的主观题支持学生上传文字、图片以及音频作答，通过网页版还可上传附件。

(3) 添加慕课视频/网络视频。在需插入视频的页面，单击"插入慕课视频"按钮，通过关键词搜索课程，预览视频，确认后插入视频，并对其位置、大小适当调节。

第二步：上传课件至手机。

课件制作完成后，单击"上传试卷/手机课件"按钮，将课件同步到手机端"课件库"，或其中指定文件夹。

第三步：手机预览并发送至学生。

同步成功并在手机中预览无误后，教师可将预习材料直接发送给班内学生，也可预约发送，或需要时从课件库调取。确认发布时间、截止时间、公布习题答案时间、发布班级等。教师可对每页课件添加语音讲解。

第四步：教师手机端实时查看预习材料数据。

预习材料发送给学生后，教师手机端会收到"已将 PowerPoint 发送至班级"的提醒。教师可随时查看学生预习完成情况，并在手机端对学生提交的主观题进行打分批改。

4.3.5 使用雨课堂安排作业——课后

安排作业需要使用雨课堂中的制作试卷功能。雨课堂中的试卷是指：

- 课堂上教师发布的试卷，或是课下推送给学生的作业。
- "试卷"是整套的题目，制作时只需要添加题目即可，试卷不支持添加视频、录音等。
- "试卷"上传后保存在教师手机端的"试卷库"中，供教师随时调用。

第一步：电脑端制作试卷并同步至手机"试卷库"。

支持将 Word 格式的习题集批量导入雨课堂，并生成习题或雨课堂试卷。

第二步：预览并发送至学生。

可发送至班级，方法与发送"手机课件"一致。发布后，教师可实时查看学生作答情况。若该试卷用于课堂考试，也可暂不发送，需要时从"试卷库"调取。

4.3.6 雨课堂的其他功能

雨课堂的其他功能有以下几方面。

(1) 群发公告。

通过"群发公告"，教师可向班级学生发送图文通知、网页文章、在线视频、云盘链接及附件文件等。

(2) 雨课堂网页版。

网页版可以给学生带来更好的视频观看体验，同时支持教师教学数据批量导出、群发公告、添加附件等。

(3) 主观题批改。

雨课堂支持教师在网页端对主观题进行批注圈画、批量打分、课前主观题发回重做、课堂主观题课后批改等操作。

(4) 直播。

课堂教学支持视频直播，远程上课，能听、能看。

(5) 使用帮助。

在使用雨课堂的过程中，可以随时随地获得帮助。单击"功能介绍"按钮打开帮助，单击"帮助"按钮会弹出"寻求帮助"页面，显示小程序二维码、客服电话及网上帮助中心。

教与学活动建议

请任课教师组织学生到所在学校的录播教室参观、调查。了解录播教室的构成和功能。

针对自己所学专业，选择合适的教学内容，制定一套微格教学实施方案，并在微格教室中按照该方案进行微格教学。教学结束后，将微格教学的影像资料拿给教师和同学们进行讨论，对教学方案进行修改和完善。

根据计算机教室的功能特点，选择合适的教学内容，在计算机教室进行教学，教学结束后和同学们共同分析教学效果以及分析相关原因。

本章小结

本章详细地介绍了多媒体教室、计算网络教室、微格教室、录播教室、智慧教室等线下教学空间的构成、功能及特点等相关知识。还介绍了线上教学相关概念、网络教学平台组成和发展，并列举了国内外在线开放课程平台网站，重点介绍了超星泛雅网络教学平台、腾讯会议视频会议系统的功能和使用方法。最后，对智慧教学工具——雨课堂的功能和使用做了详细说明。

练习题

1. 观察你所在班级的多媒体设备情况，是属于哪种类型的多媒体教室？
2. 什么是微格教学？掌握使用微格教学对教师开展教学技能训练的方法和步骤。
3. 什么是录播教室？录播教室可以开展哪些方面的教学应用？
4. 谈一谈如果你使用智慧教室进行教学，你有什么具体的设想。
5. 注册并登录中国大学MOOC网，选择几门课程进行学习，并谈谈你的体验。
6. 通过各种方式体验虚拟学习环境的使用。

第5章 信息化教学设计与评价

知识导图

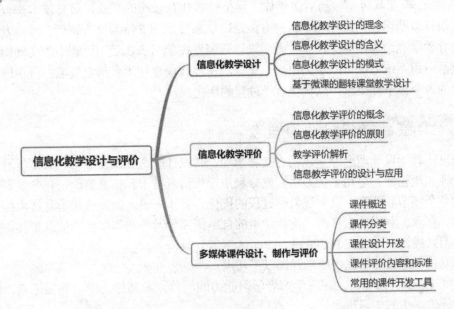

学习目标

(1) 理解信息化教学设计的基本内容,掌握教学设计的一般流程;
(2) 了解以教为主的教学过程设计的一般模式;
(3) 掌握以学为主的信息化教学设计的一般过程;
(4) 掌握基于微课的翻转课堂教学设计方法;
(5) 了解信息化教学评价的理念、目的和方法;
(6) 掌握课件设计流程及课件的评价标准。

核心概念

教学设计 (Instructional Design)　教学目标 (Instructional Objectives)　教学策略 (Instructional Strategy)　教学媒体 (Instructional Media)　教学评价 (Instructional Evaluation)　翻转课堂 (Flipped Classroom)　在线科学学习 (Online Science Learning)　概念图 (Concept Map)　档案袋 (Portfolio)

教学设计与评价是教学工作的重要组成部分,广泛地存在于各种实际教学活动之中。教学设计的原理和步骤都是以研究成果为基础的,它的最终目的是通过优化教学过程提高教学的效率、效果和吸引力,以利于学习者学习。而教学评价在教学设计过程和教学技术本身中扮演了非常关键的角色,它的理论与方法对提高教学质量、培养创新精神和实践能力、促进师生发展、推动教学改革起着日益显著的作用。

5.1 信息化教学设计

20世纪90年代以后,随着多媒体、网络技术和互联网的普及,信息技术在教学中发挥的作用日益凸显。信息化教学,一方面是以信息技术的支持为显著特征,另一方面是以现代教育教学理念为指导。信息化教学设计强调发挥学习者在学习过程中的主动性和建构性,就是运用系统方法,以学为中心,充分利用现代信息技术和信息资源,科学地安排教学过程的各个环节和要素,以实现教学过程的优化。

5.1.1 信息化教学设计的理念

信息化教学设计理念源于建构主义教学观,其设计理念强调发挥学习者在学习过程中的主动性和建构性,运用系统方法,充分利用现代信息技术和信息资源,科学地安排教学过程的各个环节和要素,以实现教学过程的优化。具体来说,就是应用信息技术构建信息化环境,获取、利用信息资源,支持学生的自主探究学习,培养学生的信息素养,提高学生的学习兴趣,从而优化教学效果。

信息化教学设计的基本原则强调以下几点。

(1) 以"学"为中心。注重学习者学习能力的培养。教师作为学习的促进者,引导、监控和评价学生的学习进程。

(2) 充分利用各种信息资源来支持"学"。

(3) 以"任务驱动"和"问题解决"作为学习和研究活动的主线,在相关的有具体意义的情境中确定和教授学习策略与技能。

(4) 强调"合作学习"。这种协作学习不仅指学生之间、师生之间的协作,还包括教师之间的协作,如实施跨年级和跨学科的基于资源的学习等。

(5) 强调针对学习过程和学习资源的评价。

5.1.2 信息化教学设计的含义

教学设计(Instructional Design,ID)是20世纪60年代以来逐渐形成与发展起来的一门实践性很强的新兴学科,是教学技术学领域中的一个重要分支。作为教育技术学科体系中的核心课程,教学设计以解决教学问题、提高教学效果、优化教学过程为目的,其理论研究与实践吸收了多种学科领域的内容,如心理学、教育学和系统科学等优秀研究成果,它是一个跨学科研究的领域。

1. 教学设计

教学设计是指以教学理论、学习理论和传播理论为基础,运用系统方法分析和研究学习需求，设计出解决教学问题的方法和步骤，形成教学方案，并对方案实施后的效果作出价值判断的规划过程和操作程序。教学设计为实施教学活动提供了最佳的方案和措施，使得教学工作更加合理化、科学化。通过教学设计，可以解决"教什么"和"学什么"的问题，解决教学资源的问题，解决教学效果的问题，是对整个教学系统的设计。

2. 信息化教学设计

信息化教学设计是在综合把握现代教育/教学理念的基础上，充分利用现代信息技术和信息资源，科学地安排教学过程的各个环节和要素，为学习者提供良好的信息化学习条件，实现教学过程最优化的系统方法。其目的在于培养学生的信息素养、创新精神、实践能力和综合能力，从而增强其学习能力，提高学业成就，并使他们最终成为具有信息处理能力的、主动的终身学习者。

5.1.3 信息化教学设计的模式

虽然不同的教学设计模式有各自不同的设计步骤，但基本上都能清楚地解决四个问题：一是学习者的特点是什么；二是教学的目标是什么；三是教学资源和教学策略是什么；四是如何进行教学评价。对这四个基本问题的处理和展开，从而形成了不同风格的教学设计模式。

1. 教学设计的基本模式

学习理论在不同教学设计模式中的体现有显著的差异，传统的教学设计模式的发展经历过两代，而且每一代都有其鲜明的标志。第一代教学设计模式的主要标志是：在其学习理论方面以行为主义的联结学习（即刺激—反应）作为其理论基础；第二代教学设计模式的主要标志是以认知学习理论（奥苏伯尔的认知学习）作为其主要的理论基础。

教学设计模式主要分为三大类：以教为主的教学设计模式（该模式由于学习理论基础的不同，可分为基于行为主义学习理论的 ID1 和基于认知主义学习理论的 ID2）、以学为主的教学设计模式，以及集两种模式优点的双主教学设计模式，即以"教师为主导、学生为主体"的教学设计模式。

"主导—主体"教学设计模式（简称双主模式）是何克抗教授在奥苏伯尔"有意义学习理论""动机理论""先行组织者"教学策略及建构主义学习理论的指导下提出的以学生为主体、教师为主导相结合的新型教学系统设计模式。该模式将以教为主和以学为主的教学设计模式有机结合，避免了在教学过程中单纯使用一种教学设计模式而产生的教学时单方面（教师或学生）主宰教学而出现的"满堂灌"或"盲目学"的现象，使学生能够采用更合理的学习策略掌握学习内容和提高自学能力，优化了教学过程。

1）肯普模式

肯普（J.E. Kemp）认为，一个教学系统应包括四个基本要素，即学生、方法、目标和评价。这四个基本要素及其关系组成了教学系统设计的出发点和框架，即教学系统设计的椭圆形结构模型，该模式属于 ID1 模式，如图 5-1 所示。

2）迪克 - 凯瑞模式

迪克 - 凯瑞（Dick & Carey）模式（见图 5-2）是基于行为主义的系统教学设计模式，该模式也属于 ID1 模式。该模式从确定教学目标开始，到终结性评价结束，组成了一个完整的教学系统开发过程。

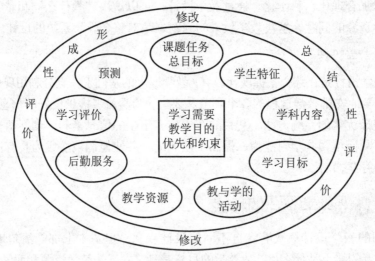

图5-1　肯普模式

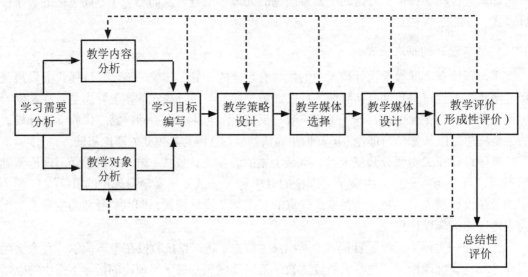

图5-2　迪克-凯瑞模式

3) 史密斯-雷根模式

史密斯-雷根(P.L.Smith &T.J.Ragan)模式是把教学设计划分成三个阶段，即分析、策略和评价。第一阶段，分析学习环境、学习者、学习任务，制定初步的测验项目；第二阶段，确定组织策略、传递策略，设计教学活动过程；第三阶段，进行评价，对设想的教学过程予以修正。

史密斯-雷根模式是 ID2 的代表模式(见图 5-3)，其特点是明确指出应设计三类教学策略。

(1) 教学组织策略。这是指有关教学内容应按何种方式组织、次序应如何进行排列以及具体的教学活动应如何安排的策略。

(2) 教学内容传递策略。为实现教学内容由教师向学生的有效传递，应仔细考虑教学媒体的选用和教学的交互方式。传递策略就是有关教学媒体的选择、使用以及学生如何分组的策略。

(3) 教学资源管理策略。这是在上面两种策略已经确定的前提下，如何对教学资源进行计划与分配的策略。

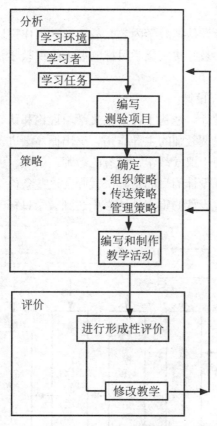

图5-3　史密斯-雷根模式

"双主"教学设计模式的作用

"双主"模式就是在发挥教师的主导性作用的同时也要发挥学生的主体性作用，也就是怎样使在教师主导下的课堂中让学生参与进来共同学习的一种教学模式，这种模式不同于国内以往"以教师为中心"的教学模式，在以教为主的模式中学生只是被动地学习，没有发挥其主观能动性，老师花了很大的精力讲课，但学生的学习效果很差；也有别于"以学生为中心"的教学模式，在以学为主的教学模式下，学生学习过程中可能会花费大量的时间来学习与教学重点无关的知识，教师功能极其弱化，学习效率也很低下，教师未能起到引导学生学习、提高学习效率的目的。"双主"模式正是弥补了这两种模式的不足，吸取了这两种方式的长处而形成的一种教学模式。

 思考交流

1. 为什么可以把教学设计划分成第一代和第二代两种不同的模式？
2. ID1 和 ID2 有哪些不同？

2. 以教为主的教学设计

以教为主的教学过程设计是把教学内容、教学活动当作设计工作的重心。其优点是有利于教师主导作用的发挥，教师按照教学目标的要求组织教学，该类型的教学设计在教学中有很大的影响。

1) 以教为主的教学过程设计

以教为主的教学过程设计，是基于行为主义学习理论和认知主义学习理论。设计的焦点在"教师如何教"上，强调教师的主导作用，突出循序渐进、按部就班、精细严密地对教学进行设计。这类模式用于课堂教学，已有的教师、学生、课程计划、设施设备和各种资源都是设计的前提条件。设计的目的是解决教师在这些条件下如何做好教学工作，以完成预期的教学目标。该模式设计的重点是让学生达到教学目标的要求。以教为主的教学设计模式，如图5-4所示。

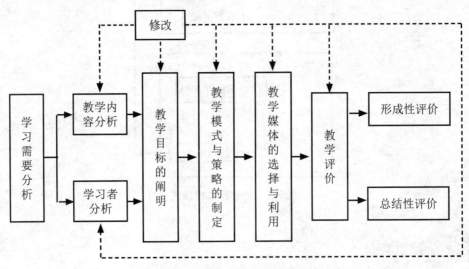

图5-4 以教为主的教学设计模式

2) 以教为主的教学过程设计要素分析

从图 5-4 中可以看出，以教为主的教学设计包括学习需要分析、教学内容分析、教学模式与策略的制定以及教学媒体的选择等要素。

(1) 学习需要分析。

教学设计是一个问题求解的过程，只有发现问题，认清问题的本质，才能更好地解决问题。而对问题的鉴别与分析通常也称学习需要分析。

① 学习需要的含义。学习需要是指在某一特定的情境下，学习者在学习方面目前的状况与期望达到的状态之间的差距。目前的状况是指学习者群体在能力素质方面已达到的

水平，期望的状况是指学习者应当具备的能力、素质。

② 学习需要分析的内容。学习需要分析是指经过系统化的调查研究，发现教学中存在的问题，通过分析问题产生的原因，从而确定问题的性质，并论证解决该问题的必要性和可行性。即学习需要分析是找出差距发现问题，而不是寻求解决问题的方法。

学习需要分析的内容包括以下几方面的工作。

a. 通过调查研究，分析教学中是否存在需要解决的问题。

b. 分析存在问题的性质，以判断教学设计是不是解决这个问题的合适途径。

c. 分析现有的资源及约束条件，以论证解决该问题的可能性。

d. 分析问题的重要性，确定解决问题的优先次序。

e. 学习需要分析的方法。

学习需要分析就是采取适当的分析方法，找出"是什么"和"应该是什么"之间的差距。根据参照系的不同，分析学习需要的方法一般包括内部参照需要分析法和外部参照需要分析法两种。

内部参照需要分析法是由学习者所在的组织机构内部，用已经确定的教学目标（期望的状态）与学习者的当前学习状态做比较，找出两者之间存在的差距，从而鉴别出学习需要的一种分析方法。

外部参照需要分析法是指根据教育机构以外，即社会的要求（或职业要求）来确定对学习者的期望值，以此为标准来衡量学习者的学习现状，找出差距，从而确定学习需要的一种分析方法。

在实际分析时，可采取内外结合学习需要分析法，如图5-5所示。根据外部社会需求调整修改已有的教学目标，并以修改后的目标所提出的期望值与学习者的现状相比较找出差距。

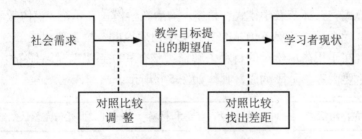

图5-5 内外结合学习需要分析法

(2) 教学内容分析。

通过学习需要分析，已揭示出教学中存在的问题及其主要原因，紧接着需要考虑的问题是怎样填补这个差距，也就是用什么样的教学内容去促进学生能力的发展变化，这就是教学内容分析。

① 教学内容分析的含义。教学内容是指为实现教学目标，要求学习者系统学习的知识、技能和态度的总和。教学内容分析是以教学目标为依据，进而规定学习内容的范围、深度和揭示学习内容各部分之间的联系。

② 教学内容分析的方法。

a. 归类分析法。归类分析法主要是研究对有关信息进行分类的方法，旨在鉴别为实现教学目标所需要学习的知识点，它比较适合于言语信息类教学内容的分析。确定分类方法后，或用图示，或列提纲，把实现教学目标所需要学习的知识归纳成若干方面，从而确定教学内容的范围。

b. 图解分析法。图解分析法是一种用直观形式揭示教学内容要素及其相互联系的内容分析方法，常用于对认知教学内容的分析。图解分析的结果是一种简明扼要、提纲挈领地从内容和逻辑上高度概括教学内容的一套图表或符号。这种方法的优点是，使分析者容易觉察内容的残缺或多余部分以及相互联系中的割裂现象。

c. 层级分析法。层级分析法是用来揭示为了达到总教学目标所要求掌握的从属目标（技能）的一种内容分析方法。它是一个逆向分析的过程，即从已确定的教学目标开始考虑，要求学习者为了获得教学目标规定的能力，他们必须具有哪些次一级的从属能力？而要培养这些次一级的从属能力，又需要具备哪些再次一级的从属能力？依此类推。

d. 信息加工分析法。信息加工分析法由加涅提出。这是一种将教学目标要求的学习者心理操作过程揭示出来的方法。即分析要完成特定的教学目标时，学习者要经历怎样的心理活动程序或过程。这种方法揭示出了学习者在学习或解决问题时所进行的思维活动过程，这一步步的心理过程就构成了需要学习的内容。

(3) 教学模式与策略的制定

在构建了教学目标后，接下来就要考虑"如何教""如何学"的问题，这就涉及制定教学模式与教学策略的选择问题。

① 教学模式的制定。教学模式是在一定的教学理论和学习理论的指导下，为完成特定的教学目标和内容而围绕某一主题形成的比较稳定的简明教学结构理论框架及其具体可操作的教学活动方式。

在以教为主的教学模式中，比较有代表性的、对教育教学有较大影响的教学模式有先行组织者教学模式、五环节教学模式、情境-陶冶教学模式、示范-模仿教学模式等。

先行组织者教学模式是奥苏伯尔的有意义学习理论的一个重要组成部分。提供先行组织者的目的，就在于用先前学过的材料去解释、整合和联系当前学习任务中的材料。该模式的教学过程主要由三个阶段构成，具体如图5-6所示。

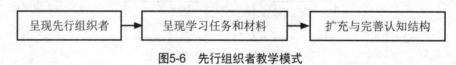

图5-6 先行组织者教学模式

五环节教学模式是源于赫尔巴特学派的"五段教学法"，后来经过苏联及国内教育学家的改造形成的模式。该模式的教学过程如图5-7所示。

图5-7 五环节教学模式

情境-陶冶教学模式有时也称暗示教学模式，主要通过创设某种与现实生活类似的情境，让学生在思想高度集中但精神完全放松的情境下进行学习。通过学生与他人的充分交流和合作，提高学生的合作精神和自主能力，以达到陶冶修养和培养人格的目的。这是一种主要用于实现情感领域教学目标的教学模式。该模式的教学过程如图5-8所示。

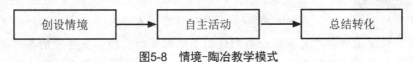

图5-8 情境-陶冶教学模式

示范-模仿教学模式是一种主要用于动作技能领域的教学模式，该模式的教学过程如图5-9所示。

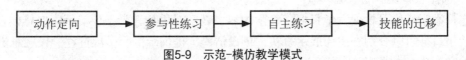

图5-9 示范-模仿教学模式

② 教学策略的选择。教学策略是指为了完成特定的教学目标而采用的灵活多样的教学方式，主要包括教学方法、教学组织形式的选择等一些具体的教学问题。

A. 教学方法的选择。

教学方法是教师和学生为了达到教学目标，完成教学任务，以教学原则作为指导，借助一定的教学手段（工具、媒体或设备）而进行的师生相互作用的活动。在教学过程中，教师和学生都必须采用一定的方法、运用特定的形式和利用恰当的媒体，才能顺利地完成教学。

根据教学方法的外部形态以及教师在课堂教学中使用的手段来分类，教学方法主要有以下五种。

a. 语言教授法。有讲授法、谈话法、讨论法。

b. 直接感知法。有演示法、参观法。

c. 实际训练法。有练习法、实验法、实习作业法。

d. 欣赏活动法。有欣赏法。

e. 引导探究法。有发现法。

由于教学学科、教学内容、学习目标，尤其是教学对象的不同，教师所选用的教学方法也应该不同。一般来说，选择教学方法主要依据教学目标、学科的特点、教学内容、学生的实际情况以及教师本身的素养条件。从实践结果来看，讲授法、谈话法对学生记忆类的学习有帮助，而讨论法、练习法、实验法对学生在学习过程中发现概念或原理有较好的帮助。如果以学科的角度归纳，在文科类的教学中，使用讲授法、谈话法、讨论法所取得的效果较好，而在理科类的教学中，使用演示法、练习法、实验法所取得的效果较为理想。

B. 教学组织形式的选择。

教学组织形式是指在教学过程中，师生的共同活动在人员、程序、时空关系上的组合形式。当前教学组织形式主要有班级授课、个别化学习和小组学习三种类型。三种教学组织形式各有其适用的方面，为了达到优化教学效果的目的，在制定教学策略的时候，必须进行综合考虑，取长补短，逐渐减少教师的集体授课时间，更多地安排个别化学习和小组学习形式的学习，使学生能积极、主动地参与到教学过程中来，提高他们在各方面的素质和能力。

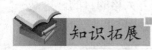 知识拓展

由于学生的需求不同、教学目标和教学内容不同，不存在适用于一切教学活动的教学模式与策略。教学设计者只有掌握一系列适用于不同目标、内容及对象的各种教学模式与策略，才能在教学设计中创造出最有效的教学环境，取得最佳的教学效果。

(4) 教学媒体的选择。

① 选择教学媒体的依据。

选择教学媒体可根据教学目标、教学内容、教学对象和教学条件等因素。媒体在教学中的使用目标可以分别表述为展示事实、创设情境、提供示范、呈现过程、设疑思辨等。

② 选择教学媒体的方法。

a. 确定教学媒体的使用目标：依据知识点的学习目标，认真分析教学内容，确定教学媒体的使用目标，即确定在完成该学习目标时媒体在教学中的作用。由于教学过程是复杂的、动态的，随着教学内容、教学对象、教学方法的不同，教学媒体所起的作用也不是固定不变的。而且同一种媒体随着使用方式的不同，对实现教学目标的作用也是不同的。

b. 选择教学媒体的类型：依据教学媒体的使用目标和教学对象的特点，按照教学媒体层次的划分，选择合适的媒体类型。

c. 确定教学媒体的内容：媒体类型确定以后，可查阅资料目录，确定所选媒体的具体内容。如果现有媒体内容合适，则可在教学中使用；否则可通过选编、修改，甚至重新制作等方法来确定内容合适的媒体。

此外，在选择媒体时也可以基于媒体选择最小代价的原则，采用流程图选择法、矩阵选择法、问卷选择法等进行选择。

3. 以学为主的信息化教学设计

以学为主的信息化教学设计主要是研究如何设计教学过程来帮助"学"，即树立以"学"为中心的教学观。由于长期以来课堂教学一直受教师主导、在教师的组织下进行，因此讨论得更多的是如何"教"的问题，对于如何设计帮助学生"学"论述得较少。

1) 以学为主的信息化教学设计的一般模式

随着信息技术的发展以及建构主义理论的兴起，人们开始越来越关注课堂教学中如何更好地发挥学生的主动性。关于以学为主的信息化教学设计，虽然没有现成的模式，但我们可以对传统教学与信息化教学二者进行比较，进一步明确信息化教学设计更需要关注的主要因素，如表5-1所示。

从以上传统教学与信息化教学二者的区别上大致可以看出，信息化教学设计模式中有一个非常重要的现代教育理念，就是以学生探索为主的教育，这就是以学习为主的教育理念，具体体现在教师角色、学习内容、评价方式等方面发生的一系列变化上。这里我们来分析以学为主的信息化教学设计的一般模式，具体如图5-10所示。

以学为主的信息化教学设计的一般模式描述了教学设计的基本过程。在实施时，可以按照实际情况灵活把握，重点体现出以学生为中心，把"任务驱动"和"问题解决"作为贯穿学习活动的主线，利用各种信息资源来支持学，强调自主学习与协作学习，注重对学

习过程的评价等即可。

表5-1 传统教学与信息化教学的区别

关键要素	传统教学	信息化教学
教学策略	教师导向	学生探索
讲授方式	说教性讲授	交互性指导
学习内容	定向性学科知识	带逼真任务的多学科融合
作业方式	个体作业	协同作业
教师角色	教师作为知识施与者	教师作为帮促者
分组方式	同质分组	异质分组
评估方式	针对事实性知识	基于绩效的评估

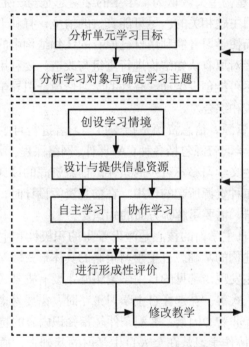

图5-10 以学为主的信息化教学模式

2) 以学为主的信息化教学设计要素

从图 5-10 中可以看出,以学为主的信息化教学设计包括:分析单元学习目标、分析学习对象与确定学习主题、创设学习情境、设计与提供信息资源、自主学习设计、协作学习设计等要素。

① 分析单元学习目标。以学为主的信息化教学设计是依据知识单元的学习任务来确定教学目标的。它反映了通过该单元的学习后,学习者应该掌握的基本知识、基本技能,以及情感的变化和解决问题能力的提高等。学习目标的表述不是基于单一知识点,而是基于知识单元,因此具有整体性的特点。具体学习目标的表述仍然采用内外结合的方式,但在描述外在行为变化的同时,要更加注意内在情感的变化和能力的形成。通常采用较宽泛的行为动词(如了解、掌握、学会、树立等)来描述,具有一定的弹性。

② 分析学习对象与确定学习主题。因为信息化教学设计要体现以学习者为中心，因此，要全面分析学习对象。除了前述提到的分析学习者一般特征、个性差异和初始能力外，还有一个重要的因素，那就是学习者的信息素养。信息素养高的学习者在基于资源的学习过程中能够更好地学习，并能达到较好的学习效果；否则，将无法适应基于资源的学习。

学习主题的确定是信息化教学设计的核心。在认真分析单元学习目标、学习内容、学习对象的基础上，提出为达到学习目标需要解决的关键问题，这个问题的解决过程，就是完成该知识单元学习的过程。确定学习主题要考虑两方面因素：一是要依据认知弹性理论，设计适合高级领域学习的问题，即这里所设计的问题不应是简单的、轻而易举就可以找到答案的，而应该有一定的难度，涵盖了该知识单元的学习任务，并和现实情境有密切联系的、需要学习者付出努力才能找到解决方法的实际问题；二是要依据"最近发展区"设计学习主题，主题要恰当，适合学生探究。

③ 创设学习情境。建构主义者认为，学生的学习总是与一定的社会文化背景即情境相联系，创设与当前学习主题相关的、尽可能真实的情境，有利于唤醒长时记忆中有关的知识、经验或表象，从而使学习者能利用自己原有的认知结构中的有关知识与经验去同化当前学习的新知识，或者对原有认知结构进行重组与改造。要利用多媒体技术与网络技术为核心的现代信息技术尽可能创设生动、有趣的学习情境，引导学生多角度、多方位地对情境内容进行分析、比较和综合。

④ 设计与提供信息资源。信息资源是指支持学习者进行自主学习的各种必要条件。在现代信息技术条件下，学习资源包括各种CAI课件、网络课程、教学平台、信息资源库等。丰富的信息资源是建构主义学习必不可少的条件。信息资源的设计，是指确定学习主题所需信息资源的种类以及每种资源所起的作用。在信息资源设计时，必须详细考虑学生解决问题时需要查阅哪些资料，需要了解哪方面的知识。

⑤ 自主学习设计。自主学习的核心是激发学生的积极性和主动性，充分体现学生的主体地位，是学生意义建构的基础。自主学习策略的具体形式较多，但无论什么形式，都要求学生自主探索、自主发现。常见的自主学习策略主要有支架式、抛锚式、启发式、探究式、学徒式、随机进入式等。在选择自主学习策略时，需要考虑主客观条件。主观条件是指学习者的智力因素和非智力因素；客观条件是指知识内容的特征。

⑥ 协作学习设计。协作学习是在个人自主学习的基础上，通过小组讨论、协商，以进一步完善和深化对主题的意义建构。整个协作学习过程均由教师组织引导，讨论的问题皆由教师提出。

以学为主的信息化教学设计案例

题目：高中语文阅读与写作课"中国汽车工业与WTO"教学设计

广东省南海区桂城中学

一、概述

"中国汽车工业与WTO"是一节基于互联网的高中语文阅读与写作课，分两个课时，时间共 60 分钟。

（一）学习者特征分析

本节课的学习者特征分析主要是根据教师平时对学生的了解而作出的。学生有一定的阅读和写作功底，能熟练地使用网络，上网搜索并浏览与学习内容相关的知识，但有迷航的可能。学生普遍思维活跃，能积极并有条理地发表个人观点。学生合作学习的经验还不足，需要教师在一定程度上加以引导。

（二）教学目标分析

(1) 知识与能力：了解中国入关的一些知识。通过搜索、分析网上资源，提高利用网上资源进行意义构建的能力。提高学生的语言文字表达能力。

(2) 过程与方法：通过自主学习和小组协作收集提取网络相关资源信息，使学生掌握快速阅读与准确筛选信息的能力和方法。学生通过参与评价过程，提高评析文章的能力，掌握从多个角度分析、评论文章的方法。

(3) 情感态度与价值观：通过参与合作学习活动，提高学生与他人积极合作的意识，培养学生的合作精神。学生具备自我评价的意识。

二、学习内容和任务

（一）学习内容设计

这节课的学习内容以策略性知识为主，陈述性知识为辅（大致了解即可），主要是以陈述性知识为主题开展策略性知识的探索和学习。陈述性知识：中美签署入关协议的情况；加入 WTO 对中国汽车工业将产生的影响。策略性知识：如何快速、准确地筛选信息；如何利用收集的信息，针对一个题目写出文章；如何从多个角度分析、评论文章。

（二）学习任务设计

本节课的设计主要是通过完成两个学习任务来达成教学目标。

(1) 假如你是一名 A. 司机；B. 汽车经销商；C. 汽车厂厂长，在得知中美签署有关协议的那一天(1999 年 11 月 15 日)感受如何？你看到了哪些有关情形？请以此为内容写一篇 300 字左右的短文，文体不限，题目自拟。

(2) 假如你是评审委员会的教师之一，与评审会其他教师合作，对学生的作文共同给出评价，写出评语。

三、过程

（一）学习策略设计

根据学习任务的要求和学习者分析的结果，这节课设计的学生的学习策略如下。

(1) 讨论策略：面对面或是通过网络分组讨论加入 WTO 对中国汽车工业将产生何种影响。

(2) 探索策略：独立利用网络收集资料，分析问题，解决处理学习过程中遇到的各种问题，写出一篇小短文。

(3) 协同策略：学生之间分组配合，合作完成评审文章的学习任务。

(4) 竞争策略：由于文章写好后，同学之间要公开评论，因此学生在整个学习过程中都会存在一种竞争心理。利用这种心理，可以激发和维持学生的学习动机。

(5) 自我评价策略：学生在通过小组合作评价其他同学的论文结束后，利用合作学习评价量表进行自我评价。

(二) 教学流程图 (参见图5-11)

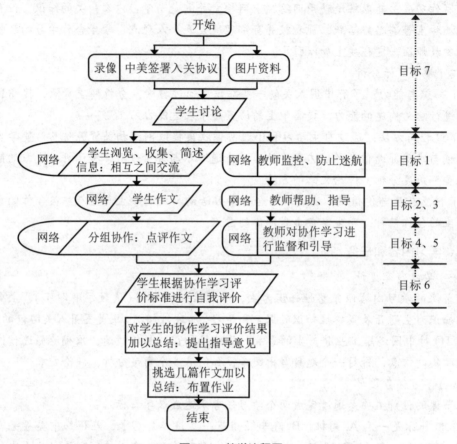

图5-11 教学流程图

注：教学流程图中目标1～目标7对应概述中教学目标分析的七个目标。

四、资源

(1) 《中美签署入关协议》的录像。

(2) 与WTO有关的一些图片资料。

(3) 有WTO专题的一些网站，如《羊城晚报》《人民日报》和新加坡《联合早报》等。

(4) 在互联网上用搜索引擎可以搜到的与WTO有关的文本、音视频、动画等信息。

五、评价

教师主要从两个方面对学生的学习开展评价。

(1) 让学生完成作业，通过对作业的检查批改，从整体上评价学生这节课在收集信息、写作和评析等方面的学习成果。

(2) 针对本节课合作学习的内容建立了相应角度的评价标准 (参见表5-2)。要求学生自己根据量表自我评价，同时对本小组的其他同学作出评价，然后将评价结果反馈给教师和学生本人。

表5-2 合作学习评价表

项目 \ 等级	1	2	3	4	成绩
倾听他人的观点	一直自己占有时间，不让别人说话	通常占有大部分的时间，很少让别人说话	听，但有时说得太多	听和说的差不多	
与团队合作	经常与团队争论	有时争论	很少争论	从不争论	
作出公平的决定	通常愿意照自己的方式做事	经常偏向朋友，而不是总是考虑自己的观点	通常考虑到所有人的观点	一直使团队达成公平的决定	

六、帮助和总结

(一) 管理和帮助设计

在学习过程中，教师通过网络监控台跟踪学生学习的进展。在收集资料阶段，注意观察学生，防止学生发生迷航；在学生独立探索阶段，随时回答学生提出的问题；评审文章时，引导组织学生分组合作，并对合作小组给予必要的指导。

(二) 总结与强化练习

教师选取几篇作文，针对其中出现的问题，在学生讨论评析基础上概括总结。主要围绕主题是否明确、内容是否集中、语言是否准确等三个方面进行总结。同时，布置一项作业：每个人写出一篇关于青少年心理健康状况的网络调研小报告，然后5个人一组，共同评论他们写的调研报告。

七、课堂点评

"中国汽车工业与WTO"是典型的采用以"学"为主的模式进行教学设计的。这节课通过利用互联网丰富的信息资源，培养学生准确信息检索和快速阅读的能力，同时也让学生获取了大量的写作素材；通过组织学生对有关问题的讨论，加深学生对事物本质与规律的认识，培养了学生的语言表达能力和作文评析能力。

思考交流

以教为主的教学设计模式与以学为主的信息化教学设计模式各自的优势是什么？在教学实践中该如何去选择？为提高教学效果，能否将两种教学设计模式整合起来进行考虑？

5.1.4 基于微课的翻转课堂教学设计

1. 翻转课堂教学模式 (FCM)

1) 教学理念

翻转课堂 (Flipped Classroom) 源于美国科罗拉多州林地公园中学的教改实验。学校的两位化学老师在考虑如何给因病无法上课的学生补课时，决定使用教学录制软件对课堂进行录像，并上传到互联网。这些教学视频不仅是部分学生学习的资源，后来还成为全体学生自主学习的重要资源。2011年，翻转课堂成为研究热点，成为全球教育界关注的新型教学模式。

2) 翻转课堂教学模式

翻转课堂教学模式（见图5-12)强调任务驱动、问题导向，要求学生根据预习任务学会结构化思考，由浅入深地逐步形成自主解决问题的能力；要求教师学会制作和上传教学视频，善于运用专题学习网站，善于组织交流学习成果，善于在聆听中发现学生的思维脉络，学会智慧地指导学生，并且在课堂上对需要帮助的学生做一对一的个性化指导。

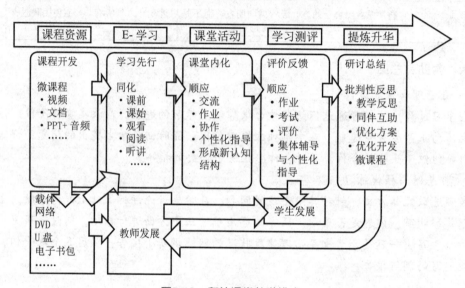

图5-12　翻转课堂教学模式

2. 微课及微课教学设计

1) 微课的定义及特点

微课(Microlecture)全称为微型视频课程，是指运用信息技术按照学习认知规律，呈现碎片化学习内容、过程及扩展素材的结构化数字资源，它是以教学视频为主要呈现方式，围绕学科知识点、例题习题、疑难问题、实验操作等进行的教学过程。

微课教学主要包含以下几个特点。

(1) 教学时间较短，教学内容较少。教学视频是微课的核心组成内容，时长一般为5～10分钟，最长不宜超过15分钟。微课主要是为了突出课堂教学中某个学科知识点的教学，或是反映课堂中某个教学环节、教学主题的教与学活动。

微课视频一般采用支持网络在线播放的流媒体格式（如rm、wmv、flv等）。资源的总容量一般在几十兆字节，师生可流畅地在线学习和观摩。

(2) 资源构成"情景化"，资源使用方便。微课一般要求主题突出、指向明确、相对完整。它以教学视频片段为主线"统整"教学设计、课堂教学时使用到的多媒体素材和课件、教师课后的教学反思、学生的反馈意见及学科专家的文字点评等相关教学资源，构成了一个主题鲜明、类型多样、结构紧凑的"主题单元资源包"，营造了一个真实的"微教学资源环境"。

(3) 主题突出，内容具体。一个微课就一个主题，或者说一个微课一件事；研究的问题来源于教育教学具体实践中的具体问题，或是生活思考，或是教学反思，或是难点突破，或是重点强调，或是学习策略、教学方法、教育教学观点等具体的、真实的、自己与同伴可以解决的问题。

(4) 草根研究，趣味创作。正因为课程内容的微小，所以人人都可以成为课程的研发者；正因为课程的使用对象是教师和学生，课程研发的目的是将教学内容、教学目标、教学手段紧密地联系起来，是"为了教学、在教学中、通过教学"，而不是去验证理论、推演理论，所以决定了研发内容一定是教师自己熟悉的、感兴趣的、有能力解决的问题。

(5) 成果简化、多样传播。因为内容具体、主题突出，所以研究内容容易表达，研究成果容易转化；因为课程容量微小、用时简短，所以传播形式多样（网上视频、手机传播、微博讨论）。

(6) 反馈及时、针对性强。由于在较短的时间内集中开展无学生上课活动，参加者能及时听到他人对自己教学行为的评价，获得反馈信息。较之常态的听课、评课活动，具有即时性。由于是课前的组内预演，在一定程度上减轻了教师的心理压力，不会担心教学的"失败"，不会顾虑评价得罪人，较之常态的评课更加客观。

2) 微课教学设计分析

微课虽然"微小"，却也是"麻雀虽小，五脏俱全"。因此，进行微课教学也要经过学习需求分析、学习内容分析、学习者分析、教学目标设计、教学策略设计、媒体的设计，以及教学过程、教学评价等一系列教学设计的过程。

结合微课教学的特点以及学习者对教学设计过程模式的理解与认识，形成微课的教学设计模型如图5-13所示。

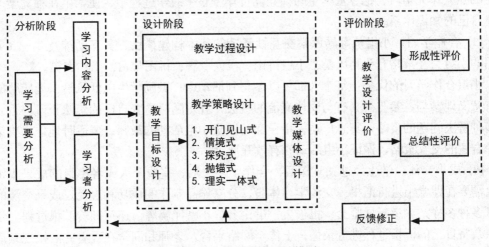

图5-13 微课教学设计模型

3. 基于微课的翻转课堂教学设计

1) 课前准备模块

(1) 教学视频的制作。对于教学视频的选择，教师可以在优质的开放教育资源中，寻找与自己教学内容相符的视频资源作为课程教学内容，然而网络上的开放教育资源可能会与课程目标、课程内容并不一定完全相符。

对于翻转课堂教学模式，微课是与之搭配的最佳组合。教师首先针对课程内容进行微课教学设计，然后制作针对该教学设计的教学微视频用于翻转课堂教学。

教学视频制作要根据微课教学的特点，注意视觉效果、互动性、时间长度以及教学评价等方面的设计和控制。在一个单元的教学中，可以将教学内容划分为多个教学微视频呈现，这样做符合梅耶有关多媒体教学原则中管理基本加工的"分割原则"。

(2) 课前针对性练习。在微课教学设计中，最后要布置针对性的课前练习，以加强对学习内容的巩固并发现学生的疑难之处。

对于课前练习的数量和难易程度，教师要合理设计，利用"最近发展区"理论，帮助学生完成利用旧知识向新知识的过渡。可以通过留言板、聊天室等网络交流工具与同学进行互动沟通，了解彼此之间的收获与疑问，同学之间能够进行互动解答。

2) 课堂教学活动设计模块

教师在设计课堂活动时，应充分利用情境、合作、会话等要素，充分发挥学生的主体性，完成对当前所学知识的内化。

(1) 确定问题。教师根据课程内容和学生观看教学视频、课前练习中提出的疑问，总结出一些有探究价值的问题，学生根据理解与兴趣选择相应的探究题目。在此过程中，教师应该有针对性地指导学生选择题目。根据所选问题对学生进行分组，其中，选择同一个问题者将组成一个小组，小组规模控制在 5 人以内。然后根据问题的难易、类型进行小组内部的协作分工设计。

(2) 独立探索。在翻转课堂的活动设计中，教师应该注重和培养学生的独立学习能力，引导学生从学习依赖向独立学习的转化。其具体做法是，从开始的选择性指导逐渐转变为学生的独立探究学习，把尊重学生的独立性贯穿于整个教学过程中，使学生在独立学习中构建自己的知识体系。

(3) 合作学习。小组是翻转课堂交互性活动的基本构建模块，其互动涉及 2～5 人。常用的小组交互策略有头脑风暴、小组讨论、浅谈令牌、拼图学习、工作表等。

小组合作学习的优势：每个人都可以参与到活动中；鼓励学生以低风险、无威胁的方式有意义地参与；参与者具有与同伴交流的机会，并可随时检查自己的想法正确与否；提供多种解决问题的策略，集思广益。指导翻转课堂小组活动的教师，要适时地作出决策，选择合适的交互策略，保证小组活动的有效开展。

(4) 成果交流。学生经过独立探索、合作学习之后，完成个人或者小组的成果集锦。学生需要在课堂上进行汇报、交流学习体验，分享作品制作的成功和喜悦。成果交流的形式可多种多样，如举行展览会、报告会、辩论会、小型比赛等。还可翻转汇报过程，学生在课余将自己的汇报过程进行录像，上传至网络平台，老师和同学在观看完汇报视频后，在课堂上进行讨论、评价。

(5) 反馈评价。翻转课堂不但要注重对学习结果的评价，还通过建立学生的学习档案，注重对学习过程的评价，真正做到定量评价和定性评价、形成性评价和总结性评价、对个人的评价和对小组的评价、自我评价和他人评价之间的良好结合。评价的内容涉及问题的选择、独立学习过程中的表现、在小组学习中的表现、学习计划安排、时间安排、结果表达和成果展示等方面。对结果的评价强调学生的知识和技能的掌握程度，对过程的评价强调学生在实验记录、各种原始数据、活动记录表、调查表、访谈表、学习体会、反思日记等内容中的表现。

4. 翻转课堂教学案例

题目："多媒体技术与网页设计"中的"音频/视频处理"模块教学

在"多媒体技术与网页设计"课程的"音频/视频处理"模块中借助翻转课堂模式开展教学活动。

一、课前准备及教学设计

1. 教学内容分析及学生分析

针对教学目标及教学内容实施分析，进行教学目标分解，形成若干个面向知识点的小型教学案例；然后利用学习策略量表(LASSI)和课堂环境量表(CUCEI)对学生进行学情分析。

2. 微课资源包的开发与管理

首先，针对每个小型教学案例，结合学生的年龄特点与认知特点，开发面向教学案例且符合学生学习特点的微视频；其次，以微视频为核心组织配套的素材、文本材料、习题、自诊断性质的选择题和实操题，构成完备的微视频资源包，在这两个模块中共形成多个微课资源包；最后，根据教学内容分析结果，借助思维导图软件 MindMaster 绘制知识地图，将所有的微课资源包挂接到知识地图中的相应节点上，形成以知识地图为基准、以微课资源包为节点的网状结构图。

3. 组织导读学案

为了激发学生的学习动机并希望导读模块能更好地覆盖全部知识点，教师编制了如表5-3所示的音视频模块导读学案。对于视频模块，则通过协同教师播放学生的优秀作品，给他们强烈的感官冲击，使其也有参与学习、立即制作出优质视频作品的强烈愿望。

4. 设计自诊断题目和综合性作业

首先，在教学平台中发布一系列面向知识点、与知识点非常相似的小型设计类题目，作为本次翻转课堂教学的自诊断题目，以便学生及时地借助这些自诊断题目检查自己自主学习的效果。其次，在教学平台中发布了三道综合性题目，要求以小组合作的方式完成这些综合性题目，希望这些综合性题目能够巩固学习效果。

表5-3 音视频模块导读学案

音视频模块的导读
声音在生活中处处可见，同学们是否有过自己创作音乐的想法？
晓君同学从网上下载了几首 WAV 格式的歌曲，导入 MP3 时发现播放器不支持这种格式，怎么办呢？
在央视的3·15晚会上，为了保护举报人，编辑对举报人的声音进行了变声处理，你知道他们是怎么做的吗？
大伟想要录制一段配音参加学校的电影配音大赛，你是否有办法帮他处理音频，使他一人录制的音频呈现出男、女两人对话的效果？
光辉老师在录制教学课件时，由于周围的大功率空调正在高速运转，使空调的"嗡嗡"声变成了课件的背景音，导致音频的质量很差，现在，他想把这段"嗡嗡"背景音去掉，他该怎么办呢？
本讲中教师将向同学们介绍基本的音频剪辑知识，希望在学习结束后，每位同学都可以制作出自己的专属音乐。

二、教学活动组织与控制

本次教学活动的运行借助雨课堂教学平台，所有的教学资源、微课资源包都放置在此平台中，而且此平台还提供了教学监控功能。

1. 新知识——以微课资源包自主学习

学生应借助平台中的知识地图了解学习内容、相关知识点之间的逻辑关系，并借助知识点之下链接的微课资源包开展独立自主的学习。在观摩微视频开展学习的基础上，学生可借助系统提供的素材，完成面向知识点的习题，从而检查自己对学习内容的掌握程度。在自主学习阶段，教学平台会自动记录学生在每个微视频上花费的时间，并对学生上传的作品进行评价，然后把评价结果存储到平台中，以利于教师掌握全体学生的学习情况。

2. 综合性任务——以小组方式完成合作学习

对于面向章节的综合性任务，要求学生以学习小组为单位，通过"合作制作作品"这一方式巩固其学习效果，并借助小组成员之间的合作，帮助学生解决疑难问题和薄弱环节，提升学生的综合应用能力。在此过程中，为了达到最高的合作效益，教师对小组合作学习过程进行监控，避免小组成员的搭便车现象。

5.2 信息化教学评价

教学评价是根据教育目标的要求，按一定的规则对教学效果作出描述和确定，是教学各环节中必不可少的一环，它的目的是检查和促进教与学。

信息化评价是评价者运用信息化标准对评价对象的各个方面，即准确性、实效性、经济性以及满意度等，进行量化和非量化的测量过程，并最终得出一个可靠且有逻辑的结论，是客观、科学地反映应用信息化水平的重要手段。信息技术与学科课程整合是一种新型的教学方式。评价不再是独行教学之外的一种终结性活动，其本身也是教学不可缺少的一部分。

5.2.1 信息化教学评价的概念

1) 评价理念

在信息化教育教学中，教学形式应该是以学生为中心的，学生承担着自我学习的责任，他们的角色由被动的接受者变为主动的知识建构者，并最终被培养成为具有处理信息能力的、独立的终身学习者。

2) 评价目的

信息化教学评价是基于学生表现、过程，用于评价学生应用知识的能力。关注的重点不再是学到了什么知识，而是在学习过程中获得了什么技能。评价通常是不正式的、建议性的。

3) 评价标准

信息化教学评价的标准往往是由教师和学生根据实际问题及学生先前的知识、兴趣与经验共同制定的，其标准是基于学生的表现和过程。其重点不再是学到了什么知识，而是在学习过程中获得了什么技能，具有指导学习方向、提供反馈信息、促进学生学习、诊断教学疑难、改进教学等作用。教学过程评价可以让老师及时了解、掌握学生的状况，分辨优劣、诊断问题之所在，以便因材施教、弥补缺陷，使学生能达到预定的教学目标。

4) 信息技术与课程整合教学过程评价的影响因素

信息技术与课程整合的教学过程由于其与传统教学的不同，教学评价也由学生、教师、教学实施和教学环境四个方面组成。

(1) 对学生和教师的评价。

对教学过程的评价不仅包括对课堂教学实施部分，还包括课前准备和课后反思。不仅关注教学信息传授情况、量化的教学结果，更要关注教师的信息技术能力、教师的现代教育观、教师教学设计的能力、对整个教学进程的把握能力、对教学信息的领悟运用能力；关注学生的主体性发挥水平，学生能力提高水平，学生创新、合作、交流能力的提高。强调评价者对评价情境的理解和关注，强调评价过程本身的价值。

(2) 教学实施评价。

教学实施阶段是体现学生主体性是否得到关注的实战环节，在这一部分，从教师和学生各自的表现中获取评价的信息。教师方面考虑：教师对教学设计的实际实施情况，教师对课堂的把握能力，教师对师生角色定位的实际应用情况，教师对学生能力培养的把握，教师对课堂学生交互的把握能力。学生方面考虑：学生学习的参与程度，学生的学习兴趣及学习动机的维持，学生创新交流合作能力的体现情况，课堂交互性、积极性和活跃氛围。

(3) 教学环境评价。

对教学环境评价虽然是教学过程的辅助工具，但也是教学过程评价不可缺少的一部分，主要从教学资源、课件和媒体的使用情况来评价。

5.2.2 信息化教学评价的原则

在信息化教育教学中，以下这些评价原则将有助于达到评价目的，进而实现整个教学的目标。信息化教学评价原则包括以下几方面。

1. 在教学进行前提出预期，提出评价的标准

没有评价参与的学习过程，学生所面临的迷途或荒弃的风险将会很高。信息化教学评价事实上已经成为学习过程中不可分割的一部分。设计良好的评价方案将在学生学习的整个过程中起导航的作用，学生将明确地知道教师、其他学生或其他评价者如何评价他们所完成的学习任务，从而帮助他们调节努力的方向，并最终达到预想的学习目标。

教师在设计具体的教案之前，应首先以评估者的身份思考一些问题，包括我们怎么知道学生已达到了预期的结果和标准，我们可以用什么证据说明学生的理解和精通程度，并在活动开始前使学生对自己要达到的目标有一个明确的认识。一般来讲，这项原则可以通过在活动进行前向学生提供评价工具的方式来遵循。

2. 评价要基于学生在实际学习任务中的表现，注意实施分层次的评估

在实施评估时，要注意评估的层次。在强调培养高级思维能力的前提下，教师应该在

学生完成任务或解决问题的过程中设置好评估的锚点。量规、档案袋、概念图等工具不仅能够检验学生在具体情景中使用知识的能力，还提供了一种较好的、唤起和评估高级思维能力的方法，此时的评估重点要放在如何使学生的这些能力得到发展和提高上，而不仅仅是判断学生的能力如何上。

通过多层次的评估，教师和学生可以确证、澄清和校正一些观念，并清楚地认识到要进一步思考和研究的领域。另外，学生在评价中所获得的有意义的启示，将帮助他们自己探索、领悟，获得新的学习经验或达到更高的学习目标。

3. 尽可能多地提供给学生自评和互评的机会，学生对评价进程和质量要承担责任

评价本身就是一种重要的学习经验，在这种体验中，学生的知识、技能将获得长进，甚至飞跃。要发展评价的能力，学生需要有机会制定和使用评价的标准，有机会自我评价、评价同学、评价教师等。这些评价将有助于学生加深对自我的了解，以便调整学习策略，改进学习方法，增强学习的自觉性。

学生应该知道如何回答和解决诸如：需要解决的问题是什么？我们怎样才能知道自己已经取得了进步？我们如何才能得到提高？我们怎样才能达到优秀？等等这样的问题。因此，只要有可能，就要尽量鼓励学生进行自评或互评，并使他们对评价的进程和质量承担责任。这对发展学习者的评价能力，使其成为积极主动的终身学习者是至关重要的。

4. 争取社会的参与性评估，评价是随时并频繁进行的

除了学生的自评、互评以及教师评价外，还有一些社会性的评估，如家长评估、社区评估等。应使学生的学习成果有公开发布的机会，如开家长会时的展示，又如在网上设计评价反馈表单等，尽可能使关心学生的人参与到评估中来。社会的参与性评估将有助于学生将自己的学习环境与社会情境联系起来，了解社会需求，明确学习任务与社会角色之间的关系，从而成为更加主动的学习者。

5. 注意通过评价选择和收集资源

在信息化教育中，学习内容是开放的、动态的。而要保证其开放与动态，需要相应的评价方案来筛选合适的资源，剔除不适宜的资源。应注意通过合理的评价方案帮助师生获得适宜的资源，以保证学习内容的良性循环。

5.2.3 教学评价解析

教学评价是教学设计的重要因素之一，评价活动始终给予教学设计价值体现，引导教学设计活动朝着实现预定目标的方向前进。

教学评价是指按照一定的教学目标，运用科学可行的标准和方法，对教学活动的过程及其结果进行测量和价值判断的过程。

1. 教学评价类型

依据不同的分类标准，教学评价可划分为不同的类型。

(1) 诊断性评价。诊断性评价也称教学前评价或前置评价。一般是在某项活动开始之前，为使计划更有效地实施而进行的评价。通过诊断性评价，可以了解学习的准备情况，

也可以了解学生学习困难的原因，由此决定对学生进行适当的教学策略。

(2) 形成性评价。形成性评价是在教学进行过程中，为引导教学前进或使教学更完善而进行的对学生学习结果的确定。它能及时了解阶段教学的结果和学生学习的进展情况、存在问题等，以便及时反馈以改进教学工作。

(3) 总结性评价。总结性评价又称事后评价，一般是在教学活动告一段落时为把握最终的活动成果而进行的评价。总结性评价注重的是教与学的结果，借此对被评价者所取得的成绩作出全面鉴定，区分等级，对整个教学方案的有效性作出评定。对于提高教学质量来说，重视形成性评价比重视总结性评价更有实际意义。

2. 教学评价的步骤

教学评价通常包括制订评价计划、选择评价方法和报告评价结果等方面。

(1) 制订评价计划。这部分工作是一项基础性的工作，主要包括以下几个方面：确立应收集的资料，确立评价标准、评价条件和评价者。

(2) 选择评价方法。不论收集哪种类型的资料，都要借助模型和方法，在教学系统设计成果的形成性评价中，主要使用测验、调查和观察三种评价方法。这三种方法在收集资料方面各有所长，如测验适宜于收集认知目标的学习成绩资料；调查适宜于收集情感目标的学习成绩资料；观察适宜于收集动作技能目标的学习成绩资料。此外，调查和观察还经常被用来收集教学过程的各种资料，前者适宜于收集学生、教师和管理人员对教学的反应资料；后者适宜于收集设计成果的使用是否按预先计划进行的资料。

(3) 报告评价结果。收集、归纳和分析资料，通过观察、测验和问卷，评价者获得了一系列所需的资料，对资料做深入分析，并在此基础上讨论评价成果的修改方案。接下来是把评价的有关情况和结论形成书面报告。评价报告以简明扼要为宜，具体资料如各种数据、访谈、记录、分析说明等可以作为附件。

5.2.4 信息化教学评价的设计与应用

传统评价方法是测验、调查、观察。而信息化教学评价以信息技术为手段，评价方法多样化，评价内容更加丰富、全面、具体。信息化教学评价不仅重视学习结果的评价，更重视学习过程的评价，是以学为主的信息化教学评价。

信息化教学评价的方法一般有量规、档案袋、评估表、学习契约和范例展示等，下面针对这些形式加以阐释。

1. 量规评价

量规(Rubric)，一个为评估工作(作业或产品)和获取反馈信息而使用的评分标准。它是一种结构化的定量评价工具，可操作性强，准确性高，常用来评价、管理和改善学习者行为而设计的某种标准。

量规有一套等级标准，每个被认为重要的评价方面、元素都有一个等级指标，每一个元素的等级指标都由几个等级组成，用于描述不同的绩效水平。如在评价多媒体课件时，可以把课件内容、教学设计、制作技术、操作应用等方面作为重要的评价要素或指标，在每个要素或指标里，根据实际情况可以进一步细化二级指标或三级指标，分别描述不同指标的绩效水平，具体描述可以参见表5-4。

表5-4 多媒体课件评价指标体系表

一级指标	二级指标	评价标准	权重	合计
课件内容	选题	选题有价值，具有典型性，突出重点，主次分明，能解决教学中的重难点问题	8	20
	内容组织	内容编排逻辑合理，符合学习者的认知规律	6	
	资源扩展	提供丰富的与课件内容密切相关的多种资源	6	
教学设计	学习目标	有明确的学习目标和教学基本要求	10	25
	信息呈现	媒体选择恰当，能激发和维持学习者的学习动机与兴趣	10	
	练习评价	提供不同层次的练习和及时有效的评价反馈	15	
制作技术	素材质量	图片视频清晰，音效质量高，动画生动准确，媒体格式符合有关技术标准	13	30
	界面设计	界面设计简洁、美观，布局合理，风格统一，色彩协调，重点突出，搭配得当	13	
	安全可靠	课件能正常、可靠运行，各功能按钮能正常工作，没有链接中断或错误，没有明显的技术故障	4	
操作应用	操作使用	操作方便，使用简单	10	25
	导航链接	导航明确，设计合理，链接明显易辨，准确无误	10	
	帮助说明	有明确清晰的指导说明	5	

为了使学习者更清楚地了解学习要求，教师可以设计一套评价用的指标体系，供学习者对照检查，这种供评价用的指标体系通常称为量规。指标体系应简单、明确，便于操作。学习者通过使用量规，可以明确自己在学习过程中应该如何去做、做到什么程度才算合格。

知识拓展

量规是基于绩效的评价，充分运用特定的标准形成多主体、多维度评价，适用于多样化学习活动效果的评价。在日常教学中，设计一个量规并不难，难的是量规设计的效用性问题，即所设计的量规是否最适合当前教学评价需求，是否有实际价值或操作性。

2. 档案袋评价

档案袋评价(Portfolio Assessment)是一种典型的基于过程的评价。档案袋，也称为评定包(Portfolio)，是按一定目的收集反映学生学习过程以及最终成果的一整套材料。档案袋在客观上有助于促进个人成长，而学生也能在自我评价中逐渐积极起来。档案袋中可包含各种形式的学习材料，如录像带、书面文章、图画、计算机小程序等。

1) 电子档案袋

电子档案袋是指学习者运用信息技术手段，表现和展示关于学习目的、学习活动、学习业绩、学习付出、学业进步，以及关于学习过程和学习结果进行反思的一种集合体。电子档案袋是基于学习者真实作品或表现的过程性评估方式，学习者本身就是评估主体。

电子档案袋元素包括：学习目标、材料选择的原则和量规、教师和学生共同选择的作品范例、教师反馈与指导、学生自我反省；清晰合适的作品评价量规和评价标准及作品范例。

2) 档案袋的特征

档案袋的基本组成部分是学生作品，而且数量很多；作品的收集是有意而不是随意的；档案袋应提供学生发表意见和对作品进行反省的机会；教师要对档案袋里的内容进行合理的分析和解释。

3) 档案袋的类型

由于使用档案袋的目的、使用者、参与者以及结构的不同，档案袋的类型多种多样，主要有以下五种类型。

(1) 展示型档案袋。由学生负责选择自己个人在家里或学校制作的最好或最喜欢的作品。

(2) 文件型档案袋。它包括系统的、正在进行的记录和学生进步的样本。

(3) 评价型档案袋。其主要目的是收集事实以系统地评价学生的学习，并将结果报告给其他人，这些档案袋要按照特定的目的或学习者的结果进行评分或赋予等级。

(4) 过程型档案袋。它包括对作品本身产生过程的记载以及对作品的反思两个方面。

(5) 复合型档案袋。它是对上述几种档案袋的综合，包括三个方面：学生选择的作品、教师选择的作品、通用工具。这三个方面组成了一个档案袋文化，用来构建学生作品及自我反思、展示一段时间内成长、评价在重要学习结果上的表现、获悉课堂教学的进程并报告给其他人。

4) 档案袋的建立和使用

(1) 确定评价对象，明确评价目的。

(2) 确定要收集材料的类型以及收集的时间和次数。

(3) 制定调动和指导学生积极参与的有效方法。

(4) 确定为成长记录袋评分的方法。

(5) 制订评价结果交流与分享的计划。

3. 评估表

评估表(Assessment Form)是以问题或评价条目组织的表单，适当的设计可以帮助学习者通过回答预先设计好的问题来产生某种感悟，有效地启发学生的反思，从而增强他们的自主学习能力，达到提高绩效的目的。

评估表可以看作是教师提供给学生的一种支架(见表5-5)。在学习者按照评估表的要求逐一回答问题的过程中，会领悟到应该从哪些方面去评价网上的教育资源。评价的结果不重要，重要的是学习者从中掌握了评价网上教育资源的技能。

4. 学习契约

学习契约(Learning Contract)也称为学习合同，是学习者与帮促者(专家、教师或同学)之间的书面协议或者保证书。这种评价方法来源于真正意义上的契约或合同。

由于学习契约允许学习者控制自己的学习进程，如表5-6所示，从而在最大限度上满足学习者的个别化需要，又由于学生自己参与了保证书的签订，了解预期的工作任务，因而有助于学生在较长的时间内根据契约的内容来评价自己的学习，保持积极的自律；反过来也能激发学生的学习动机与学习热情。当然，学习契约不一定总是给学生很大的自由度，教师完全可以根据需要制定相对客观的学习指标，如表 5-7 所示。

表5-5　互联网资源使用评估表

互联网资源使用评估表
1. 网址：＿＿＿＿＿＿＿＿＿＿＿＿＿＿＿＿＿＿＿＿＿＿＿＿＿＿＿＿＿ 2. 网站名：＿＿＿＿＿＿＿＿＿＿＿＿＿＿＿＿＿＿＿＿＿＿＿＿＿＿＿＿ 3. 主要使用者：学生＿＿＿＿＿＿　教师＿＿＿＿＿＿　其他＿＿＿＿＿＿ 4. 学科领域：＿＿＿＿＿＿＿＿＿＿ 5. 网站的主要用途和目的是什么？ 6. 哪个团体或个人创建了这个网站？ 7. 他们是否属于某种可能创建有偏见的信息的组织？ 8. 所提供的信息是否注明出处？ 9. 网页的作者是谁？他们是否有权提供这些信息？ 10. 是否有办法在网站上回复信息并与作者或网站管理员交流？ 11. 素材在网上放了多长时间，它有没有及时更新？ 12. 如何在你的学习中使用这个网站？

表5-6　同伴辅导学习契约

同伴辅导学习契约
被辅导者姓名：＿＿＿＿＿＿＿＿　辅导者姓名：＿＿＿＿＿＿＿＿ 辅导专题：＿＿＿＿＿＿＿＿＿＿＿＿＿＿＿＿＿＿＿＿＿＿＿＿ 被辅导者： 　你期望这次辅导学到什么？打算通过什么方式来学习？ 　这个假期你想学到什么技能？怎样培养这些技能？ 　你在怎样的环境下学习最有效？ 辅导者： 　你打算何时开始辅导？如何辅导？ 　日期／时间／地点：＿＿＿＿＿＿＿＿＿＿＿＿＿＿＿＿＿ 　你打算何时检查被辅导者的学习状况？如何检查？ 　日期／时间／地点：＿＿＿＿＿＿＿＿＿＿＿＿＿＿＿＿＿ 签名： 被辅导者：＿＿＿＿＿＿＿　日期：＿＿＿＿＿＿＿ 辅　导　者：＿＿＿＿＿＿＿　日期：＿＿＿＿＿＿＿

5. 案例评价与范例展示

教师根据学习任务给出解决问题典型的案例。这些案例可以是教师或其他人完成的，也可以是以前学习者的作品。学习者可以参照这些案例中解决问题的思路、方法，对照自己的学习过程和成果进行自我评价，也可以进行互评。

所谓范例展示 (Example Presentation)，就是在布置学习任务之前，向学生展示符合学习要求的学习成果范例，以便为学生提供清晰的学习预期目标。如在信息化的教学中，常常会要求学生通过制作某种多媒体课件来完成学习任务，如多媒体演示文稿或网页设计等，教师所提供的范例，一方面可以启发和拓展学生的思路，另一方面还会在技术和主题上对学生的工作起到引导作用。

表5-7　自学式学习契约

学习契约
学生姓名：____　　学号：____　　日期：____ 学习主题： 学习目标： ★ 掌握现代教育技术应用中的一项技术。 ★ 学习多媒体教学设计原理。 ★ 学习现代教育技术评价方法。 ★ …… 学习活动： ★ 读三本关于现代教育技术应用的书；查阅两篇现代教育技术最新发展的文献。 ★ 参观北京大学光华管理学院国际会议中心和东方梅地亚中心CBD。 ★ 根据查阅文献和实地参观，写一篇关于现代教育技术应用的总结（1500字）。 ★ …… 学习者签名：_____

科学的范例展示不但可以避免拖沓冗长或含糊不清的解释，帮助学生较便捷地达到学习目标，还会对学生日后的独立学习起到潜移默化的引导作用，使他们在必要的时候，可以通过各种途径寻找可参考的范例来规范自己的努力方向。

5.3　多媒体课件设计、制作与评价

5.3.1　课件概述

1. 课件的概念

"课件"一词，是"课程软件"的简称，是使用某种应用程序，通过设计、制作所形成的，用于教学过程或某一教学环节的软件。

例如，使用PowerPoint演示文稿程序，通过设计和制作，能够以幻灯片的形式，呈现文本、图片、声音、视频等教学内容。制作完成后，可以保存为扩展名为".pptx"的文件。这里的"文件"，即"软件"存在的数字化形态，因此也可称其为"软件"。由于该软件是针对某一教学内容设计制作的，因此称其为"课件（课程软件）"。

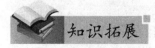

计算机技术出现和发展之初，一些教育工作者，开始使用某种编程语言设计制作用于教学的软件，"教学软件"可能是对"课件"一词最早的称谓。

随着多媒体技术、网络技术先后出现并普及，也出现了"多媒体课件""网络多媒体课件"等说法。现在，这些曾经的新技术在课件中的应用已经成为常态，一般可以不再冠以任何修饰，统一称作"课件"。

课件普遍应用于课堂教学之中，同时，与其他教学方式、学习方式的关系也更加紧密。比如较早出现的远程教育要使用课件，后来出现的数字化学习（E-learning）、混合式学习（B-learning）、翻转课堂、慕课等教学形式都离不开课件的设计和使用。

近年来出现的"微课"，也可看作课件的一种形式，可以应用于不同的教学模式和场景之中，值得教育工作者研究探索。

2. 课件的技术形态及特征

"课件"这种用于教育领域的软件，其技术形态随着相关技术的发展而不断完善。这主要体现在以下三个方面。

（1）多媒体技术。课件可以动态地呈现文本、图像、声音、视频、动画等多媒体信息，营造出多样化、情趣化的教学环境，这得益于声音、视频、图像压缩等基础技术的逐步成熟。

目前某些多媒体技术，如语音合成与识别、图像识别、虚拟现实等技术正在逐步走向成熟，相信不久的将来也会在课件制作中得到应用。

（2）人机交互技术。使用人机交互技术，可以给学生营造自主学习、选择性学习的途径和内容，有效地提高学习的积极性。适时地交互测验和评价，能够有效地促进知识的内化过程，提高学习质量。

人机交互技术是指通过计算机输入、输出设备，以有效的方式实现人与计算机对话的技术。目前广泛使用键盘、鼠标等输入设备实现交互设计，触摸屏技术也已经非常成熟。但是，现有的人工交互技术已经不能满足人类的需求。很多技术，如无声语言识别、眼动跟踪、仿生隐形眼镜、人机界面、脑波交互等，正处于研究发展之中。这些技术的发展，会给计算机应用带来更广阔的前景。

（3）网络技术。网络技术的发展，提供了更加丰富的信息资源。特别是移动网络应用的普及，进一步推动了课件形式向网络教学应用方向的发展。采用超文本、超媒体技术组织教学内容，使教学信息呈现非线性结构，扩大了认知领域的广度和深度。

5.3.2 课件分类

课件依据使用对象、教学环境或表现形式有不同的类型。教师应该根据具体情况和需求选择不同的课件类型进行设计、开发和使用，才能达到预期的教学效果。

1. 按照使用对象分类

按照使用对象可分为以下两类。

（1）助教型课件：在课堂教学中辅助教师的以教为主要使用目的的课件。

（2）助学型课件：是学生在课堂或课下学习时使用的课件，如检测学习效果的课件、指导学习的课件、单纯进行课后练习的课件等。

2. 按照教学环境分类

按照教学环境可分为以下两类。

(1) 单机型课件：在独立的计算机上运行的课件。

(2) 网络型课件：在网络环境下运行的课件。

3. 按照内容与作用分类

按照内容与作用可分为以下几类。

(1) 演示型课件：以图解、动画等形式进行教学内容的演示，讲解课本知识的原理和规律，提示事物发生、发展和变化的内在规律，以讲解或展示教学内容为主的课件。

(2) 学生自主学习型：这种类型课件可供学生在个别化教学环境下自主学习。其特点是反映一定的教学过程和完整的知识结构，具有相应的形成性练习与评价。它往往是以人机交互方式进行呈现教学内容。

(3) 模拟实验型：是借助计算机模拟仿真技术，演示某一自然现象（如物理的、化学的、生物的等）或社会现象发生的过程。它特别适合于现实中无法实现、无法洞见或有危险的过程、现象的模拟演示。有些模拟演示还可以设置不同的条件、输入不同的参数以观察对实验现象的影响，提供学生探究发现式的学习。

(4) 练习测验型：这种类型的课件是针对某个知识点，以提问测验的方式提供反复练习的机会，以相应的反馈信息促进学生深入掌握知识、技巧。它具有巩固学习、提高能力的作用。

(5) 教学游戏型：这种类型的课件与一般的游戏软件不同之处在于，它是基于学科知识内容设计并制作。设计这种类型的课件，要求趣味性强、游戏规则简单，能够以寓教于乐的游戏形式，促使学生在掌握知识、提高能力的同时，培养学生的学习兴趣。

(6) 资料工具型：这种类型的课件，往往是使用超文本、超媒体的形式设计开发。它包括各种电子工具书、电子字典，以及各类图形库、动画库、声音库等。资料工具型课件不提供具体的教学过程和教学内容，只提供某种教学功能或某种教学材料，供学生在课外进行资料查阅的扩展学习时使用。

5.3.3 课件设计开发

课件，一方面作为教学内容的呈现，更重要的是，课件是实现教学目标的手段，课件制作是从精心设计开始的。一般课件设计的流程包括以下几个步骤：环境分析、教学设计、脚本设计、课件制作、测试评价与使用发行。这个过程可以用图5-14表示。

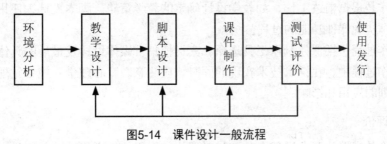

图5-14 课件设计一般流程

1. 环境分析

环境分析主要包括教学目标分析、学习者分析。教学目标分析，是结合整体教学设计规划出对教学的具体要求。学习者分析是指对学习者原有的知识水平、理解能力及心理发展水平的分析。

2. 教学设计

课件的教学设计，是指应用系统科学的理论方法，根据教学目标的要求和教学对象的特点，合理选择和设计教学媒体信息，将其与当前的教学内容有机地组合在一起，建立教学内容知识结构，设计形成性练习与学习评价的过程。它一般包括教学内容分析、划分教学单元、选择课件类型等。

（1）教学内容分析。是指根据前边的教学目标分析，划分教学内容和范围，以反映教学内容组成部分之间的联系。

（2）划分教学单元。是指将教学内容按单纯的教学目的划分成若干个相对独立的小块，一个小块就是一个教学单元。教学单元划分完成后，还要根据教学内容的难易程度、知识体系等情况，进一步制定控制教学单元前进的策略，这是确定课件结构及方式的依据。

上述一个教学单元，本质上就是相对独立的、具有一定教学功能的教学活动。为此，需要具体确定要传授的教学内容，详细规定呈现教学信息的形式、测验的内容，还要预计学生对测验反应的各种情况，准备相应的反馈形式和信息。

（3）选择课件类型。根据教学内容和作用选择适当的课件类型。现实中，一个课件也往往是多种类型的结合，从而适应不同的教学需要。

3. 脚本设计

脚本设计是在教学设计的基础上，对媒体材料的功能、框架结构、具体实现等进行设计，并按一定的格式编写出相应的脚本，包括文字脚本、制作脚本的设计。文字脚本是教学设计的结果，而制作脚本是结构设计和界面设计的结果。

（1）文字脚本：是按照教学设计中划分出的教学单元内容，具体描述教学每一环节、内容的呈现方式、效果。因此，文字脚本也是教学设计内容的具体表现，同时对制作脚本提供具体的指导作用。

（2）制作脚本：是在文字脚本的基础上，依据教学科学理论和教学设计思想，进行课件交互式界面以及媒体表现方式的设计，将文字脚本进一步改编成适合计算机实现的形式。

4. 课件制作

课件制作是根据前述工作，如教学设计确定的教学策略、脚本设计，使用媒体软件工具进行制作、实现课件功能的过程。

课件制作过程包括课件制作工具选择、素材搜集、媒体设计及最后的具体制作等一系列步骤。制作过程中，在谋求技术实现的同时，应注意教育心理学、视知觉理论、传播理论及美学原则的应用和影响。

5. 测试评价

测试评价是指课件开发过程中，随时对课件的使用效果进行测试并评价，对之前的步骤内容（教学设计、脚本设计、课件制作等）进行修正。这往往是一个反复、持续的过程，以期制作出能够达到实现教学目的的合格课件。

6. 使用发行

课件制作后期还要制作必要的文档，如使用文档、帮助文档等，最后发行应用于教学。

5.3.4 课件评价内容和标准

课件的评价主要是对其教育性、科学性、技术性、艺术性等几方面进行评价。了解这些内容对我们进行课件设计也有一定的启示作用。

1) 教育性

选题是否恰当、是否符合课程标准及教学实际，这是对课件的教育性最基本的要求。在此基础上，课件在讲解教学重点、难点时要达到深入浅出、化难为易的效果，也是评价课件教育性的一个标准。课件的教育性，还体现在促进思维、培养能力以及作业、练习等评价内容的安排上。

2) 科学性

课件的科学性要求，首先要做到内容正确、逻辑严谨、层次清晰。在此基础上，教学内容的表现形式、素材选择也要符合科学性原则。

课件科学性还反映在课件细节正确无误的要求，比如，文字是否误用、图片内容是否与教学内容一致等。

3) 艺术性

较高的艺术水准，需要长期的学习和实践才能达到。对一般教学课件的艺术性而言，是指通过艺术性设计，达到有效传递教学信息、激发学习兴趣、实现教学目的。艺术性评价主要有以下几点。

(1) 界面文字、图像是否做到清晰、简洁，能有效传递教学内容。

(2) 界面布局、色彩运用是否得当，能否发挥或提升信息传递的作用。

(3) 媒体整体与局部的应用，节奏、次序是否得当，与教学节奏是否吻合。

4) 技术性

技术性是指课件开发工具的选择、软件功能的发挥，以及课件的技术适用性上。它具体体现在以下几方面。

(1) 开发工具是否选择得当，能否满足针对的教学应用需求。

(2) 课件在实现教学目的的同时，对硬件及软件环境是否有较好的适用性。

(3) 课件运行效率、运行速度能否满足实际教学需要，是否存在声画不同步、响应不及时等技术性问题。

(4) 课件操作是否达简便、易用，能否实现操作的可靠性要求。

5.3.5 常用的课件开发工具

当前课件制作可选用的软件众多，它们各有特色，功能各异。我们根据要制作的课件需要实现的功能来选择合适的课件制作软件。下边介绍比较典型的几种。

1. PowerPoint 演示文稿程序

PowerPoint 软件是微软公司 Office 系列软件中为演示文稿制作和展示而提供的多媒体创作软件。

PowerPoint 适合于演示型课件的制作，是演示型课件最简单的教学资源整合平台。在这个平台上，该软件对操作对象（如文本、图像、声音等）采用了基于页面的幻灯片集成方式，每一张幻灯片（页面）中可以集成文字、图形、图像、动画、音频、视频等多种复杂的媒体，多个幻灯片之间可以通过动作按钮或超级链接等方式方便地实现交互，幻灯片的播放具有非线性，同时该软件易学易用，对计算机硬件环境要求低，运行稳定，因而是广大一线教师自制多媒体课件的首选工具。

PowerPoint 常用的版本有 2007 版本、2010 版本、2013 版本和 2016 版本，有条件的推荐使用 2016 版本，通过增强的文字、图像等多媒体编辑工具，课件制作效率更高。

2. Adobe Flash(交互式矢量图和 Web 动画标准)

Adobe Flash 软件是由 Adobe 公司出品的基于时间线的交互式矢量动画制作软件。该软件的最大特点是绘图功能和动画制作功能强大，而且还拥有完善的脚本程序语言，所以它特别适合于有大量图形的模拟实验型和教学游戏型课件的制作，并且由于 Flash 制作的矢量动画具有数据量小、任意缩放而不失真的特性，特别适合网络传输。

3. Adobe Director 软件

Adobe Director 软件是 Adobe 公司开发的一款软件，主要用于多媒体项目的集成开发。它广泛应用于多媒体光盘、教学/汇报课件、触摸屏软件、网络电影、网络交互式多媒体查询系统、企业多媒体形象展示、游戏和屏幕保护等的开发制作。

Director 使你能够很容易创建包含高品质图像、数字视频、音频、动画、三维模型、文本、超文本以及 Flash 文件的多媒体程序。如果你在寻找一种可以开发多媒体演示程序、单人或多人游戏、画图程序、幻灯片、平面或三维的演示空间的工具的话，那么 Director 就是最好的选择。

在国外特别是美国，Director 应用更广泛。基于 Director 的强大功能，使用它可以制作出复杂的多媒体课件应用。

4. 使用 Scratch

Scratch 是一款由麻省理工学院 (MIT) 设计开发的少儿编程工具。使用其编程功能可以轻易实现对话、交互等功能，能够开发出别具一格、趣味十足的程序，适合于小学教学多媒体课件的开发。

知识拓展

网络搜索以上软件的功能介绍及使用等情况，深入了解这些软件的功能。同时可以搜索并了解以下可用于课件开发的软件介绍：几何画板、FrontPage、AuthorWare 等。

也可以使用"课件制作工具"等与课件相关的关键词进行搜索，看一看能不能找到更多、更好用的多媒体课件制作软件工具。

教学大纲与教学活动策划

(1) 教学系统设计一节以理论讲授及案例分析为主、实践及讨论为辅。为使理论联系实际，以下两种学习方法结合使用。

① 学完教学系统设计的每一组成部分，学习者就做与这部分相关的案例编写练习。

② 学完教学系统设计所有的组成部分，了解教学系统设计过程后，学习者根据自己对教学系统设计原理和过程的总体理解，完成一个教学产品开发或课堂教学系统设计的实际练习。

(2) 选择师生反映问题较多的一门课程或教学单元，进行学习需要的内外部结合参照调查分析，并整合有关资源和条件，分析这门课的教学问题，确定进行教学系统设计的必要性。实践步骤如下。

① 设计调查计划（含调查方法、对象、内容、测试题或调查问卷或访谈提纲）。

② 根据学习目标编写有关测试题。

③ 设计学习者学习态度调查问卷。

④ 设计教师访谈提纲。

⑤ 收集分析数据。

⑥ 撰写调查报告（得出差距、存在问题、教学系统设计的必要性分析）。

(3) 以小组为单位，上网搜索一些信息技术与课程整合的典型案例，并结合本章所学知识，简要分析其属于哪种基本模式，体现了信息技术与课程哪个层次的整合。

(4) 结合教学与学习实际，选择一个与本专业有关的专题内容，设计一个专题学习网站，开展一次有意义的研究性活动。

(5) 让学生上网浏览或手机下载相关慕课平台与App，并根据自己的兴趣选择和学习某一门课程，体会在线学习带来的便利。

 本章小结

通过对本章的学习，可以使学生对如何进行信息化教学设计与评价有初步的认识，为今后学习和工作打下良好的理论基础。

本章分三个部分。

第一部分：从宏观上介绍教学设计的含义、教学设计的层次、教学设计的基本模式以及什么是信息化教学设计等知识；介绍了"以教为主"的教学设计程序、方法，包括学习需要分析、教学内容分析、教学目标的阐明、教学模式与策略的制定和教学媒体的选择等，并通过案例说明以教为主的教学设计的具体应用；介绍了"以学为主"的信息化教学设计程序、方法，包括教学目标分析、学习主题确定、学习情境创设、信息资源的设计与提供和自主与协作学习设计等，并以案例的形式说明了以学为主的信息化教学设计的应用；介绍了微课、翻转课堂教学设计，包括微课、翻转课堂的概念、翻转课堂的类型、翻转课堂的教学设计及应用案例等内容。

第二部分：介绍了信息化教学评价的理念、目的和标准，包括形成性评价设计；介绍了量规评价、档案袋、评估表等评价工具的使用方法。

第三部分：介绍了多媒体课件的概念、技术形态及特征，了解课件设计开发的流程、课件评价内容和标准，最后了解多媒体课件常用的开发工具与特点。

练习题

1. 有人认为如果每堂课都用教学设计的模式来设计，太浪费时间，也没有必要。你怎么看待这个问题？
2. 什么是"双主"教学设计模式？阐述其教育学基础。
3. 什么是教学模式？以教为主的教学模式包含哪些？
4. 以教为主的教学过程设计的基本要素有哪些？试说明它们之间的联系。
5. 结合自己的专业，举例说明教学媒体在教育教学过程中的应用。
6. 选择你熟悉的学科主题（面向基础教育），完成一节信息技术课教学设计方案。
7. 阐述信息化教学课堂教学活动和课外学习的组织。
8. 简述基于问题解决的教学设计思路。
9. 简述基于任务驱动的教学设计流程。
10. 简述翻转课堂课前准备和课堂教学活动设计。
11. 试述档案袋在学生成长中的作用。
12. 举例说明课件制作过程中，教学理论、媒体理论所发挥的作用。

第6章　Camtasia 操作技术

知识导图

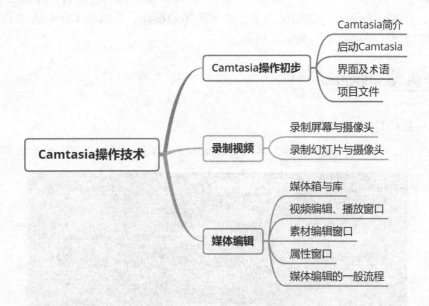

学习目标

(1) 理解 Camtasia 界面组成及相关术语含义；
(2) 理解资源效果窗口、视频编辑播放窗口、素材编辑窗口及属性窗口的功能及基本操作；
(3) 掌握媒体视觉属性、音频属性、注释属性及效果属性的设置方法；
(4) 掌握使用 Camtasia 录制屏幕以及媒体编辑操作。

核心概念

项目文件 (Project Document)　录制屏幕 (Recording Screen)　媒体箱 (Media Box)　库 (Library)　视频编辑 (Video Editing)　播放头 (Play Head)　时间轴 (Timeline)

6.1 Camtasia 操作初步

6.1.1 Camtasia 简介

Camtasia Studio 是 TechSmith 旗下一款专门录制屏幕动作的工具。它集录制屏幕、视频编辑于一身，非常适合教师收集媒体并设计制作自己的教学视频。

同时，它界面简单、清晰，整体布局合理，因此，操作简单、高效，容易上手又不失专业风格，很适合众多入门级的学习者。本书所述的操作，是针对 Camtasia 9.1，如果没有购买正版软件，也可以下载测试版软件。

6.1.2 启动 Camtasia

操作：启动 Camtasia 9

双击桌面上的 Camtasia 9 图标，启动 Camtasia 9，接着出现如图 6-1 所示的界面。

图6-1　Camtasia 9的开始屏幕

这个界面称作开始屏幕，界面上面有三个命令按钮。

(1) 新建项目：单击该按钮，会创建一个项目文件并进入 Camtasia 编辑界面。

(2) 打开项目：单击该按钮，可以打开已经创建并保存过的项目文件。

(3) 新建录制：单击该按钮，可以打开录屏对话框，录制屏幕上的视频等。

如果想尝试录制屏幕的操作，请转到本章 6.2 节继续学习。接下来将创建一个项目文件，进入 Camtasia 操作界面，如图 6-2 所示。

6.1.3 界面及术语

操作：从开始屏幕创建一个新项目

接续前面的操作，在开始屏幕界面，如果单击"新建项目"按钮，就创建了一个新的项目，并进入 Camtasia 操作界面。

刚刚创建的项目，还没有导入视频、图像等媒体内容。现在可尝试导入一个视频，界面左侧有一个绿色的"导入媒体"按钮，单击它会出现"打开"对话框，选择一个视频文件，就可将这个视频导入到媒体箱中。

单击并拖动媒体箱中刚刚导入的视频，将视频拖动到轨道 1 上。单击▶按钮，即可观看这段视频。

图6-2　Camtasia 操作界面

对照图 6-2 中标示的序号，我们先简单了解一下界面组成及相关的术语。

（1）标题：显示 Camtasia 标识及正在编辑的项目文件名称。没有保存过的项目，系统会显示"未命名项目"。我们可以通过查看标题的内容，以确认或了解正在编辑的项目文件的名称。

（2）菜单：是由多层级的下拉菜单组成的树形结构。一般来说，菜单中包含了软件提供的所有的命令功能。这些命令按功能类别，分配到菜单栏的层级结构中。我们可以通过浏览菜单各层级中的内容，概要了解软件的功能。

（3）资源效果窗口：由 11 个选项卡组成，切换到某个选项卡，右侧会出现对应的列表，提供与选项卡类别对应的资源或效果。

有些选项卡，提供的是视频、图片、声音、字幕等媒体资源内容；另外一些选项卡，提供的是对媒体资源的修饰，如转场、行为、视觉、交互等效果功能。

（4）属性窗口：在界面右侧，有一个绿色"属性"按钮，单击该按钮可以控制属性窗口的显示。属性窗口可以对媒体、效果的属性进行设置、调整。

（5）视频编辑、播放窗口：该窗口用于显示、编辑视频，又称作画布。画布上方是编辑工具栏，下方是播放控制条。可以将资源效果窗口中的媒体拖动到该区域的轨道上进行编辑，之后也可将窗口中的效果拖动到轨道上的媒体上，进行效果编辑。

（6）素材编辑窗口：处于界面下方。该窗口下边，由一个或多个轨道组成。可以将资源效果窗口中的媒体（视频、音频、图像等）拖动到轨道上。或者将资源效果窗口中的效果，拖动到轨道上的媒体上。

（7）录制按钮：该按钮为红色圆形，在菜单栏的左下方。单击该按钮，启动录屏对话框。可以录制来自屏幕、摄像头的视频信息。

（8）生成和共享按钮：可以将编辑完成的项目，生成各种格式的视频文件或发布到特定的网站使用。

6.1.4 项目文件

根据上面的操作创建一个项目，该项目包含了一段视频，并且该视频拖动到了"素材编辑窗口"中的轨道1上。现在我们先将它保存为一个文件，这个文件称作项目文件。

操作：保存项目文件

接续前边的操作，在菜单栏中，单击"文件"会出现下拉菜单，选择"保存"命令，会弹出"另存为"对话框，如图6-3所示。选择所要存放项目文件的文件夹，输入文件名，然后单击"保存"按钮。从中可以看出，项目文件的扩展名称是".tscproj"。

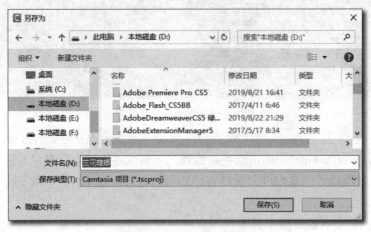

图6-3 "另存为"对话框

在Camtasia中创建使用的项目文件，与在Word中创建Word文档、在Excel中创建工作簿、在PowerPoint中创建演示文稿是一样的。不同的软件，提供的功能不同，所使用的文件内容、形式、结构也不一样，因此，就出现了不同的称谓。

一般来说，项目文件中包含使用的视频、音频、图片等媒体信息，还记录了这些媒体取舍、编排的情况。接下来我们将学习对视频进行取舍、编排等操作。

6.2 录制视频

Camtasia Studio 录制视频包括录制屏幕、录制摄像头视频、录制 PPT 放映等功能。每一种录制完成后，都可以直接导入到媒体库，供进一步编辑制作。

6.2.1 录制屏幕与摄像头

录制屏幕是指将桌面上播放的视频或动态画面录制下来，录制摄像头是指将连接于计算机摄像头的视频内容录制下来。

1．录制对话框及设置

启动 Camtasia Studio，进入开始屏幕时，单击"新建录制"按钮，或者已经进入 Camtasia Studio 后单击左上角的录制按钮，就可以打开录制对话框，如图 6-4 所示。

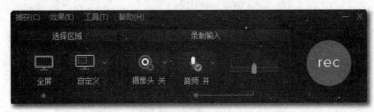

图6-4　录制对话框

(1) 打开或关闭摄像头：单击"摄像头"按钮，就可以打开或关闭摄像头。如果该按钮显示红色"×"号，表明已关闭摄像头；如果显示绿色"√"号，表明已经打开摄像头。录制屏幕时，将同时录制来自摄像头的视频。

(2) 打开或关闭音频：单击"音频"按钮，就可以打开或关闭音频。如果该按钮显示红色"×"号，表明已关闭音频录制；如果显示绿色"√"号，表明已经打开音频录制。

(3) 设置音频：单击"音频"按钮右侧的下拉按钮，会出现一个下拉菜单，如图 6-5 所示。

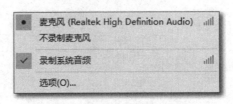

图6-5　"音频"按钮下拉菜单

在该下拉菜单中，如果选择"麦克风 (Realtek High Definition Audio)"，则录制来自于麦克风的声音；如果选择"不录制麦克风"，则不录制来自麦克风的声音；如果选择"录制系统音频"，则录制来自屏幕上播放视频的声音。

这里需要注意的是，如果已经安装了麦克风而不需要录制麦克风的声音，一定要选择"不录制麦克风"，否则会引入来自麦克风的噪声。

(4) 麦克风音量测试调整：在"音频"按钮右侧，有麦克风音量调节滑块和音量测试条。如果使用麦克风，应模拟出实际使用时的声音响度，观察音量测试条动态显示。调整麦克风音量，以最大峰值达到90%左右为最佳，如果达不到，则调整到最大音量。

(5) 系统戳记、标题：在菜单栏选择"效果"|"选项"选项，会打开"效果选项"对话框，如图6-6所示。在该对话框的"注释"选项卡中，可设置"系统戳记"和"标题"，此项内容主要是为方便编辑版权信息、特殊说明等功用。切换到"声音"选项卡，还可以设置单击或释放鼠标时的声音。

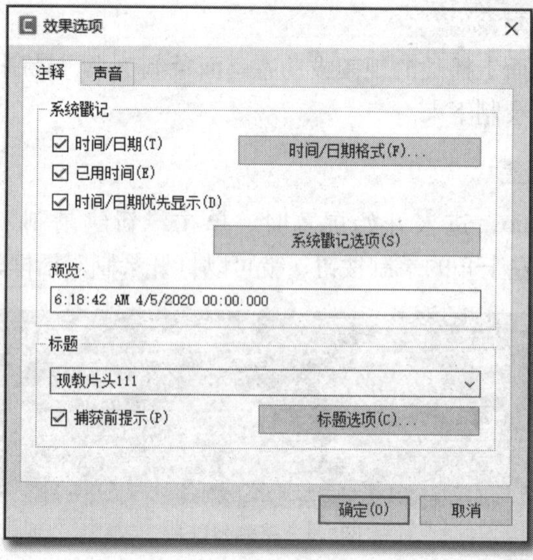

图6-6　"效果选项"对话框

要启用"系统戳记"和"标题"，还应在菜单栏中选择"效果"|"注释"选项，再选择相应的选项。启用"系统戳记"和"标题"时，这两项内容将合成到录制的视频中，过后无法分离，因此要慎重使用。

(6) 录制工具栏：在菜单栏中选择"工具"|"录制工具栏"选项，会打开"录制工具栏"对话框，如图6-7所示。该对话框中的选项，决定录制控制对话框所显示的内容。

图6-7　"录制工具栏"对话框

(7) 设置保存路径：录制完成后，会形成一个视频文件，文件的扩展名是".trec"。这是Camtasia专用格式文件，默认会保存在Camtasia系统路径中，对于初学者往往弄不清录制后的视频文件保存在哪里，通过下面的设置，可以将录制的文件保存在我们自己创建的文件夹中，方便录制文档时取用。

在菜单栏中选择"工具"|"选项"选项，打开"工具选项"对话框，如图6-8所示。在该对话框"常规"选项卡中，单击"文件选项"按钮，在打开的对话框中就可以指定我们创建的文件夹路径。

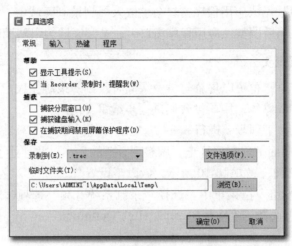

图6-8 "工具选项"对话框

该对话框"输入"选项卡的设置，与前述"摄像头"按钮、"音频"按钮的设置是对应的。

该对话框中的"热键"选项卡，可以按自己的习惯重新定义操作的快捷键。在"程序"选项卡中还能够做一些其他的设置。

2. 选择录制区域

打开"录制"对话框后，屏幕上出现一个由绿色虚线构成的矩形区域，录制屏幕时，会将该区域的内容录制成视频。

使用鼠标拖动录制区域调整手柄，可以调整该区域的大小。单击并拖动录制区域中心的"罗盘"图标，可以移动录制区域的位置，如图6-9左图所示。

在"录制"对话框中，单击"全屏"按钮，录制区域将充满整个屏幕。单击"自定义"按钮右侧的下拉按钮，出现如图6-9右图所示的下拉菜单。

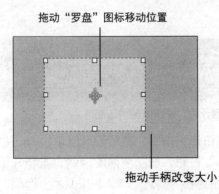
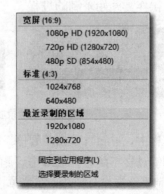

图6-9 选择录制区域

(1) 可以选择宽屏、标准文字标题下，标准的录制区域选项。

(2) 如果选择"选择要录制的区域"选项，移动鼠标，光标经过处会呈现蓝色或绿色的矩形区域，单击可将其作为录制的区域。这是一个很有效的方法，要善于利用。也可以拖动鼠标，自由地选择将要录制的区域。

(3) 如果只希望录制某个应用程序窗口内区域，可以先单击该应用程序窗口，然后选择"固定到应用程序"。该应用程序窗口会"嵌入"到录制区域中，录制区域将与应用程序窗口重合到一起。而后调整该应用程序窗口时，录制区域会跟随调整。

3. 录制屏幕与摄像头

可以单独录制屏幕，也可以屏幕与摄像头同时录制。录制完成后形成视频文件并直接导入到 Camtasia Studio 媒体箱中，供我们进一步编辑、使用。

录制过程一般可按下列步骤进行。

(1) 使要录制的画面呈现在屏幕上，调整到合适的大小，并且处于暂停播放的状态。

(2) 打开录制对话框，如图 6-10 所示，做以下设置。

➢ 在"音频"按钮下拉菜单中，选择"录制系统音频"选项，以录制来自屏幕播放的声音；或者选择"麦克风(Realtek High Definition Audio)"选项，以录制来自麦克风的声音。

➢ 如果录制来自麦克风的声音，应该对麦克风音量进行测试调整。

➢ 如果录制来自摄像头的视频，应该安装好摄像头并打开摄像头。

图6-10 录制对话框

(3) 调整录制区域与要录制的画面重合。

(4) 录制：单击录制对话框上的 rec 按钮，一般会出现如图 6-11 左图所示的倒计时提示。计时结束后，出现如图 6-11 右图所示的录制控制对话框。接下来播放要录制的视频，或做演示性操作，开始录制的过程。

图6-11 录制倒计时、录制控制对话框

录制过程中，可随时单击"暂停"按钮停止录制，随后还可以单击 rec 按钮继续录制。如果对录制的过程不满意，可单击"删除"按钮，删除前面的录制，重新开始。

(5) 录制手绘操作及标注：在菜单栏中选择"工具"|"录制工具栏"选项，选择"效果"选项。单击 rec 按钮后，出现的录制控制对话框会显示效果选项，如图 6-12 所示。

在录制控制对话框中单击"屏幕绘制"按钮，可以选择画笔、设置颜色等。可以在屏幕上手绘书写、绘制形状、圈画标注。还可以随时添加标记，供后续视频编辑过程使用。这些操作都会一并录制下来。

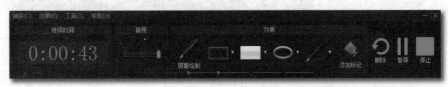

图6-12 录制控制对话框(使用效果)

(6) 录制完成后：单击"停止"按钮或按F10键，就会停止视频的录制。录制的文件通常以".trec"格式保存，并且会自动导入到Camtasia程序的媒体箱中。

操作：录制前设置操作练习

启动Camtasia Studio，进入开始屏幕时，单击"新建录制"按钮，或者进入Camtasia Studio后单击左上角的"录制"按钮，打开录制对话框。做以下有关设置的操作练习。

(1) 不录制音频：单击"音频"按钮，使该按钮显示"×"号。这时单击按钮右侧的下拉按钮，在弹出的下拉菜单中观察是怎样设置的。在这种状态下录制视频时，既不会录制视频播放的"内置声音"，也不会录制来自麦克风的声音。

(2) 录制音频：单击"音频"按钮，使该按钮显示"√"号，这时进一步单击该按钮右侧的下拉按钮，观察并体会其中设置的含义。

(3) 设置录制保存的路径：在C:盘根目录下创建一个文件夹"C:\视频录制练习\"。在菜单栏中单击"工具"|"选项"选项，打开"工具选项"对话框。在该对话框的"常规"选项卡中，单击"文件选项"按钮，在打开的对话框中，将输出文件夹设置为上述创建的文件夹。

6.2.2 录制幻灯片与摄像头

在Camtasia Studio安装时，会自动为PowerPoint安装一个插件。使用该插件可以很方便地录制PPT放映的画面，并形成视频文件供直接使用或进一步编辑。还可以同步录制摄像头，以形成画中画视频。

1. Camtasia 录制插件及设置

在PPT界面中，切换到"加载项"选项卡，在自定义工具栏，会看到Camtasia Studio加载的用于录制幻灯片放映和摄像头的功能命令按钮，如图6-13所示。

(1) "录制"按钮：单击"录制"命令按钮，屏幕右下角会出现一个录制提示对话框，如图6-14所示。单击"单击开始录制"按钮，会自动从头开始放映幻灯片并录制。

开始录制前，应对麦克风音量进行测试，将麦克风音量调整到合适的位置：模拟出实际使用麦克风时的声音响度，观察音量测试条动态显示。以达到最大响度的90%左右为最佳，如果达不到，则调整到最大音量。

(2) "录制音频"按钮：只有该按钮被单击时，才能录制幻灯片中的声音或来自麦克风的声音。还可在选项卡中做进一步的设置。

图6-13 自定义工具栏

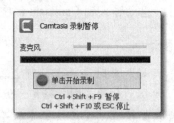

图6-14 录制提示对话框

(3)"录制摄像头"按钮：该按钮被选择时，在录制PPT放映画面的同时，还会录制来自摄像头的视频。录制完成后，会形成以上两个同步的视频文件，一般将来自摄像头的视频以画中画的形式作为辅助性画面。

(4)"摄像头预览"按钮：该按钮被选择时，可在屏幕界面上预览到来自摄像头的视频。注意，如果该预览画面处于PPT放映的界面中，会一同被录制下来，过后不能再分离。

(5)"录制选项"按钮：单击该按钮会打开"Camtasia加载项选项"对话框，如图6-15所示。在该对话框可以进行更多的设置。

图6-15 "Camtasia加载项选项"对话框

"开始录制暂停"复选框：勾选该复选框，单击"录制"按钮后，会出现前述的提示对话框，只有单击该对话框中的"单击开始录制"按钮后，才开始录制；否则，会直接开始录制。

"完成后在 Camtasia 中编辑"复选框：勾选该复选框，录制完成后能够将录制的视频文件导入到媒体箱，直接进入 Camtasi 程序进行编辑。

"包含水印"复选框：勾选该复选框后，再单击"水印"按钮，可以为录制的视频设置水印。水印一般用于版权宣示、标识鉴别等功能。

"演示文稿结束后"：这个文字标题后的下拉选项，决定了演示文稿放映完以后的处理方式。

"视频帧率"：设置录制的视频的帧频值，一般不需要调整这个数值。

"捕获分层窗口"复选框：勾选该复选框，录制 PPT 时，可以录制 PPT 的多层窗口。

"录制音频"复选框：取消勾选该复选框将不录制音频。如果勾选该复选框，可通过"音频源"后的下拉选项，决定是否录制麦克风音频。下面的音量滑条可调节音量，配合右侧的测试条做音量测试。

"录制摄像头"复选框：该复选框与插件面板上的"录制摄像头按钮"是一样的。

"录制热键"：可设置适合自己所习惯的热键操作方法。

2. 在 PPT 中录制幻灯片放映和摄像头

(1) 录制前的设置：在 Camtasia 录制插件面板，设置是否录制摄像头和麦克风，如果录制麦克风音频，则要对麦克风做音量测试。

(2) 单击"录制"按钮，在弹出的对话框中，再次单击"单击开始录制"按钮，开始放映幻灯片并录制。

按 Ctrl+Shift+F9 快捷键可以暂停录制，之后可以重启录制。

(3) 停止录制：可按 Esc 键停止录制。

停止录制后会出现如图 6-16 所示的对话框。进一步单击"停止录制"按钮，会出现一个"录制保存"对话框，将录制的视频保存到你需要保存的文件夹中即可。

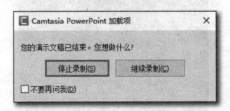

图6-16 "Camtasia PowerPoint加载项"对话框

注意：这里保存的文件扩展名是".trec"，是 Camtasia 程序的专有格式，这种格式只能在 Camtasia 程序中编辑、使用。

保存完成后，一般又会出现如图 6-17 所示的对话框。在该对话框中，如果选中"生成您的录制"单选按钮，则进入 Camtasia 生成向导，生成通用格式视频文件，如 mp4 格式文件。

如果选中"编辑您的录制"单选按钮，则进入 Camtasia 程序界面，并且将录制的 trec

格式文件导入到媒体箱中，立即可以进行编辑操作。

图6-17 Camtasia for PowerPoint对话框

如果选择了录制摄像头，则会在 .trec 文件中分别录制来自屏幕的视频和来自摄像头的视频。在 Camtasia 程序中，这两个视频会分别占用一个轨道，可分别进行编辑。

6.3 媒体编辑

媒体编辑是指将视频、音频、动画、图片等媒体素材分割、合并、组合，并添加声音、视频及场景效果，生成具有一定表现力的新视频。

6.3.1 媒体箱与库

在资源效果窗口中，单击"媒体"按钮会出现"媒体"选项，该选项界面由"媒体箱""库"两个选项卡组成，如图 6-18 所示。媒体箱用于导入使用者自己提供并将要使用的媒体，而库中存放着 CS 软件提供的媒体素材。

图6-18 "媒体"选项界面

1．媒体箱

刚刚创建一个新项目时，媒体箱是空白的（见图 6-18）。单击"导入媒体"按钮可以将媒体导入到媒体箱中。作为视频编辑的素材，首先都要导入到媒体箱中，然后再进一步添加到时间轴进行剪裁、编辑。如图 6-19 左图所示，是已经导入多个媒体素材的媒体箱界面。

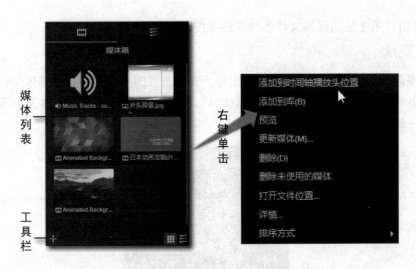

图6-19 媒体箱界面

媒体箱包括已经导入的媒体列表和媒体箱下边的工具栏。列表中显示所有已经导入的媒体素材，当项目保存后，列表中全部素材一并保存到当前项目中（实际是保存了媒体所处的位置指向）。工具栏有添加、缩略图视图、列表视图三个按钮。

1) 导入媒体

导入媒体是指将需要的媒体导入到媒体箱中，可以导入视频、图像、音频、动画等。导入的方法可以使用文件菜单、媒体箱快捷菜单、拖动等三种方式。比较直观的操作是单击媒体箱工具栏上的＋按钮导入。

2) 媒体管理

在媒体列表任一媒体文件上右键单击，在弹出的快捷菜单中选择相应的命令，可以完成对媒体的各种操作，如图 6-19 右图所示。这些命令的含义如下。

(1) 添加到时间轴播放头位置：这个操作就是将媒体加载到时间轴轨道上，以供编辑和使用，也可以选择多个媒体一起添加到时间轴播放头位置。也可以拖动媒体直接放在时间轴轨道上，然后再调整媒体在时间轴上的位置。

(2) 添加到库：选择该命令选项会将媒体保存到库中。需要注意的是，媒体箱中的媒体只供本项目使用，而库中的媒体可用于其他项目使用。因此，这个功能提供了不同项目使用同一媒体的便捷方式。

(3) 预览：选择该选项会打开预览窗口，可以预览媒体的内容。更方便的方法是双击媒体也可以打开预览窗口。

(4) 更新媒体：选择该选项会出现"打开文件"对话框，从中选择新的媒体文件，实现媒体更换的目的。

(5) 删除和删除未使用的媒体：删除是指删除媒体箱中选定的媒体文件，如果媒体文件已经应用到时间轴上，则提示必须在时间轴上删除该媒体。删除未使用的媒体，是将媒体箱中未被应用到时间轴上的媒体删除。

(6) 打开文件位置：选择该选项会出现"Windows 资源管理器"窗口，可以查看到所选媒体存储的位置。

(7) 详情：用于显示媒体文件各种属性等信息。

2. 库

库中提供了动态背景、动态图形、图标、音乐曲目四类媒体，每类媒体又分为多个小类。图 6-20 所示是库的界面，库中的媒体可以添加到时间轴，与从媒体箱中添加到时间轴的媒体一起编辑，供使用者应用。

图6-20　库界面

(1) 库中媒体添加到时间轴：单击库中某类媒体左侧的折叠角标，右键单击某个媒体会出现弹出式菜单，如图 6-21 所示。

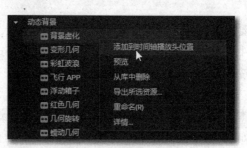

图6-21　右键单击库媒体

选择"添加到时间轴播放头位置"命令，可以将该媒体添加到时间轴上。也可以直接拖动该媒体到时间轴上。该菜单中还有预览、导出所选资源、重命名等功能。

(2) 新建文件夹：在库列表的空白处右键单击，在弹出的快捷菜单中选择"新建文件夹"命令，会创建一个新文件夹，如图 6-22 所示。实际上库中的每类媒体本质上是放在一个文件夹中，比如图 6-22 中的"音乐曲目"实际是文件夹的名称。创建一个文件夹并命名，之后可以将自己选择的媒体放在该文件夹（类）中。在弹出的快捷菜单中还可以做导入媒体到库、导出库等操作。

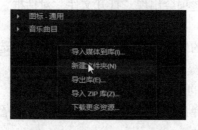

图6-22　右键单击库空白处

(3) 将媒体导入到文件夹：右键单击某个媒体类，在弹出的快捷菜单中选择"将媒体导入到文件夹"命令，会将媒体导入到该文件夹（类）中，如图6-23所示。这样，所导入的媒体就可以很方便地在所创建的不同项目中使用了。

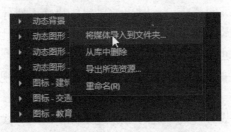

图6-23 选择"将媒体导入到文件夹"命令

6.3.2 视频编辑、播放窗口

视频编辑、播放窗口用于播放视频或对视频进行编辑，在这里的编辑操作包括对媒体进行裁剪、旋转等。该窗口由工具栏、画布、播放控制条组成，如图6-24所示。

图6-24 视频编辑、播放窗口

(1) 改变画面视图、设置画面尺寸。

滚动鼠标就可以放大或缩小视图，以方便对媒体的编辑和浏览。也可以单击工具栏右边的画布选项按钮，在下拉菜单中选择视图的大小。在该下拉菜单中选择项目设置，会打开"项目设置"窗口，如图6-25所示。在该窗口可设置画面尺寸、背景颜色等。

图6-25 "项目设置"窗口

(2) 三种模式与媒体编辑、裁剪。

工具栏左边有三个命令按钮：编辑按钮、平移按钮、裁剪按钮。单击这三个命令按钮会进入不同的模式，交替使用这三种模式可以对媒体进行编辑、裁剪。

单击编辑按钮会进入编辑模式，这时可通过鼠标操作对媒体做移动、调整大小、旋转等操作。按 Shift 键同时拖动媒体的操作手柄，能够以改变长宽比例的形式调整媒体大小。也可在右侧的属性窗口通过参数设置完成同样的设置。

单击平移按钮会进入平移模式，这时可通过鼠标拖动调整视图区域，以方便对不同区域进行浏览、操作。

单击裁剪按钮会进入裁剪模式，这时可通过鼠标拖动的方式，将媒体中不需要的外围区域裁剪掉。

(3) 播放控制条：单击播放控制条上的播放按钮，可从当前时间轴开始播放媒体。播放按钮左侧是上一帧、下一帧按钮，单击可前进或后退一帧。播放按钮后边是上一媒体按钮、下一媒体按钮，如图 6-26 所示。

图6-26　播放控制条

6.3.3　素材编辑窗口

素材编辑窗口由工具栏、时间轴组成，其中时间轴又是由轨道、播放头、时间刻度尺构成，如图 6-27 所示。

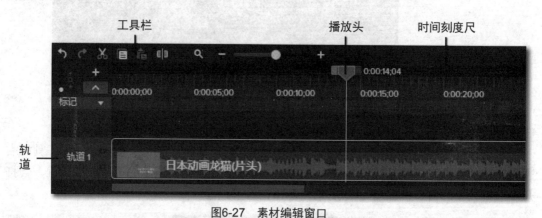

图6-27　素材编辑窗口

(1) 轨道：可将媒体箱中的媒体、库中的媒体添加到轨道上。可以使用鼠标移动媒体的位置，不同轨道上的媒体可以叠加在一起显示。轨道默认以轨道1、轨道2的形式命名，也可以重新命名轨道，方便我们对轨道上的媒体进行识记。右键单击轨道，在弹出的快捷菜单中可对轨道进行插入、删除等操作。

(2) 工具栏：提供了对轨道上的媒体进行编辑的操作，如剪切、复制、粘贴、分割等。这些操作也能够通过主菜单、快捷键或其他方式操作，可在实际操作中逐渐学习。

(3) 播放头：播放头反映当前所处的时间位置，画布上会显示播放头所处帧的视频内容。在时间轴刻度尺上某一位置单击鼠标，播放头就会定位出现在该位置。点击播放按钮时，会在播放头处开始播放。

(4) 时间刻度尺：时间刻度尺以时、分、秒、帧的形式，反映出轨道上媒体的时间属性坐标。可以单击工具栏上的放大时间轴按钮、缩小时间轴按钮，改变时间轴的缩放。

6.3.4 属性窗口

在 CS 界面的右上侧，是属性窗口。属性窗口用于设置媒体不同方面的属性，有以下四个方面。

(1) 设置媒体的视觉属性：选择一个视频或图片媒体时，属性窗口用于设置媒体的大小、位置、旋转等视觉属性。如果选择的是一个带有音频的视频媒体，属性窗口会出现两个选项卡，一个用于设置视觉属性，另一个用于设置音频属性。

(2) 设置音频的音频属性：如果选择的是单纯的音频媒体，属性窗口只用于设置该媒体的音频属性。

(3) 设置注释的属性：当选择轨道的注释时，属性窗口会出现三个选项卡，分别用于设置注释的视觉属性（大小、旋转、位置等）、文本属性（字体、样式、对齐等）、注释属性（填充颜色、轮廓颜色等）。

(4) 设置媒体的效果属性：效果属性设置这种情况较多，比如转场、行为等选项卡中的效果都可以拖动、作用于媒体上。当某一媒体使用这些效果时，选择该媒体上的该效果，会在属性窗口中出现对应的设置选项。

6.3.5 媒体编辑的一般流程

媒体编辑，简单直接地描述就是将各种媒体素材，包括视频、音频、图片、文字等通过剪裁、拼接组合在一起，然后再对这些媒体添加各种效果，如转场、动画、色彩变化、声音变化等，最后生成我们需要的视频文件。以下是媒体编辑的一般步骤。

(1) 导入媒体：将需要使用的媒体导入到媒体箱中。这个过程也常常是在编辑过程中，随时制作并导入所需要的媒体。

(2) 将媒体箱或库中的媒体添加到时间轴上，这个步骤也是在对媒体进行编辑的同时，随时进行的。

(3) 对媒体进行编辑：对媒体的编辑包括对媒体时间属性的编辑（媒体分割及在时间轴上的移动、拼接等）、视觉属性的编辑（媒体对象的大小、位置、旋转等）、音频属性的编辑（声音大小等）、媒体效果的编辑（转场、音频淡入/淡出、阴影、着色等）。此外，还可以为媒体添加字幕、交互、指针等。

(4) 通过分享，生成与发布视频。

本章小结

　　Camtasia Studio 是这样一款软件：它能够轻松地记录屏幕动作，包括影像、音效、鼠标轨迹、解说声音等，还具有即时播放和编辑压缩的功能。可以对视频片段进行剪接、添加转场效果、添加字幕及文字注释，最后生成视频播放文件。

　　本章以 Camtasia9.1 为例，首先讲解软件的界面组成及功能，详细介绍了录制屏幕、录制摄像头视频、录制 PPT 放映等操作及设置。然后讲解媒体箱与库的关系、功能及使用，对视频编辑播放窗口、素材编辑窗口、属性窗口做了简明扼要的介绍。最后简要介绍了媒体编辑的一般流程。

 练习题

　　1. 创建一个 Camtasia 项目文件，然后导入媒体文件"媒体 1.mp4"、"媒体 2.m4a"、"媒体 3.png"，再将这些媒体文件拖动到时间轴并进行适当的媒体编辑。保存该项目文件并命名为"xm1"。回答下述问题：

　　（1）导入的媒体文件都是什么类型的文件？

　　（2）"xm1"的扩展名称应该是什么？该文件包含了哪些信息？

　　（3）将项目文件"xm1"拷贝到另一台计算机中并使用 Camtasia 软件编辑该项目文件，能够保证正常编辑吗？说明其中的原因。

　　2. 菜单栏中的"文件"下拉列表中，有一个"导出项目为 Zip(E)"命令选项，该选项操作有什么功能？

　　3. 媒体箱中的媒体文件一般来源于不同的文件夹，如何知道某一媒体文件存放在哪个文件夹中？

　　4. 如何确定库中的媒体文件保存在哪个文件夹中？如何导出库中的媒体文件，然后将导出的媒体文件导入到另一台计算机中？

　　5. 录制屏幕视频时，如果希望录制的画面更清晰应该怎样做？

第7章 Scratch少儿编程

知识导图

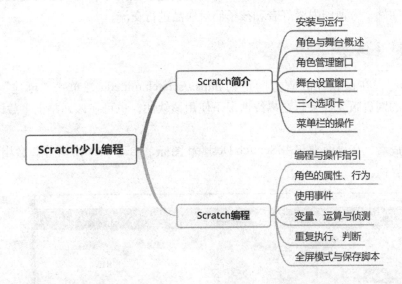

学习目标

(1) 理解相关概念、术语的含义；
(2) 掌握角色、舞台的属性设置方法；
(3) 理解并掌握事件、侦测、变量与运算等命令积木的含义及应用方法；
(4) 能够使用重复执行、判断等命令积木，设计简单的脚本程序。

核心概念

事件 (Events)　　变量 (Variable)　　脚本 (Scripts)

7.1 Scratch 简介

Scratch 是一款由麻省理工学院 (MIT) 设计开发的图形化编程工具。这个软件开发团队称为"终身幼儿园团队"(Lifelong Kindergarten Group)。这个开发组织除了保留对"SCRATCH"名称和"小猫"Logo 的权利外，公布源码，允许任意修改、发布、传播。

软件的使用及下载都是免费的，已经有不同的改进版本在网上流通，目前最新的官方版本是 3.9.0 版。

Scratch 的特点：构成程序的命令和参数通过积木形状的模块来实现。用鼠标拖动模块到程序编辑栏就可以了。在有人指导的情况下，6 岁的孩子基本上就可以照着例子完整地"拼"出一个能运行的程序。

编程作品可以通过软件直接发布到官方网站上，官方网站给每个注册用户开通了一个个人空间，放置发布的程序。用户发布后的程序，在官网可以找到。制作中的程序只能在软件环境下运行，发布后的程序则是在网页内运行的。也就是说，孩子们的作品可以通过网络被无数人看到。官方网站具有交友和评论的功能。国内亦有类似官网发布程序后在网页内运行的网站，方便国内爱好者和孩子们对作品进行交流。

7.1.1 安装与运行

安装运行：在该软件的官方网址为 https://scratch.mit.edu/，单击"创建"按钮即可运行该软件的网页版。如果想在离线情况下使用该软件，也可在该网站上下载该软件的离线版。

安装完成后，在桌面上双击 Scratch Desktop 图标，启动 Scratch 程序，会出现如图 7-1 所示的程序界面。

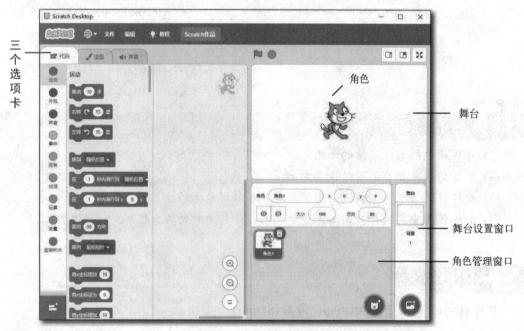

图7-1　Scratch界面

7.1.2 角色与舞台概述

1. 角色与舞台

界面上有个小猫的形象，它的名字叫"Cat"，我们称它为"角色"。它所处的区域称作舞台。现在，它正处于舞台中心。

操作：

使用鼠标拖动，可以改变角色在舞台上的位置。

2. 舞台上的命令按钮

舞台上左侧是用于运行或停止程序的命令按钮，右侧三个命令按钮用于设置界面的两种模式及全屏运行模式。

操作：

将光标放在舞台左上角的小绿旗上，会显示"运行"，放在圆形红色按钮上，会显示"停止"。我们学习并制作出编程作品后，单击它们就会运行或停止这些作品。现在我们还没有制作出编程作品，所以单击它并没有任何反应。

舞台上右侧的三个命令按钮，用来设置屏幕模式。分别单击它们看一看有什么效果。

7.1.3 角色管理窗口

界面的右侧下半部分，是角色管理窗口，用于放置我们将要使用的角色，如图7-2所示。单击该窗口中的角色图标，就选择了对应的角色。它有下面这些功能。

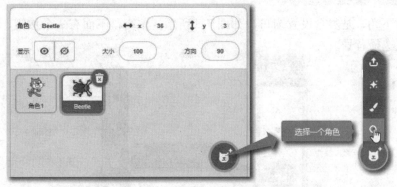

图7-2　角色管理窗口及添加或删除角色

1. 设置角色属性

操作：

选择角色Cat，在角色管理窗口上边，输入x的值为0，输入y的值为0。原来，舞台中心的坐标是(0, 0)。输入x的值为10，Cat会向右移动；输入x的值为-10，Cat会向左移动。如果改变y的值，Cat会怎样移动呢？

改变大小为120，观察舞台上Cat的变化。单击方向后边的数值，会出现一个可拖动调整的圆盘，可以改变Cat的方向。也可以直接输入一个值，看看Cat有什么变化。

2. 为角色命名

每一个角色，我们可以为它们重新命名。

👆操作：

小猫的名字叫"Cat"，这是它的英文名字，我们为它起个中文名字"凯蒂猫"。选择角色 Cat，在"角色"文字后成输入"凯蒂猫"。

3. 显示或隐藏角色

👆操作：

在"显示"的右侧，有两个眼睛图标，单击右边的眼睛图标，可以隐藏舞台上的角色"凯蒂猫"，单击左边的眼睛图标又会重新显示。

4. 添加或删除角色

👆操作：

角色管理窗口右下角有一个"选择角色"命令按钮，可以上传、绘制、选择角色。单击该按钮，在出现的面板中，单击上边的"动物"，选择 Beetle 就会添加这个角色，然后将该角色命名为"甲壳虫"。选择角色"凯蒂猫"，单击其右上角的"删除"按钮，可以删除这个角色。

7.1.4 舞台设置窗口

界面右下角，是舞台设置窗口，如图 7-3 所示。该窗口下面有一个按钮，单击可以为舞台绘制或选择背景。

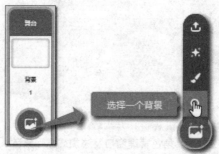

图 7-3　舞台设置窗口与为舞台选择背景

👆操作：

在舞台设置窗口，单击其下面的"选择背景"命令按钮，会出现"选择一个背景"面板。单击"户外"按钮，选择 Blue Sky，就为舞台选择了一个背景。

7.1.5 三个选项卡

1. 选择一个角色，为角色编制脚本、设置造型或声音

当选择一个角色时，界面左侧会出现如图 7-4 所示的三个选项卡。同时，"代码"选项卡右上角，会显示被选择角色的淡颜色的图标。

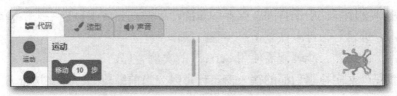

图7-4 选择一个角色时的三个选项卡

此时,"代码"选项卡用于为角色编制脚本代码,"造型"选项卡用于为角色选择或绘制造型,"声音"选项卡用于为角色选择或编辑声音。

2.选择舞台设置窗口,为舞台编制脚本、设置背景或声音

当选择"舞台设置窗口"时,界面左侧也出现了三个选项卡,如图 7-5 所示。同时,"代码"选项卡右上角会显示舞台背景淡颜色的图标。与选择角色时不同,中间是"背景"选项卡。

此时,"代码"选项卡用于为舞台编制脚本代码,"背景"选项卡用于为舞台选择或绘制背景,"声音"选项卡用于为舞台选择或编辑声音。

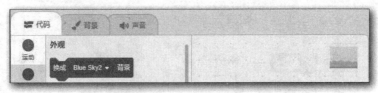

图7-5 选择舞台设置窗口时的三个选项卡

操作:

观察"代码"选项卡,选项卡左侧有多个不同颜色的圆形按钮,单击某个按钮,其右边窗口中会出现很多带有颜色和文字的图形,我们称它为命令积木。

命令积木右侧,目前是个空白的窗口,称作"脚本窗口"。将左侧的命令积木拖动到这个窗口中,就为该角色添加了一个命令积木。

选择角色"甲壳虫",或选择"舞台设置窗口",观察"脚本窗口"右上角出现的图标有什么不同。

选择角色"甲壳虫",或选择"舞台设置窗口"。分别选择"造型""声音"或"背景"选项卡,观察这些选项卡的结构。后面的学习内容会逐渐涉及这些选项卡的操作。

7.1.6 菜单栏的操作

如图 7-6 所示,界面最上面一行是菜单栏。

图7-6 菜单栏

(1) 单击"地球"图标,用于设置该软件的界面语言。

(2) 单击"文件",用于打开、保存编辑的程序文档,或者创建一个新的编程文档。
(3) 单击"编辑",可以恢复上一步骤的操作。
(4) 单击"教程",能够观看使用 Scratch 的实例教程。
(5) "教程"文字标题后面的输入窗口,可以为当前编辑的程序文档命名。

7.2 Scratch 编程

7.2.1 编程与操作指引

1. 命令积木、命令组、脚本

"代码"选项卡左侧,有很多带有颜色和文字的图形,我们称它为"命令积木",如图 7-7 所示。命令积木按功能划分为很多组,称为"命令组"。

可以将命令积木拖动到脚本区,多个命令积木连接在一起构成脚本。

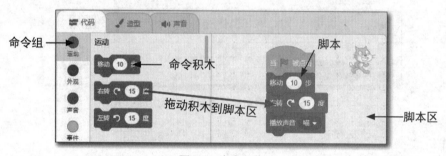

图7-7 命令积木

2. 为角色编写脚本

在角色管理窗口,选择某一角色时,脚本区右上角会显示该角色的图标。这时,将命令积木拖动到脚本区,就可以为该角色编写脚本,如图 7-8 所示。

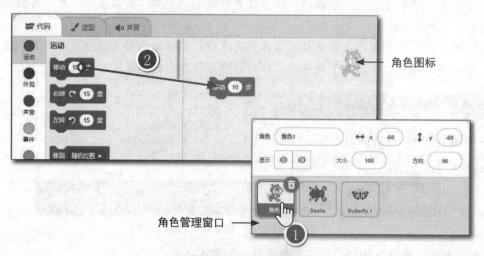

图7-8 为角色编写脚本

3. 为舞台编写脚本

选择舞台时，脚本区右上角会显示舞台背景图标。这时，将命令积木拖动到脚本区，就可以为该舞台编写脚本，如图7-9所示。

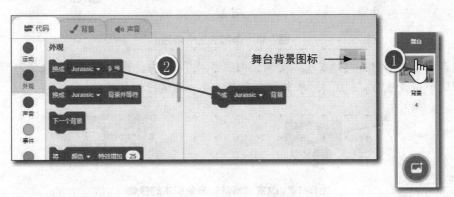

图7-9 为舞台编写脚本

7.2.2　角色的属性、行为

运动组、外观组、声音组里的命令积木，有一个共同的功能特点，即它们可以改变角色的属性、控制角色的行为。

改变属性：就是使角色处于某一状态。例如：角色的大小、位置、角度等。

控制行为：就是使角色的状态发生变化。例如：移动、颜色变化、发出声音等。

操作：角色的属性和行为

1) 选择并添加角色

如图7-10所示，单击角色管理窗口右下角的"选择角色"命令按钮，在出现的面板中，单击上面的"动物"按钮，然后选择Crab，添加这个角色。最后将该角色命名为"小蟹"。

图7-10 添加角色

使用同样的操作，选择添加下面的角色Dot，并命名为"小狗"。现在，角色管理窗口中有这样三个角色，如图7-11所示。

2) 单击选择●（运动）组

如图7-12左图所示，选择角色"小猫"，拖动【移动(10)步】到脚本区，单击命令积木就会执行这个积木的功能。

小猫　　　　　　　　小蟹　　　　　　　　小狗

图7-11　添加的三个角色

单击这个命令积木，会发现"小猫"向前移动了10步。将数值"10"改变为"15"，或者将这个值设置为"-10"，单击命令积木，看一看运行的效果。

图7-12　改变"移动"命令积木的参数

选择角色"小蟹"，拖动【右转(15)度】到脚本区，将"15"改变为不同的值，单击执行，如图7-13所示。

 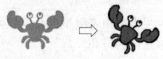

图7-13　改变"右转"命令积木的参数

如图7-14所示，选择角色"小蟹"，拖动【在(1)秒内滑行到(随机位置▼)】到脚本区，连续单击该命令积木，观察运行效果。改变其中的数值，再执行有什么差别？

图7-14　改变"滑行"命令积木参数

选择角色"小蟹"，按图7-15所示拖动命令积木到脚本区，将这些命令积木连接在一起。单击这个脚本模块，观察执行的效果。改变其中的数值，再次执行。在舞台上将"小蟹"拖动到另一位置，再次执行。

图7-15　角色"小蟹"的脚本

3) 单击选择●(外观)组

如图7-16所示，选择角色"小蟹"，拖动【将[颜色▼]特效增加(25)】到脚本区，连续单击该命令积木，观察运行效果。

图7-16 运行"颜色特效"命令积木

如图 7-17 所示，选择角色"小蟹"，拖动 【将大小增 (10)】 到脚本区，连续单击该命令积木，观察运行效果。将其中的数值改为负值，再次执行，你能猜出运行的结果吗？

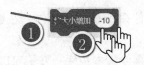 

图7-17 运行"大小增加"命令积木

选择角色"小蟹"，按图 7-18 所示，拖动命令积木到脚本区，将这两个命令积木连接在一起。点击这个脚本模块，观察执行的效果。

图7-18 角色"小蟹"的脚本

4) 点击选择 ●（声音）组

如图 7-19 所示，选择角色"小狗"，拖动 【播放声音 (bark▼) 等待播完】 到脚本区，单击该命令积木，观察运行效果。

图7-19 运行"播放声音"命令积木

如图 7-20 所示，拖动 【将 [音调▼] 音效增加 (10)】 到脚本区，连接到上述积木后面，连续单击该命令积木，观察运行效果。

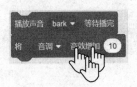

图7-20 添加"音效增加"命令积木

选择角色"小狗"，按图 7-21 所示，拖动命令积木到脚本区，将这两个命令积木连接在一起。单击这个脚本模块，观察执行的效果。

图7-21 "音效设为"命令积木的使用

仔细回顾分析上述命令积木的含义和功能。尝试这三个命令组其他的积木各有什么功能。

7.2.3 使用事件

在●（事件）组，图标左上部为圆弧状的为事件命令积木。另外，在●（控制）组，还有一个事件命令积木，所以共有八个事件积木。

将其他命令积木连接在事件积木下，就构成了事件脚本模块，我们可以称其为一个事件。每一种事件积木，都有一个触发条件，当条件满足时就会执行这个事件。

下面我们将学习的是最常用的几种事件积木的使用方法。

1．小绿旗事件

在前面的操作中，单击脚本区的命令积木就会执行该积木，这种执行方式称为"调试运行"。这种方式带来了很大的方便，我们可以随时观察脚本运行的情况。

当编程作品完成时，一般会为舞台、不同的角色甚至同一角色编制多个脚本模块。将【当▶被点击】命令积木放在这些脚本模块上边，单击舞台左上角的动行命令按钮（小绿旗），会一起运行这些脚本模块。

作品完成后，每个脚本模块上方都应该是事件积木，否则模块脚本将不会被运行。这一点随着深入学习会有更深刻的理解。

操作：使用小绿旗积木

（1）选择角色"小猫"，拖动【移动(10)步】到脚本区。单击运行命令按钮（小绿旗），该命令积木并没有被执行。然后将【当▶被点击】命令积木放在该积木上边，再单击运行命令按钮（小绿旗）。

（2）分别为"小蟹""小狗"添加脚本，这三个角色的脚本如图7-22所示。单击运行命令按钮（小绿旗），你能理解运行的结果吗？

小猫的脚本　　　　小蟹的脚本　　　　小狗的脚本
图7-22 小绿旗事件脚本

2．鼠标单击事件、消息事件

鼠标单击事件，是指使用鼠标单击角色或者舞台时发生的事件。如图7-23左图所示，是角色"小猫"的鼠标单击事件脚本，没有单击小猫时该脚本处于等待状态。当用鼠标单击小猫时，就会执行这段脚本。执行的结果是：小猫移动10步，然后"喵"地叫一声。

消息事件，从字面上不容易理解它的作用。由前面的学习我们知道，当选择一个角色时，在脚本区的命令积木一般都是针对该角色的，并不能在该角色的脚本中对其他的角色进行操作。例如：如果选择了角色"小猫"，添加一个【移动(10)步】命令积木，这个命令是使"小猫"移动10步，却无法在同一脚本中使"小狗"移动。

如果我们想制作这样一个功能：当"小猫"移动10步，并"喵"地叫一声后，"小狗"也跟着"汪"地叫一声。怎样才能实现呢？可以使用消息事件！看一看图7-23右图的代码。

小猫的鼠标事件脚本

小猫的脚本

小狗的脚本

图7-23　鼠标单击事件、消息事件脚本

当用鼠标单击"小猫"时，会执行"小猫"的脚本，脚本最后一个命令广播一个消息，其内容是文本"消息1"。"小狗"的脚本是一个消息事件，该事件接收到"消息1"后被启动，执行"小狗"发出声音的脚本代码。在这里，小猫在行为（移动、叫声）后发出消息，小狗接到消息后也产生行为（叫声），这样就实现了两者的互动。

操作：为舞台添加鼠标单击事件

（1）选择舞台，在●（事件）组，拖动【当角色被点击】、【广播（消息1▼）】积木到脚本区，并连接到一起。单击"消息1"，选择"新消息"并输入"ddd"，如图7-24左图所示。

（2）添加一个角色"beetle"，并命名为"小甲虫"。

选择"小甲虫"，在●（事件）组，拖动【当接收到（消息1▼）】积木到脚本区。单击"消息1"并选择"ddd"。在●（运动）组，拖动【面向（鼠标指针▼）】、【在(1)秒内滑行到（随机位置▼）】，放在前面的命令积木下边。将其中的"随机位置"更改为"鼠标指针"，如图7-24右图所示。

舞台的脚本

小甲虫的脚本

图7-24　舞台的鼠标单击事件、小甲虫的消息事件

（3）单击舞台某一位置，"小甲虫"会面向鼠标单击的位置，并向这个方向移动。

🖱 操作：小狗与小蟾蜍

1) 为"小蟾蜍"添加鼠标点击事件

在角色管理窗口添加角色"wizard-toad"，然后命名为"小蟾蜍"。选择角色"小蟾蜍"，在●(事件)组，拖动【当角色被点击】命令积木到脚本区。然后再将●(外观)组的【换成(wizard-toad-a)造型】命令积木，放在【当角色被点击】后边。将其中的"wizard-toad-a"改为"wizard-toad-b"。接下来的两个命令如图7-25所示。单击"小蟾蜍"时，会触发鼠标事件脚本，"小蟾蜍"会在跳动的同时发出叫声。

图7-25 "小蟾蜍"的鼠标事件脚本

2) "小狗"与"小蟾蜍"互动

选择角色"小蟾蜍"，将●(事件)组的【广播(消息1▼)】命令积木连接到"小蟾蜍"的鼠标事件脚本后边。单击该积木"消息1"后的下拉按钮，选择"新消息"并在对话框中输入"AAA"，如图7-26左图所示。

当点击"小蟾蜍"时，"小蟾蜍"跳动并发出声音后，会发出消息文本"AAA"。接下来要为"小狗"添加接收消息的事件。

选择角色"小狗"，在●(事件)组，拖动【当接收到(消息1▼)】命令积木到脚本区，单击其中的"消息1"，选择"AAA"。

这个命令积木下边的脚本如图7-26右图所示，其中小狗的第一个造型选择"dot-b"，第二个造型选择"dot-a"。

单击"小蟾蜍"，观察执行的结果。

小蟾蜍的脚本

小狗的脚本

图7-26 角色的鼠标事件、消息事件脚本

3.键盘事件

键盘事件，是指当按下键盘上某个键时发生的事件。键盘事件与鼠标单击事件很相似，

没有按任何键时，键盘事件处于等待状态；按下某个键时，则只会执行对应键的事件脚本。

操作：使用键盘控制小猫的行为

1) 控制"小猫"左右移动

选择角色"小猫"，在●（事件）组，拖动【当按下［空格▼］键】积木到脚本区，单击该积木"空格"后的下拉按钮，在下拉菜单中选择"←"光标键。

在●（运动）组，拖动【将 x 坐标增加 (10)】积木，放在上边的脚本下边，将其中的数值改为负值。这时，如果按"←"光标键，就会执行上述脚本，连续按"←"光标键，"小猫"会不断地向左移动。

使用上述方法，再添加一个键盘事件：当按"→"光标键时，"小猫"向右移动。这样，角色"小猫"已经具有如图 7-27 所示的键盘事件。

按"←"键向左移动

按"→"键向右移动

图7-27 "小猫"的键盘事件脚本

2) 再添加两个键盘事件

当按"↑"光标键时，"小猫"会向上跳动一下；按"a"键时，"小猫"会叫一声。对应的脚本如图 7-28 所示。

按"↑"键向上跳动

按"a"键叫一声

图7-28 为"小猫"的键盘事件添加脚本

7.2.4 变量、运算与侦测

1. 创建变量

在●（变量）组，有一个（我的变量）积木，这实际上是一个"变量"。我们还可以创建更多的变量。

操作：当前角色变量、所有角色变量

在角色管理窗口，原来有一个角色"小猫"，再添加并命名一个角色"小狗"。

1) 当前角色变量

如图 7-29 所示，选择"小猫"，单击"建立一个变量"按钮，在"新建变量"窗口中输入"m1"，选择"仅适用于当前角色"选项，然后点击"确定"按钮，这样就为"小猫"创建了一个变量，这时，在●（变量）组，可以看到这个变量，显示的名字是"m1"。

选择角色"小狗"，会发现●（变量）组的"m1"不见了！这说明，角色"小狗"并不能使用上面为"小猫"创建的变量"m1"。

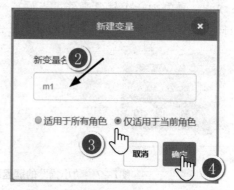

图7-29 为"小猫"创建角色变量

使用同样的操作方法为"小狗"创建一个变量"g1"。这时，在●（变量）组中会看到这个变量。如果选择角色"小猫"，同样看不到为"小狗"创建的变量"g1"。

2) 所有角色变量

现在，选择角色"小狗"，单击"建立一个变量"按钮，在"新建变量"窗口中输入"a1"，选择"适用于所有角色"选项，然后单击"确定"按钮。这时，分别选择"小猫""小狗"或舞台，都能在●（变量）组看到"a1"。这样的变量称作所有角色变量。

如果选择舞台，看不到变量"m1"和"g1"，因为这两个变量是"小猫"和"小狗"的角色变量。

选择舞台时，只能创建所有角色变量。现在选择舞台创建一个变量"a2"，然后选择"小猫"或"小狗"，会发现都可以看到这个变量。

2.修改变量名与删除变量

在●（变量）组，右键单击变量，在弹出的快捷菜单中可以进行"修改变量名"或"删除变量"的操作，如图 7-30 所示。

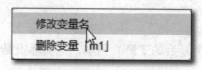

图7-30 修改变量名与删除变量

3. 变量的显示

(1) 在舞台移动变量显示的位置：可以使用鼠标拖动的方式，调整变量在舞台上的位置。

(2) 在舞台设置变量显示的模式：如图 7-31 左图，在●(变量)组，选择变量左边的多选项，该变量就会显示在舞台上。右键单击舞台上的变量显示，在弹出的快捷菜单中可以选择变量的显示模式：正常显示、大字显示、滑杆显示。

在“滑杆显示”模式，通过移动滑杆可以设置该变量的值。在该模式下，右键单击并选择“改变滑块范围”命令，可以设置调整的范围，如图 7-31 右图所示。

建立一个变量
我的变量
m1
小猫: m1
0
正常显示
大字显示
滑杆
小猫: m1
0
正常显示
大字显示
滑杆
改变滑块范围

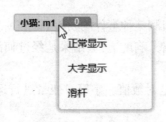

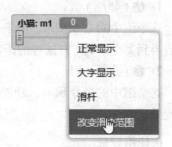

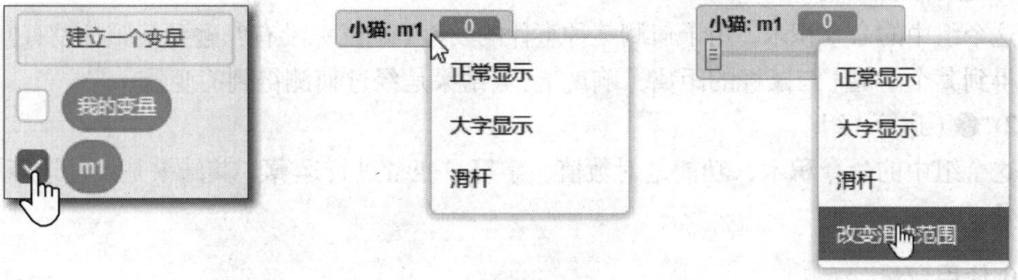

图7-31 设置变量的显示模式

(3) 在脚本中设置变量的显示、隐藏：在脚本中，可以使用如图 7-32 所示的命令积木设置变量的显示或隐藏。注意，在脚本中无法控制变量显示的位置和模式，只能在运行前在舞台上调整和设置变量显示的位置。

显示变量 我的变量
隐藏变量 我的变量

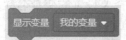

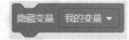

图7-32 显示与隐藏变量的命令积木

4. 各个组中的变量

在●(变量)组，单击“建立一个变量”所创建的变量，属于自定义变量。如果我们重新关注一下会发现，在其他组中有一些命令积木就是可以设置或取用的变量。下面列出各个组中的变量积木。

(1) ●(运动)组中的变量积木(见图 7-33)：

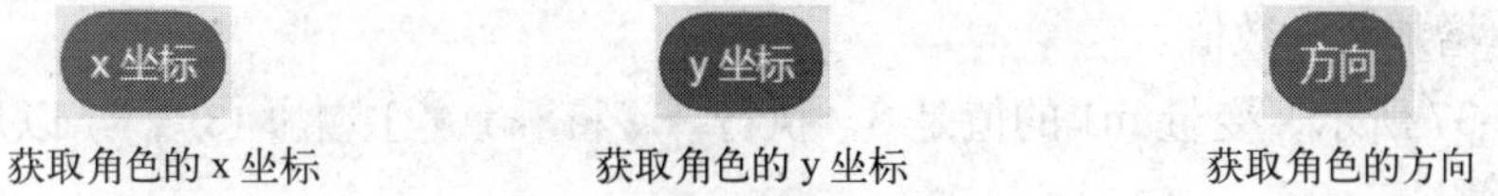

x 坐标
获取角色的 x 坐标
y 坐标
获取角色的 y 坐标
方向
获取角色的方向

图7-33 (运动)组中的变量积木

(2) ●(外观)组中的变量积木(见图 7-34)：

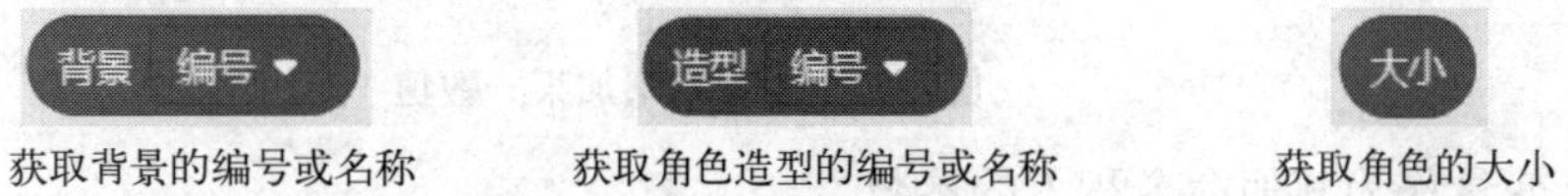

背景 编号
获取背景的编号或名称
造型 编号
获取角色造型的编号或名称
大小
获取角色的大小

图7-34 (外观)组中的变量积木

(3) ●（声音）组中的变量积木（见图7-35）：

获取音量大小的值

图7-35 （声音)组中的变量积木

5.（侦测）组、（运算）组中的命令积木

1) ●（侦测）组

这个组中的命令积木，用于侦测某种事件的发生（按鼠标没有？碰到某颜色没有？），或者得到某个量值（与鼠标的距离、响度）。其结果是经过侦测得到的变量。

2) ●（运算）组

这个组中的命令积木，功能是对数值、字符、变量进行运算。其结果是经过运算得到的变量。

6.使用变量

变量命令积木不能单独执行，需要与其他命令积木配合使用。

1) 直接为变量赋值

在●（变量）组，【将［我的变量▼］设为（）】命令积木，用于将变量设置为某个值，又称为"为变量赋值"。

单击其中的"我的变量"后的下拉按钮，可以选择要设置的变量名称。()内是要设置的值，可以是一个数值、字符、变量，或者是由运算积木构成的表达式。如图7-36所示的脚本，是先将m1、m2设置为数值，然后将m3设置为运算表达式(m1与m2的和)。

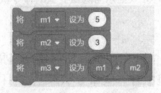

图7-36 为变量m1、m2、m3赋值的脚本

在●（变量）组，【将［我的变量▼］增加（）】命令积木，用于将变量的值在原有值基础上，增加某一数值。

如图7-37所示，变量m1的值是5，执行【将［m1▼］增加（3）】以后，m1的值将变成"8"。

图7-37 为变量增加某一数值

2) 变量作为其他命令积木的参数

很多命令积木要使用变量作为其参数使用，如图7-38所示的命令，是其中的一些实例。

图7-38　使用变量作为参数实例

变量积木有两种类型，一般从外观上就可分辨：外形为圆角形()的、外观为菱形<>的。将它们用于命令积木的参数时要配合使用，如图 7-39 所示，其中右侧的用法是错误的。

图7-39　变量积木与命令积木的匹配

3) 一个令初学者难分辨的情况

现在假设有一个变量，变量名称是"苹果数量"。如图 7-40 所示，注意下面两个脚本的区别：左边的脚本是将变量 m1 设置为变量"苹课数量"，右边的脚本是将变量 m1 设置为字符"苹果数量"。

图7-40　为变量赋值为另一变量或字符常量

7.2.5　重复执行、判断

1. 重复执行

很多情况，需要多次重复执行一个或多个命令积木，可以使用重复执行命令积木简化操作。

1) 有限重复执行积木

如图 7-41 所示，左图重复执行脚本与右图的脚本功能是等效的。其中的数值"3"也可以使用变量，这样就可以通过变量控制重复执行的次数。

图7-41　有限重复执行积木

2) 无限重复执行积木

如图 7-42 所示，左图的脚本，使用无限重复执行实现了使一个角色不停旋转的效果；右图的脚本是与左图的脚本等效的（无数个命令积木的重复执行）。

图7-42 无限重复执行积木

3) 条件重复执行积木

条件重复执行积木命令中可以设置一个条件，当条件不满足时就重复执行包含在其中的脚本。

如图7-43所示，当m1的值小于或等于50时，会不停地执行其内部包含的脚本。只有当m1的值大于50时，才会停止执行其内部包含的脚本。

图7-43 条件重复执行积木

2. 判断

判断命令积木有两种形式，命令积木中要设置一个条件。如图7-44左图所示，当条件满足时执行积木包含的脚本。右图是另一种判断积木命令，当条件满足时执行积木中"那么"下边的脚本，不满足时执行"否则"下边的脚本。

图7-44 判断命令积木的两种形式

判断命令积木，只有被执行才会发挥它的作用。如图7-45左图所示，只执行一次鼠标检测判断，并不能实现对鼠标碰撞事件的持续检测。一般情况下是将判断命令积木放在重复积木之中，如图7-45右图所示。

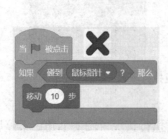 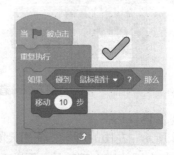

图7-45 持续检测鼠标事件

7.2.6 全屏模式与保存脚本

1) 全屏模式

单击舞台右上角的"全屏模式"按钮,会进入全屏模式,这时单击运行按钮(小绿旗)就可以运行这个脚本程序了。要想退出全屏模式,可以单击全屏模式右上角的"全屏模式"按钮。

2) 保存脚本作品

在菜单栏"教程"文字后面,可输入作品的名称。下边的操作会默认以这个名称保存作品。

单击菜单栏上的"文件"按钮,选择"保存到电脑",在打开的"另存为"对话框中,选择你要保存的文件夹位置,单击"保存"按钮,如图7-46所示。

图7-46 "另存为"对话框

Scratch 是面向少年儿童设计开发的编程软件。它不仅简单、易学、易用,而且能够反映程序设计的基本框架和基本思想,适合于少年儿童学习程序设计、开发智力的启蒙性教育。

本章以讲解与操作相交互的方式,首先讲述了与角色、舞台相关的设置和基本操作,为角色和舞台编写脚本的操作方法。然后结合操作实例讲解角色的属性和行为、事件、变量、运算与侦测、重复执行和判断这些概念的本质含义及使用方法。

1. 通过网络搜索了解什么是"少儿编程教育"。还有哪些可用于"少儿编程教育"的软件?这些软件有什么特点?

2. Scratch 是一款什么软件?它有哪些特点?

3. 打开 Scratch 软件，尝试编辑或绘制一个"角色"或"背景"，并导出为相应格式的文件。

4. 判断题：

(1) Scratch 是一款（　　）。

    A. 办公软件　　　　B. 编程软件　　　　C. 画图软件　　　　D. 游戏软件

(2) Scratch 的角色在（　　）表演和活动。

    A. 角色区　　　　　B. 脚本区　　　　　C. 控件区　　　　　D. 舞台区

(3) 编写 Scratch 脚本，就是把同一模块的不同控件拖到（　　）。

    A. 脚本区　　　　　B. 控件区　　　　　C. 舞台区　　　　　D. 角色区

(4) 要让蝴蝶不停地飞舞，可以借助（　　）。

    A. 重复执行 10 次　　　　　　　　　B. 重复执行

    C. 复制脚本　　　　　　　　　　　　D. 不停地单击绿旗

(5) 在 Scratch 中，一个角色可以有（　　）。

    A. 两个造型　　B. 多个造型　　　　C. 一个造型　　　　D. 三个造型

(6) Scratch 默认的角色是一只（　　）。

    A. 小海龟　　　B. 小猫　　　　　　C. 企鹅　　　　　　D. 小狗

5. 尝试按下列题目编写程序：

(1) 有 4 个连续的自然数，他们的乘积是 3024，请用 Scratch 编写程序，找到这 4 个数字。

(2) 编制 Scratch 程序，使一只小狗跟随鼠标移动并发出叫声。

第8章 操作学习与实践

8.1 操作学习

PowerPoint 2016 电子教材

第1讲 概念、术语与基础操作

1) 启动 PPT、开始屏幕
2) 界面及术语

视频8-1 概念、术语及基础操作.mp4

第2讲 文本框对象

1) 对象、插入文本框
2) 文本框及属性设置

视频8-2 文本框对象.mp4

第3讲 形状对象

1) 插入形状
2) 附加手柄
3) 更改形状
4) 顶点编辑
5) 绘制形状

视频8-3 形状对象.mp4

第4讲 综合操作学习

1) 使用取色器
2) 关于插入形状操作
3) 配合键盘操作对象
4) 对象大小与位置
5) 排列对象

视频8-4 综合操作学习.mp4

第 5 讲　表格对象

1) 插入表格
2) 设计选项卡
3) 绘制表格
4) 布局选项卡
5) 表格的其他应用

视频8-5　表格对象.mp4

第 6 讲　设置形状格式

"设置形状格式"对话框。

视频8-6　设置形状格式.mp4

第 7 讲　图片对象 (1)

1) 合并形状
2) 插入图片
3) 图片属性设置

视频8-7　图片对象(1).mp4

第 8 讲　图片对象 (2)

1) 删除图片背景
2) 图片裁剪
3) 形状的图片属性

视频8-8　图片对象(2).mp4

第 9 讲　幻灯片切换动画

1) 幻灯片切换
2) 排练计时

视频8-9　幻灯片动画.mp4

第 10 讲　对象动画

1) 为对象添加动画
2) 添加列表、更改列表
3) 四种对象动画
4) 编辑动画路径
5) 设置动画属性

视频8-10　对象动画.mp4

第 11 讲 触发器与自动翻转

1) 触发器的使用
2) 自动翻转选项

视频8-11　触发器与自动翻转.mp4

第 12 讲 梅耶多媒体学习理论

1) 关于人类信息加工的三个相关原则
2) 多媒体学习是如何作用的
3) 学习者认知能力的三种需求
4) 多媒体教学原则

视频8-12　梅耶多媒体学习理论.mp4

第 13 讲 界面设计实例

字的大小、字体选择、背景与前景色等。

视频8-13　界面设计实例.mp4

第 14 讲 视频编辑 (1)

1) Camtasia 9.1 安装
2) 初步的操作和了解

视频8-14　视频编辑(1).mp4

第 15 讲 视频编辑 (2)

视频编辑基本操作。

视频8-15　视频编辑(2).mp4

第 16 讲 视频编辑 (3)

制作片头片尾。

视频8-16　视频编辑(3).mp4

第 17 讲 视频编辑 (4)

录制屏幕、添加字幕。

视频8-17　视频编辑(4).mp4

8.2 PowerPoint 上机操作

操作一 字体设置、段落设置

操作目标

(1) 掌握演示文稿创建、保存等基本操作。

(2) 掌握文本框字体、段落设置基本操作。

(3) 通过操作，理解关键术语的含义及应用。

操作内容

1. 启动 PowerPoint，新建空白演示文稿

(1) 在计算机桌面，双击 PowerPoint 2016 图标，进入欢迎界面。

(2) 单击"空白演示文稿"，新建一个空白的演示文稿，这时看到左边有一个幻灯片缩略图，幻灯片编号是 1，右边是幻灯片编辑窗口。

(3) 改变版式：右键单击幻灯片缩略图，在快捷菜单中选择"版式"|"空白"选项。

(4) 新建幻灯片：右键单击 1# 幻灯片缩略图，在弹出的快捷菜单中选择"新建幻灯片"命令，创建 2# 幻灯片。然后选择 2# 幻灯片，按 Enter 键，看一看会是什么结果。连续按 Enter 键，直至创建 10# 幻灯片。

2. 字体设置

(1) 选择 1# 幻灯片。在"插入"选项卡"文本"组，单击"文本框"|"横排文本框"命令按钮。在幻灯片上单击并拖动。然后输入文本"大雁，我们的朋友！"。

(2) 整体选择文本框并拖动，移动文本框到适当的位置。在"开始"选项卡"字体"组中，设置字体为"黑体"、字号为 36、文本颜色为绿色，如图 8-1 左图所示。

(3) 选择部分文本"大雁"。在"开始"选项卡"字体"组中，单击"增大字号"按钮，调整字号为 44，单击"下划线"按钮添加下划线，改变字符颜色为天蓝色，使用"字符间距"按钮设置字符间距为"很松"。

(4) 选择部分文本"我们的朋友"。使用"倾斜"按钮使字符倾斜，在文本框内后边插入文本"你扇动翅膀向我们招手。"，如图 8-1 右图所示。

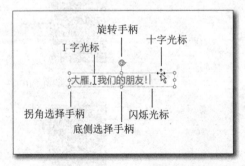

图8-1 插入文本框并进行字体设置

3. 段落设置

1) 项目符号、编号、列表级别

选择2#幻灯片。在"插入"选项卡"文本"组，单击"文本框"|"横排文本框"命令按钮，插入文本框并输入文本内容，设置适当的字号，如图8-2左图所示。选择文本框内的多行文本，单击"段落"组中的"编号"按钮，设置编号。单击"提高列表级别"按钮，适当地提高列表级别。

选择其他文本行，分别设置其项目符号或编号，如图8-2右图所示。

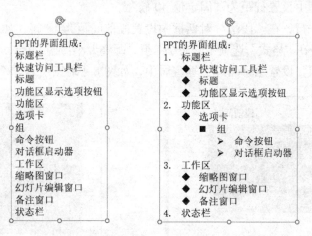

图8-2 项目符号、编号和列表级别

2) 使用标尺：首行缩进、悬挂缩进、左缩进

选择3#幻灯片，插入文本框并输入文本内容，选择该文本框，设置字号为28，适当地调整文本框大小和形状，如图8-3左图所示。

在"视图"选项卡"显示"组，勾选"标尺"复选框，此时幻灯片上方会显示一标尺。在文本框内部，选择所有文本，此时标尺上会显示一个倒三角形图标、一个正三角形图标、一个矩形图标。拖动倒三角形图标，调整首行缩进；拖动正三角形图标，调整悬挂缩进；拖动矩形图标，调整左缩进。调整左缩进时，首行缩进和悬挂缩进会整体移动，它们之间的距离不会发生变化，如图8-3右图所示。

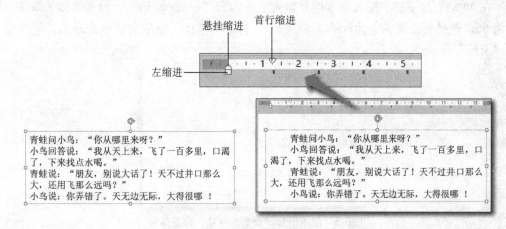

图8-3 首行缩进、悬挂缩进、左缩进

3) 设置行距、段前间距、水平居中、垂直居中

选择4#幻灯片,插入一个文本框并输入一首古诗。选择文本框,设置文本框字体为"楷体"、字号为36。在"格式"选项卡"形状样式"组,单击"形状填充"|"其他填充颜色",单击"自定义",设置颜色为RGB(220,180,250),如图8-4左图所示。

选择所有文本,在"开始"选项卡,单击"字体"组对话框启动器,打开"字体"对话框,在该对话框中设置字符间距为"加宽10磅"。

选择所有文本,在"开始"选项卡,单击"段落"组对话框启动器,打开"段落"对话框,在该对话框中设置行距为"固定值40磅"。

选择文本第一行,在"段落"对话框中设置段前间距为18磅,如图8-4右图所示。

选择文本框,在"格式"选项卡"大小"组,调整大小:高14cm,宽18cm。在"开始"选项卡"段落"组,设置水平居中、垂直居中,如图8-4右图所示。

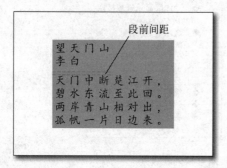

图8-4 设置行距、段前间距、水平居中、垂直居中

4) 使用拼音字母、康奈尔字体、角标(见图8-5)

选择5#幻灯片,插入文本框输入文本内容。文本框内第1行为拼音注音,宋体、字号32。文本框内第2行为拼音对应的汉字,楷体、字号44,字符间距为"很松"。使用插入空格的方法,调整拼音与对应的汉字对齐。为了提高效率,可首先一次性输入带注音的字母,然后再插入其他字符。

在5#幻灯片中部,插入文本框并输入文本内容"jqx"。设置字体为"Comic Sans Ms"(文生·康奈尔字体)、字号为72。分别设置其颜色。

在5#幻灯片下部,插入文本框并输入文本内容"y=x2+2x+3",设置字体为宋体、字号为66。选择要设置为上角标的字符"2",打开"字体"组的对话框启动器,选择复选框"上标"。

图8-5 使用拼音和康奈尔字体、设置角标

输入拼音的方法：在"插入"选项卡"符号"组，单击"符号"按钮。在出现的"符号"窗口右下角，选择"来自简体中文 GB(十六进制)"，然后在右上角"子集"右侧选择"拼音"，选择对应的拼音字符，单击"插入"按钮。也可借助中文输入法的软键盘功能输入拼音字母。

4. 复制幻灯片、复制文本框、对齐与分布

(1) 复制幻灯片：右键单击 1# 幻灯片缩略图，在弹出的快捷菜单中选择"复制幻灯片"命令，创建与 1# 幻灯片内容一样的 2# 幻灯片。

(2) 拖动幻灯片：点击并向下拖动 2# 幻灯片，改变其位置，使其成为 6# 幻灯片。

(3) 清除所有格式：选择 6# 幻灯片上的文本框，在"开始"选项卡"字体"组，单击"清除所有格式"按钮，这时文本框成为普通、无格式的文本，如图 8-6 左图所示。

(4) 复制多个文本框：在 6# 幻灯片上，按 Ctrl 键，光标移动到文本框时，会显示"+"号光标，此时拖动鼠标到另一位置，可复制文本框。使用这种方法复制五个文本框，如图 8-6 右图所示。

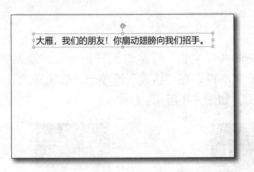

图8-6　复制文本框

(5) 选择多个文本框：在 6# 幻灯片上，从左上角开始，单击并拖动鼠标，使选择的区域覆盖五个文本框，释放鼠标。在"开始"选项卡"字体"组，设置文本字体为"宋体"、字号为 28、颜色为蓝色，如图 8-7 左图所示。

(6) 设置多个文本框对齐：在 6# 幻灯片上，整体选择五个文本框。在"格式"选项卡"排列"组，单击"对齐"按钮，选择"左对齐"。单击"对齐"按钮，选择"纵向分布"。

(7) 使用光标键移动对象：整体选择五个文本框，使用光标键移动对象到你认为合适的位置，如图 8-7 右图所示。

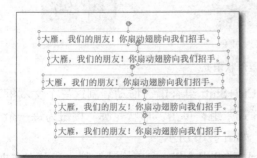

图8-7　多个文本框对齐与分布

5. 保存演示文稿：

(1) 切换到"文件"选项卡，选择"另存为"|"浏览"选项。

(2) 在出现的"另存为"对话框中选择"本地磁盘 C："。单击界面左上角的"新建文件夹"按钮新建文件夹，为该文件夹命名为"我的 ppt"。

(3) 单击进入文件夹"我的 ppt"，输入演示文稿的文件名，单击"保存"按钮。

操作二　文本框的形状样式、文本的效果格式

操作目标

(1) 理解文本框形状样式、效果格式的含义。
(2) 掌握形状样式、效果格式的操作方法。
(3) 掌握取色器的使用方法，理解 RGB 色彩模式的含义及使用。

操作内容

新建一个空白的演示文稿。

1. 设置文本框的形状样式 (1# 幻灯片)

(1) 预设的形状样式：插入三个文本框并输入"生长""生日""花生"。设置文本字体为"楷体"、字号为 40。分别选择这三个文本框，在"格式"选项卡"形状样式"组，单击"其他"按钮，选择一种预设的形状样式，如图 8-8 所示。

图8-8　预设的形状样式

(2) 自定义形状样式：形状填充、形状轮廓、形状效果。

再插入三个文本框并输入"种树""种菜""种地"。设置文本字体为"楷体"、字号为 40。

设置形状填充：分别选择文本框，在"格式"选项卡"形状样式"组，单击"形状填充"按钮，为每一个文本框设置一种填充颜色，如图 8-9 所示。

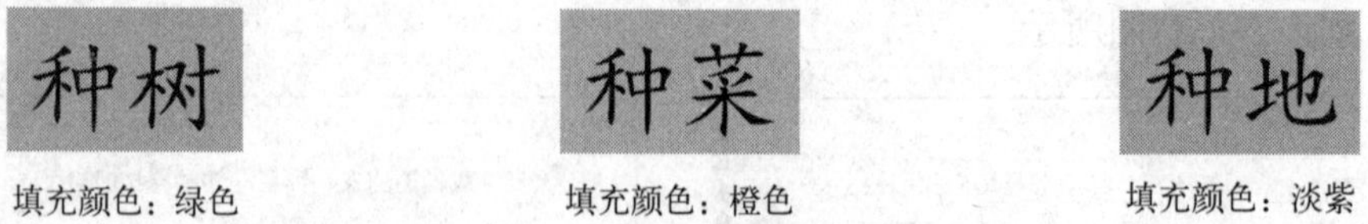

填充颜色：绿色　　　填充颜色：橙色　　　填充颜色：淡紫

图8-9　设置形状填充

设置形状轮廓：选择这三个文本框，按 Ctrl+Shift 组合键，拖动复制这三个文本框。分别选择文本框，在"格式"选项卡"形状样式"组，单击"形状轮廓"按钮为每一个文本框设置一种填充轮廓，并设置轮廓线粗细，如图 8-10 所示。

设置形状效果：选择这三个文本框，按 Ctrl+Shift 组合键，向下拖动复制这三个文本框。

分别选择复制后的文本框，在"格式"选项卡"形状样式"组，单击"形状效果"按钮为每一个文本框设置一种形状效果，如图 8-11 所示。

黑色实线 0.25 磅

蓝色实线 3 磅

红色短划线 2.25 磅

图 8-10　设置形状轮廓

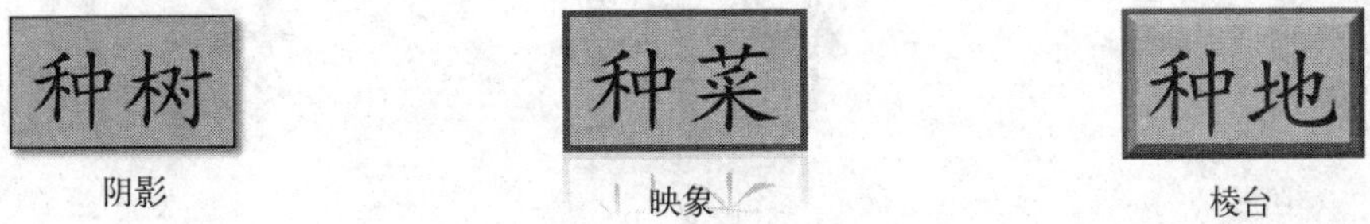

种树
阴影

种菜
映象

种地
棱台

图 8-11　设置形状效果

2. 设置文本的效果格式 (2# 幻灯片)

（1）预设的效果格式：插入三个文本框并输入内容："小鸡""小鸭""小狗"。设置文本框文本字体为"黑体"、字号为 60。

分别选择这三个文本框，在"格式"选项卡"艺术字样式"组，单击"其他"按钮，为文本框设置一种效果格式，如图 8-12 所示。

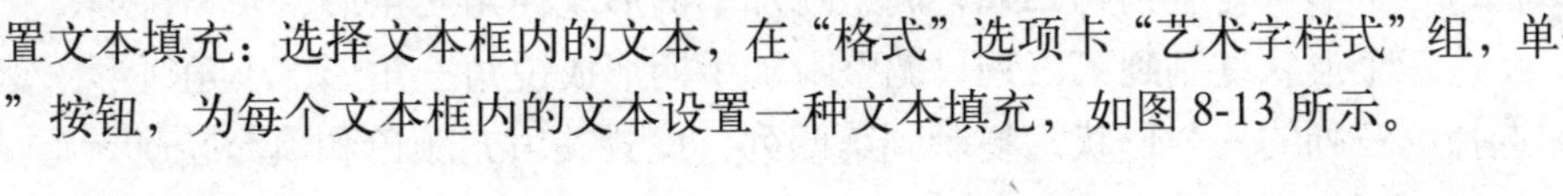

小鸡　　　小鸭　　　小狗

图 8-12　预设的效果格式

（2）自定义的效果格式：再插入三个文本框并输入内容："枫叶""竹叶""梅花"。设置文本框文本字体为"黑体"、字号为 60。

设置文本填充：选择文本框内的文本，在"格式"选项卡"艺术字样式"组，单击"文本填充"按钮，为每个文本框内的文本设置一种文本填充，如图 8-13 所示。

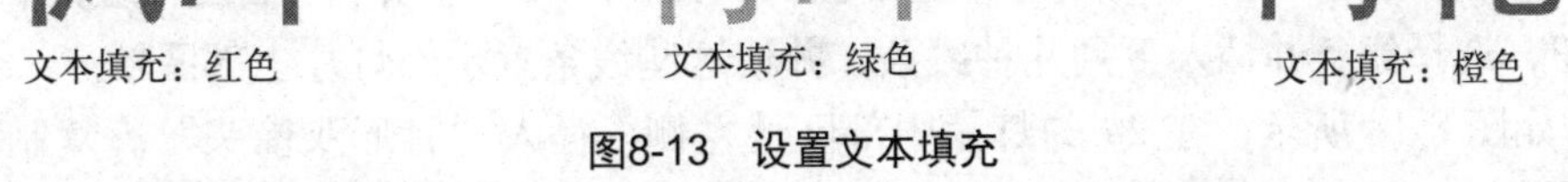

枫叶
文本填充：红色

竹叶
文本填充：绿色

梅花
文本填充：橙色

图 8-13　设置文本填充

设置文本轮廓：选择这三个文本框，按 Ctrl+Shift 组合键，向下拖动复制这三个文本框。选择文本框内的文本，在"格式"选项卡"艺术字样式"组，单击"文本轮廓"按钮，为每个文本框内的文本设置一种文本轮廓，如图 8-14 所示。

设置文本效果：选择这三个文本框，按 Ctrl+Shift 组合键，向下拖动复制这三个文本框。选择文本框内的文本，在"格式"选项卡"艺术字样式"组，单击"文本效果"按钮，为每个文本框内的文本设置一种文本效果，如图 8-15 所示。

文本轮廓：黑色实线 0.75 磅　　　　文本轮廓：蓝色实线 2.25 磅　　　　文本轮廓：黑色短划线 1.5 磅

图8-14　设置文本轮廓

阴影　　　　　　　　　　　　映象　　　　　　　　　　　　发光

图8-15　设置文本效果

操作三　形状对象

操作目标

(1) 掌握线条、形状的插入方法，形状填充、形状轮廓的设置操作。

(2) 理解并掌握操作手柄、顶点编辑等操作。

(3) 理解并掌握对象的层叠次序及设置方法。

操作内容

新建一个空白的演示文稿。

1. 形状及调整手柄基础练习 (1# 幻灯片，见图 8-16)

(1) 插入三个基本形状：等腰三角形、饼形、缺角矩形。

(2) 将这三个形状复制到第二列，调整附加手柄形成钝角三角形、大角饼形、变化 1。

(3) 将这三个形状复制到第三列，调整附加手柄形成锐角三角形、小角饼形、变化 2。

(4) 选择第三列的三个形状，复制到第四列，设置其填充颜色和填充轮廓。

2. 线条及调整手柄基础练习 (2# 幻灯片)

(1) 如图 8-17 所示，在 2# 幻灯片上部区域，在"插入"选项卡"插图"组，单击"形状"按钮，选择线条并插入下列几种线条，并使这些线条置于幻灯片上部区域。

(2) 如图 8-18 所示，在 2# 幻灯片中部区域左侧，插入"肘形双箭头"。复制该"肘形双箭头"，在"格式"选项卡"形状样式"组，单击"形状轮廓"按钮，设置其颜色为绿色、线条宽度为 3 磅。再复制该"肘形双箭头"，单击"形状样式"组对话框启动器，单击"填充与线条"|"线条"，设置前端类型为"圆形箭头"、前端大小为"左箭头 9"。设置后端类型为"箭头"、后端大小为"右箭头 9"。再复制该"肘形双箭头"，单击该"肘形双箭头"的附加手柄 (黄色菱形)，拖动改变其形状。

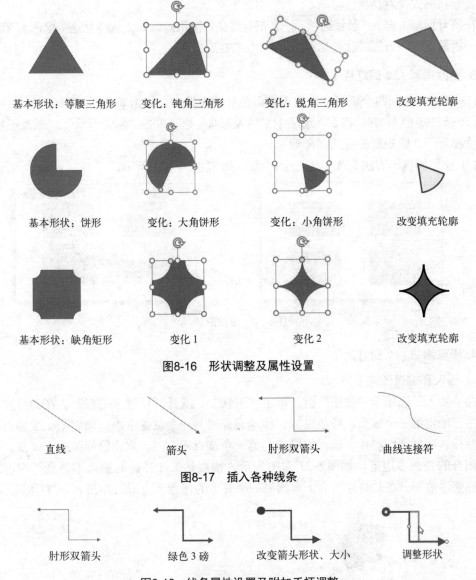

图8-16 形状调整及属性设置

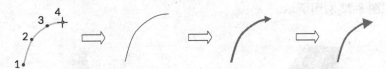

图8-17 插入各种线条

图8-18 线条属性设置及附加手柄调整

（3）如图 8-19 所示，在 2# 幻灯片中部区域，在"插入"选项卡"插图"组，单击"形状"，选择"曲线"工具。在幻灯片上以某一点为第 1 锚点，单击后释放鼠标；以另一点为第 2 锚点，单击后释放鼠标……如此重复，绘制一段曲线，绘制结束时按 Esc 键。

图8-19 绘制曲线及属性设置

选择绘制的线条，设置线条轮廓颜色为绿色、粗细为 3 磅、箭头为"箭头样式 5"。右键单击绘制的线条，在弹出的快捷菜单中选择"设置形状格式"命令，右侧会出现

"设置形状格式"对话框。

在该对话框上部,"形状选项""填充与线条"按钮应该处于选中状态(橙色)。在"线条"一栏最下边,设置"线条末端大小"为"右箭头9"。

3. 更改形状(3# 幻灯片)

(1) 插入并复制四个矩形,设置填充颜色、填充轮廓,如图 8-20 左图所示。

(2) 选择矩形1,在"格式"选项卡"插入形状"组,单击"编辑形状"|"更改形状",选择"梯形",将矩形改变为"梯形"。

(3) 使用同样的方法更改其他三个形状,如图 8-20 右图所示。

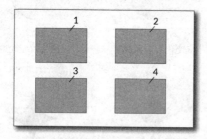 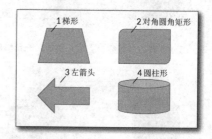

图8-20 更改形状

4. 顶点编辑(4# 幻灯片)

1) 插入和编辑任意多边形

在"插入"选项卡"插图"组,单击"形状",选择"任意多边形"。在幻灯片左上部单击,确定第一个锚点,释放鼠标。移动光标到另一个位置单击,确定第二个锚点,再释放鼠标。这样连续操作。最后的锚点与第一个锚点重合时,双击鼠标或按 Esc 键,绘制一个闭合的任意多边形,如图 8-21 左图所示。锚点如果和开始的锚点不重合,则形成开放的任意多边形。在幻灯片的右上角绘制一个开放的任意多边形,如图 8-21 右图所示。

图8-21 插入和编辑任意多边形

2) 顶点编辑

右键单击上图封闭的任意多边形,选择"编辑顶点",如图 8-22 左图所示。单击并拖动顶点1,移动其位置,右键单击顶点2,选择"平滑 顶点",右键单击顶点3,选择"开放路径",如图 8-22 右图所示。

图8-22 形状的顶点编辑

3) 插入一个右箭头

右键单击该箭头，选择"顶点编辑"。右键单击左下边一个顶点，选择"删除顶点"，然后单击移动左边剩下的顶点的位置。设置为无轮廓，设置填充颜色为淡绿色，如图8-23所示。

图8-23 删除顶点

5. 选择窗格、对象的层叠次序 (5#、6# 幻灯片)

(1) 在 5# 幻灯片上，插入矩形、直角三角形、圆，设置这些形状的颜色填充并调整其位置，如图 8-24 左图所示。

(2) 在"开始"选项卡"编辑"组，单击"选择"|"选择窗格"，打开"选择"窗口，如图 8-24 右图所示。在"选择"窗口中会看到上述三个对象的名称。更改这三个名称为"红三角形""红色圆""蓝矩形"。

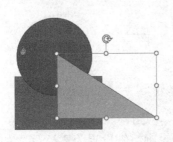 

图8-24 为对象重新命名

(3) 右键单击上述对象，在快捷菜单中选择"置于顶层""置于底层""上移一层""下移一层"，可改变形状间的层叠次序。分别改变这些对象的层叠次序，同时观察"选择"窗口中的变化。

(4) 在 6# 幻灯片上插入一个立方体 (操作时按 Shift 键)。选择该立方体，按 Ctrl 键的同时拖动鼠标，复制形成五个立方体，如图 8-25 左图所示。

(5) 选择不同的立方体，在"选择"窗口中观察立方体对象被选择的情况。在"选择"窗口中上下拖动对象名称，观察对象层叠次序的变化。

(6) 调整各个立方体的位置，并结合光标微调对象位置及层叠次序，形成如图 8-25 右图所示的效果。

图8-25 对象的层叠次序

6. 大肠杆菌细胞 (7# 幻灯片)

(1) 插入一个圆角矩形,在"大小"组设置宽为 8 厘米、高为 4 厘米,调整附加手柄改变其形状,如图 8-26 左图、中图所示。

设置该圆角矩形的填充和轮廓颜色,设置轮廓粗细为 6 磅。选择该圆角矩形设置其形状效果:阴影为内部左上角、柔化边缘为 2.5 磅,如图 8-26 右图所示。

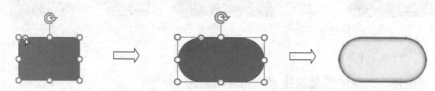

图8-26　插入圆角矩形并设置属性

(2) 在"插入"选项卡"插图"组,单击"形状",选择"曲线"工具,从锚点 1 开始依次单击,绘制出"质粒"形状,如图 8-27 左图、中图所示。选择"质粒"形状,设置为无填充、轮廓颜色为紫色、轮廓粗细为 1 磅,如图 8-27 右图所示。

图8-27　绘制"质粒"形状

(3) 在"插入"选项卡"插图"组,单击"形状",选择"自由曲线"工具,单击并移动鼠标,连续绘出 DNA 形状。设置该曲线颜色,轮廓粗细设置为 2.25 磅,如图 8-28 左图所示。

复制多个"质粒"形状,调整这些形状位置、旋转方向,如图 8-28 中图所示。

调整"质粒"形状、"DNA"形状的大小,与圆角矩形组合成大肠杆菌细胞图,如图 8-28 右图所示。

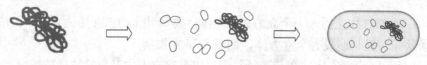

图8-28　绘制大肠杆菌细胞

7. 将酶连接起来 (8# 幻灯片)

(1) 插入并复制出两个椭圆,设置其填充及轮廓颜色,适当地调整这两个椭圆的旋转角度。再插入一个线条,适当地设置其颜色及线条粗细,如图 8-29 左图所示。

(2) 选择线条,线条端点变成空心圆圈,将光标移动到端点,光标变成双箭头,如图 8-29 左图所示。这时,单击并拖动,光标呈十字状,拖动到椭圆边缘时,椭圆边缘呈实圆圈,释放鼠标就把线条和椭圆的一个顶点连接起来,如图 8-29 中图所示。

(3) 使用上述方法,将线条另一端与另一个椭圆连接起来,如图 8-29 右图所示。单击并拖动其中的一个椭圆,移动,会发现线条与椭圆连接在一起。

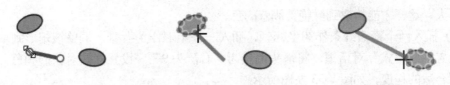

图8-29 线条与形状的连接

(4) 复制出多个椭圆和线条,如图 8-30 左图所示。将这些线条和椭圆连接在一起,如图 8-30 中图所示。适当地调整这些椭圆的旋转及位置关系,就形成了酶连接示意图,如图 8-30 右图所示。

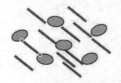 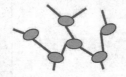 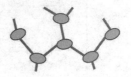

图8-30 多个椭圆与线条的连接

8. 绘制曲线图 (9# 幻灯片)

(1) 如图 8-31 所示,将源于教材的"曲线图"图片置于幻灯片上,在"插入"选项卡"插图"组,单击"形状",选择"曲线"工具。以原图片蓝色曲线左边的起始点作为第一个锚点,绘制该曲线。

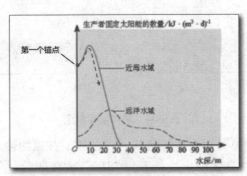

图8-31 绘制曲线

(2) 使用同样的方法,绘制红色的曲线,绘制完成的曲线如图 8-32 左图所示。设置曲线粗细为 1.5 磅。使用取色器将曲线颜色设置为与原图片曲线一样的颜色,将红色曲线设置为短划线。最后再调整红色曲线到底层,如图 8-32 右图所示。

图8-32 绘制完成的曲线

操作技巧:绘制曲线时,在曲率大的地方锚点要多一些。使用取色器时,将原图片调整到很大,这样才能拾取到鲜艳、满意的色彩。

(3) 插入两个箭头线条作为坐标轴,插入一个矩形作为背景。调整该矩形到最底层。在"设置形状格式"对话框,将箭头调整为"右箭头9"。设置这些对象的颜色、粗细、大小到合适的程度,如图8-33左图所示。

选择这些对象,在"格式"选项卡"排列"组,单击"对齐"按钮,分别选择"左对齐""底端对齐",如图8-33右图所示。

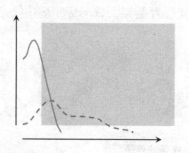 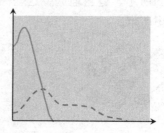

图8-33　绘制坐标轴

(4) 制作坐标刻度:插入并复制11个垂直的线条。将一个线条与坐标原点对齐,将另一个线条放在x轴末端合适位置,其他线条放在这两个线条中间,如图8-34左图所示。

(5) 拖动鼠标选择这些线条,在"格式"选项卡"排列"组,单击"对齐"按钮,分别选择"底端对齐""横向分布",然后,在"大小"组调整高度为0.2厘米,如图8-34右图所示。

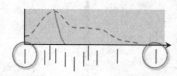 

图8-34　制作坐标刻度

(6) 将第一个线条删掉,插入并复制10个文本框,按原图输入坐标值,适当地调整文本大小。将文本"10"放在第一个线条下,"100"放在最后一个线条下。这两个文本框的数值要和对应的线条准确对齐,其他文本框大概放在对应的线条下即可,如图8-35左图所示。

选择这些文本框,进行"底端对齐""横向分布"操作。接着使用上光标键,调整这些文本框数值与线条的距离到合适的位置,如图8-35右图所示。

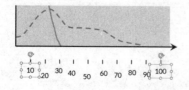 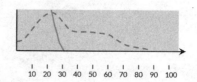

图8-35　插入并排列刻度值

(7) 拖动选择上述线条、文本框,右键单击并选择"组合"选项,将它们组合起来。调整该组合与曲线、坐标轴的位置关系,如图8-36左图所示。

(8) 插入文本框，添加坐标轴的标注文字，如图 8-36 右图所示。

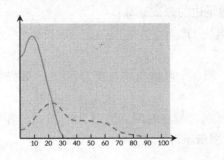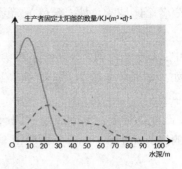

图8-36 调整位置关系、添加标注文字

9. 制作量杯 (9# 幻灯片)

(1) 插入一个圆角矩形，右键单击该圆角矩形，选择"顶点编辑"。拖动顶端两侧的顶点形成量杯形状，如图 8-37 左边三个图所示。

(2) 按绘制坐标刻度的方法，制作量杯刻度，如图 8-37 右图所示。

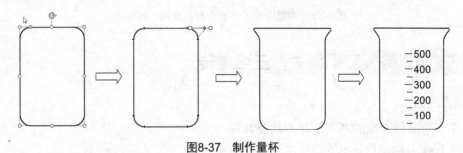

图8-37 制作量杯

10. HSL 模式练习：折纸鸟 (11# 幻灯片)

(1) 绘制折纸鸟：按如图 8-38 左图所示，使用任意多边形绘制折纸鸟。
(2) 绘制后的形状如图 8-38 中图所示。
(3) 将七个形状拼成折纸鸟，注意层叠次序，如图 8-38 右图所示。

图8-38 绘制折纸鸟

(4) 调整亮度：使用 HSL 模式，将区域①、②、③、⑦的亮度值改为 120，将区域④、⑥的亮度值改为 178，将区域⑤的亮度值改为 140。拖动选择折纸鸟，去掉轮廓，如图 8-39 左图所示。

(5) 改变色调：拖动选择"折纸鸟"，按 Ctrl 键单击拖动复制"折纸鸟"。使用 HSL 模式改变各个区域的色调（颜色），色调值由下边的公式计算：

$$U=5(N-1)$$

其中：U——色调；N——你的学号。

例如：如果学号是 7，则 U=5(7-1)=30。将各个区域色调改变为 30 后，效果如图 8-39 中图所示。

(6) 改变饱和度：复制改变色调后的折纸鸟，放在右侧。使用 HSL 模式将各个区域的饱和度的值改为 150，最后效果如图 8-39 右图所示。

图8-39　调整填充区域的亮度、色调、饱和度

操作四　表格、三维格式、三维旋转

操作目标

(1) 掌握表格对象的基本使用方法及其应用。

(2) 理解并能使用简单的三维格式、三维旋转。

操作内容

新建一个空白的演示文稿。

1. 制作表格

(1) 插入一个 6 行 5 列的表格。在"设计"选项卡"表格样式"组，单击样式库下面的"清除表格"命令按钮，如图 8-40 左图所示。

(2) 整体选择表格，在"布局"选项卡，设置单元格宽为 2.5cm、高为 1.1 厘米。在"设计"选项卡，设置表格外侧框线为 3 磅、内部框线为 1 磅。合并单元格，并在第一个单元格绘制斜线。设置填充色，如图 8-40 右图所示。

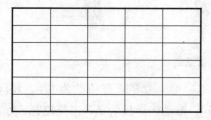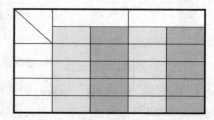

图8-40　插入表格并设置属性

(3) 如图 8-41 左图所示，插入一个长方体，用 a、b、h 标注长、宽、高。整体选择以上对象，右键单击，选择"复制"命令。在空白处右键单击，选择"粘贴选项"|"图片"命令，形成如图 8-41 右图所示的图片。

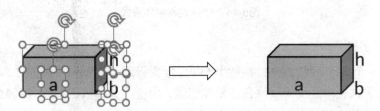

图8-41　将形状粘贴为图片

(4) 插入一个 3 行 4 列的表格。设置该表格，注意适当调整表格高度和宽度。如图 8-42 左图所示，输入文字并设置表格底纹。注意字体大小要合适，水平、垂直居中。

(5) 移动上述图片到第 2 行第 2 列单元格，并适当地调整其位置、大小。使用同样的方法，在第 3 行第 2 列放置立方体图片，如图 8-42 右图所示。

名称	图形及条件	表面积	体积
长方体		S=	V=
正方体		S=	V=

名称	图形及条件	表面积	体积
长方体	(长方体图)	S=	V=
正方体	(正方体图)	S=	V=

图8-42　表格与图片组合

2. 使用表格规划拼音

(1) 插入一个 2 行 5 列的表格，在表格中输入拼音和文字，适当地设置行高、列宽、字体及大小，并设置表格内文字水平、垂直居中，如图 8-43 左图所示。

(2) 设置内、外框为无框线，如图 8-43 右图所示。

chūn	mián	bù	jué	xiǎo
春	眠	不	觉	晓

　chūn　　mián　　bù　　jué　　xiǎo
　春　　　眠　　　不　　觉　　　晓

图8-43　使用表格规划拼音

3. 使用表格制作分式

(1) 插入一个 2 行 5 列的表格。合并单元格，并在表格中输入文本数字。文本数字为"黑色"、大小为 32，并且设置水平居中对齐，如图 8-44 左图所示。

(2) 首先将表格设置为无框线，再将内部框线设置为 2.25 磅黑色实线，作为分数线，如图 8-44 右图所示。

制作技巧：文本数字水平、垂直居中很重要，单元格行高、列宽要适当调整，以达到美观、整齐的效果。

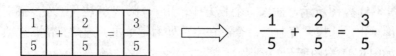

图8-44 使用表格制作分式

4. 制作田字格

(1) 插入一个2行2列的表格，清除其格式。设置行高为1.5cm、列宽为1.5cm，如图8-45左图所示。设置该表格底纹为淡绿色、无外框线，内框线为虚线1.5磅、深绿色，如图8-45中图所示。复制该表格并粘贴为图片，如图8-45右图所示。

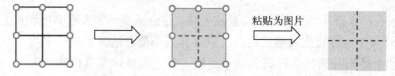

图8-45 将虚线表格粘贴为图片

(2) 插入一个2行4列的表格，清除其格式。设置行高为3cm、列宽为3cm，框线深绿色，外框线3磅、内框线1.5磅，如图8-46左图所示。

(3) 选择并复制前面粘贴生成的图片，将其作为2行4列表格内单元格的填充。在2行4列表格中，输入文字并适当地设置字体、大小及颜色，如图8-46右图所示。

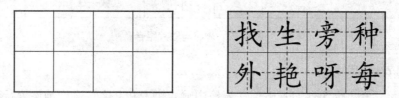

图8-46 制作田字格并输入文字

5. 制作直尺

1) 制作尺身

插入一个"矩形"形状。设置其高为2.4cm、宽为15cm。选择该矩形，在"设置形状格式"对话框做如下设置。

设置填充颜色(RGB120，150，60)。透明度为25%、无轮廓。设置阴影：模糊2磅、角度135°、距离3磅。设置"三维格式"：顶端宽度1磅、高度1磅。底端宽度1磅、高度重1磅。深度1磅，深度颜色(RGB120，150，60)。材料：塑料效果。

将该形状命名为"尺身"，再插入一个立方体放在"尺身"后边作为衬托，如图8-47所示。

图8-47 制作尺身

2) 制作刻度

在"视图"选项卡"显示"组，单击对话框启动器，打开"网格和参考线"对话框。在该对话框中，选择"对象与网格对齐"。设置间距为"每厘米5个网格0.2厘米"。选择"屏幕上显示网格"。插入一个"直线"形状，设置其高度为0.2cm、宽度为0cm，设置其轮廓颜色为RGB(0，35，0)。

复制九个"直线"形状(共10个)，将这些直线形状按0.2cm间距排列，如图8-48中图所示。

排列技巧：如图8-48左图所示，将一条直线形状放在A点，另一条直线形状放在B点。其余直线形状放在A、B之间。A、B之间是九个空格。选择这些直线形状，在"格式"选项卡"排列"组，单击"对齐"|"底端对齐"，再次单击"对齐"|"横向分布"，如图8-48中图所示。

选择第1个直线形状，调整其高为0.4cm；选择第6个直线形状，调整其高为0.3cm，如图8-48右图所示。

图8-48 排列并制作刻度

选择这些排列整齐的直线，将它们组合成一个对象，如图8-49左图所示。复制粘贴七个这个组合，排列成直尺刻度。插入文本框并输入数字，为刻度做数字标记。将刻度和数字标记组合为一个对象，如图8-49右图所示。

图8-49 排列成直尺刻度

3) 组合直尺和刻度

叠合"尺身"和"刻度"，将其组合，命名为"直尺"，如图8-50所示。

图8-50 组合成直尺刻度

6. 制作三维木板

(1) 插入一个矩形形状，设置高为8cm、宽为10cm，如图8-51左图所示。右键单击该矩形对象，选择"设置形状格式"命令，打开"设置形状格式"对话框。

(2) 选择"形状选项"，单击"效果"按钮。作如下设置：单击"三维旋转"，在"预设"右侧单击打开旋转样式库，选择"倾斜右下"。设置"Y旋转"为290°。单击"三维格式",设置"深度"大小为6磅、颜色为RGB(250,180,120)。设置光源为中性"平衡"。以上操作完成后的效果如图8-51中图所示。

(3) 选择矩形对象,设置形状填充为RGB(250,180,120)、形状轮廓为"无",如图8-51右图所示。

 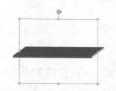 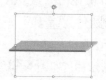

图8-51　制作三维木板

7. 制作圆锥

(1) 插入一个圆形形状,设置高为4.8cm、宽为4.8cm,如图8-52左图所示。

(2) 选择该圆形对象,单击"格式"选项卡"形状样式"组的对话框启动器,打开"设置形状格式"对话框。选择"形状选项",单击"效果"按钮。作如下设置。

单击"三维旋转",在"预设"右侧单击打开旋转样式库,选择"离轴1上"。单击"三维格式",设置顶部棱台样式为"角度"。设置顶部棱台高度为135、宽度为75。

(3) 选择圆形对象,设置形状填充为RGB(140,170,220)。设置形状轮廓为"无"。制作完成后的效果如图8-52右图所示。

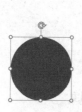 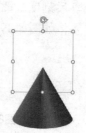

图8-52　制作圆锥

8. 尝试制作下列几何形体(见图8-53)

原始形状:圆形,直径2.6cm
底部棱台:宽度为0磅、高度为80磅
Y旋转110°
轮廓:无线条

原始形状:同心圆,直径2.4cm
底部棱台:宽度为0磅、高度为80磅
Y旋转110°
轮廓:无线条

原始形状:圆形,直径2.6cm
底部棱台:样式为"角度"
宽度为15磅、高度为80磅
Y旋转110°
轮廓:无线条

图8-53　制作各种几何形体

原始形状：空心弧，直径 2.6cm
底部棱台：宽度为 0、高度为 80 磅
Y 旋转 110°
适当调整附加手柄
轮廓：无线条

原始形状：矩形宽为 3cm、高为 3cmm
顶部棱台：样式为"角度"，宽度为 18 磅、高度为 60 磅
三维旋转：预设为"离轴 1：上"
Y 旋转 110°
轮廓：无线条

原始形状：圆形，直径 3.2cm
顶部棱台：样式为圆形、宽度为 42.5 磅、高度为 42.5 磅
材料：亚光效果
光源：三点
轮廓：无线条

图8-53　制作各种几何形体(续)

操作五　渐变填充、图片和纹理填充

操作目标

(1) 理解关键术语的含义。
(2) 理解渐变填充、图片和纹理填充的含义及操作方法。
(3) 掌握高光的使用方法。

操作内容

新建一个空白的演示文稿。

1. 渐变填充基础练习 (1# 幻灯片)

1) 单色预设渐变

如图 8-54 所示，插入四个矩形形状，选择一个矩形，按照其下方颜色值，为矩形设置填充。

颜色 RGB(255，0，0)
渐变填充：深色变体 - 线性向右

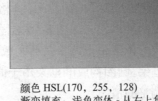
颜色 HSL(170，255，128)
渐变填充：浅色变体 - 从右上角

颜色 HSL(85，255，128)
渐变填充：浅色变体 - 从左上角

颜色 HSL(243，255，128)
渐变填充：浅色变体 - 从中心

图8-54　单色预设渐变

然后选择该矩形，在"格式"选项卡"形状样式"组，单击"形状填充"|"渐变"，按照矩形下方渐变填充样式为矩形选择一种渐变填充。

注意设置预设渐变的步骤，如果想得到红色的预设渐变，首先设置填充为红色，然后就可以从各种以红色为色调的预设渐变中，选择你需要的一种。

使用同样的方法，为其余三个矩形设置预设渐变。

2) 制作色相彩条

如图 8-55 所示，插入一个矩形形状，高为 2.6cm、宽为 20cm。为其设置填充颜色为渐变填充，形成红、橙、黄、绿、蓝、紫样式的渐变彩条。渐变类型：线性、角度 0 度。光圈设置如下：

光圈 1：RGB(255, 0, 0)、位置 0%　　光圈 2：RGB(255, 100, 0)、位置 10%
光圈 3：RGB(255, 255, 0)、位置 30%　光圈 4：RGB(0, 255, 0)、位置 50%
光圈 5：RGB(0, 0, 255)、位置 75%　　光圈 6：RGB(100, 0, 255)、位置 90%

图8-55　制作色相彩条

2. 图片填充 (2# 幻灯片)

(1) 如图 8-56 左图所示，插入一个矩形，选择该矩形，观察功能区会有一个上下文选项卡"绘图工具|格式"。

(2) 右键单击该矩形，选择"设置形状格式"命令，打开"设置形状格式"对话框。在该对话框的"形状选项"|"填充与线条"界面中，选择"填充"|"图片或纹理填充"，单击"文件"按钮。从"插入图片"对话框中选择"鸡树条果 .jpg"作为填充图片，如图 8-56 中图所示。

选择该矩形，会发现又多出一个上下文选项卡"图片工具|格式"。

(3) 选择该矩形，选择"图片工具|格式"选项卡，在"大小"组单击"裁剪"按钮，矩形区域会出现两种框架，如图 8-56 右图所示。

由黑杠构成的框架用于调整裁剪区域，称作裁剪框架，实际对应我们可见的对象区域，也可称为对象框架。圆圈构成的框架用于调整图片区域，称作图片框架。如图 8-56 右图所示，是图片框架已调整的情况。

图8-56　裁剪框架与图片框架

(4) 调整图片框架的大小，单击图片框架内部的暗灰区域拖动图片框架，可以得到合适的可视区域，如图8-57左图所示。

(5) 选择该矩形，单击"裁剪"按钮，会出现下拉菜单，有一个"裁剪为形状"选项，可以将该矩形更改为其他的形状。实际上该操作与在"绘图工具|格式"选项卡"插入形状"组单击"编辑形状"进行更改是一样的。使用上述之一的方法，将矩形更改为圆形。设置轮廓颜色为深橙色，粗细为3磅，宽、高都为5厘米。重新调整一下图片区域，如图8-57右图所示。

图8-57 对填充的图片作裁剪操作

深入解读：选择已经使用图片填充的形状，会发现"设置形状格式"对话框，变成了"设置图片格式"对话框。

选择上述已经填充图片的圆形，分别调整裁剪框架、图片框架，会发现实际上是在调整"图片或纹理填充"选项下的上、下、左、右的偏移。

如果在"设置图片格式"对话框中，单击"图片"按钮，会出现"裁剪"设置界面。界面中有关于"图片位置""裁剪位置"的一些设置，这些设置实际与图片框架、裁剪框架的调整也是同一设置。

3. 使用形状制作纹理填充 (3# 幻灯片)

(1) 如图8-58左图所示，插入任意多边形，绘制一个不规则形状。设置该任意多边形为无轮廓、填充为比较淡的颜色。右键单击刚刚绘制的任意多边形，选择"复制"命令。

(2) 如图8-58右图所示，插入一个矩形形状，选择该矩形。在"格式"选项卡，单击"形状样式"组的对话框启动器，打开"设置形状格式"对话框。在该对话框中的"形状选项"|"填充与线条"界面中，选择"填充"|"图片或纹理填充"，单击"剪贴板"按钮。选择"将图片平铺为纹理"选项，设置镜像类型为"两者"，并适当地设置刻度X、刻度Y。

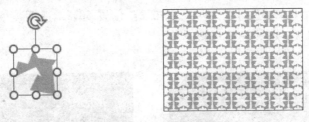

图8-58 用形状制作纹理填充

4. 制作三维彩球 (4# 幻灯片)

(1) 制作球体及渐变：插入一个矩形形状，设置其填充为黑色，作为背景。插入一个圆形形状，宽为5.6cm、高为5.6cm。选择该圆形，设置其轮廓为"无线条"，填充为"渐变填充"。渐变填充的设置为：类型为线性、角度为40°，光圈1：颜色HSL(0, 255,

192)、位置0%，光圈2：颜色HSL(0，255，88)、位置100%，如图8-59左图所示。

(2) 制作高光：插入一个圆形形状，宽为4.2cm、高为4.2cm。选择该圆形，设置其轮廓为"无线条"，填充为"渐变填充"。渐变填充的设置为：类型为路径，光圈1：颜色为白色、位置0%、透明度70%、亮度0%，光圈2：颜色为白色、位置100%、透明度100%、亮度100%，如图8-59中图所示。

(3) 叠加形成三维彩球：将球体、高光球体叠加，适当地调整球体和高光之间的位置关系，形成三维彩球，如图8-59右图所示。

图8-59 制作三维彩球

(4) 三维彩球堆叠：选择球体和高光球体，右键单击"复制"，再粘贴为图片。将图片缩小并复制多个，调整并堆叠这些小图片，如图8-60所示。

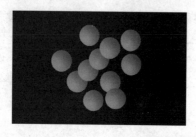 

图8-60 三维彩球堆叠

5. 月球之谜(5# 幻灯片)

(1) 插入一个矩形，无轮廓、黑色填充，调整其大小充满视图区域。将黑色背景月球图片叠加其上，如图8-61左图所示。

(2) 再插入一个矩形形状，作为蒙版。调整大小使其充满视图区域，设置该矩形为无轮廓、渐变填充：类型为线性、角度为0°。有三个光圈，颜色都是HSL(177，255，70)。光圈1：位置0%，透明度36%，光圈2：位置50%，透明度55%，光圈3：位置100%，透明度100%，如图8-61右图所示。

图8-61 插入月球图片及制作背景和蒙版

(3) 插入一个矩形形状，高2.5cm、宽14cm。编辑文字并输入"月球之谜"、黑体加粗、字号 54、白色，如图 8-63 左图所示。

设置该矩形为无轮廓，渐变填充：类型为线性、角度为 0°。有五个光圈，颜色都是白色，其他设置如图 8-62 所示。

	位置 /%	透明度 /%
光圈 1	0	100
光圈 2	30	80
光圈 3	50	55
光圈 4	70	75
光圈 5	100	100

图 8-62　光圈设置

(4) 插入星形形状，设置为无轮廓，渐变填充：类型为路径，光圈 1：颜色为白色、位置 0%、透明度 0%，光圈 2：颜色为白色、位置 75%、透明度 100%。复制四个这样的星形，调整适当的大小，放在合适的位置，如图 8-63 右图所示。

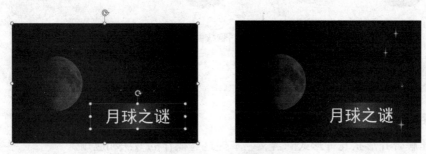

图 8-63　制作标题和闪烁的星星

6. 制作细胞模型图 (6# 幻灯片)

1) 制作细胞外形

在"插入"选项卡"插图"组，单击"形状"，选择"曲线"工具，绘制"细胞外形"。选择"细胞外形"，在"大小"组调整高为 3.7 厘米、宽为 5 厘米，如图 8-64 左图所示。

选择"细胞外形"，设置填充颜色为 RGB(255，230，120)。设置其轮廓颜色为 RGB(130，180，0)，轮廓为双实线、6.25 磅，并为其设置一种内阴影，如图 8-64 左 2 图所示。

插入一个椭圆作为高光形状，高 2.8 厘米、宽 4.2 厘米，设置其轮廓为"无线条"，如图 8-64 左 3 图所示。

选择椭圆，设置填充为"渐变填充"，类型为路径、角度 45°，光圈 1：颜色为白色、位置 0%、透明度 0%，光圈 2：颜色为白色、位置 100%、透明度 100%，如图 8-64 右图所示。

图 8-64　制作细胞外形

2) 制作细胞核

如图 8-65 左图所示，插入一个椭圆形状作为"细胞核"，高 2.2 厘米、宽 3 厘米。设置其轮廓为"无线条",填充为"渐变填充",类型为线性、角度为45°,光圈1:颜色RGB(200,90,20)、位置0%、透明度0%,光圈2:颜色RGB(50,10,0)、位置100%、透明度100%。

插入一个椭圆作为高光形状,高1.5厘米、宽2.4厘米,设置其轮廓为"无线条"。填充为"渐变填充",类型为路径、角度45°,光圈1:颜色RGB(250,210,135)、位置0%、透明度0%,光圈2:颜色RGB(145,45,0)、位置100%、透明度100%。

如图8-65中图所示,将以上两者叠加,形成细胞核形状。选择这个"细胞核",右键单击复制,并粘贴成图片。

如图8-65右图所示,调整该图片大小并与前边制作的"细胞外形"组合。还可以尝试将"细胞外形"或"细胞核"设置柔化边缘、阴影等方法,使其感观更好。

图8-65 制作细胞核并组合细胞模型

操作六 形状合并、图片对象

操作目标

(1) 理解合并形状几种形式的含义,掌握这些操作的方法和应用。
(2) 掌握使用图片及属性的设置。
(3) 掌握图片裁剪的操作及应用。

操作内容

新建一个空白的演示文稿。

1. 合并形状基础练习

1) 制作小松树

插入两个三角形、一个矩形,并按图8-66左图所示排列。选择两个三角形,在"格式"选项卡"插入形状"组,单击"合并形状"|"联合",形成如图8-66中图所示"小松树"的形象。调整层叠次序,并设置形状填充、轮廓及轮廓粗细,如图8-66右图所示。

图8-66 制作小松树形象

2) 制作花瓣

如图 8-67 左图所示，插入两个圆形形状，并叠加排列。选择两个圆形，在"格式"选项卡"插入形状"组，单击"合并形状"|"相交"，形成"花瓣"形象，如图 8-67 中图所示。设置"花瓣"填充颜色和轮廓颜色，如图 8-67 右图所示。

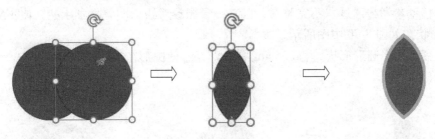

图8-67　制作花瓣形象

3) 制作云朵

如图 8-68 左图所示，插入五个椭圆形状，调整大小并堆叠成云朵形状。选择这五个椭圆形，在"格式"选项卡"插入形状"组，单击"合并形状"|"联合"。形成"云朵"形象，如图 8-68 中图所示。设置填充和轮廓，如图 8-68 右图所示。

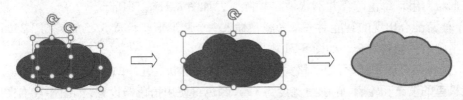

图8-68　制作云朵形象

4) 制作三角尺

如图 8-69 左图所示，插入一个"直角三角形"形状，高 7.8cm、宽 4.5cm。拖动复制该三角形，按 Shift 键，拖动并调整到合适大小，形成另一个较小的直角三角形。

将这两个直角三角形叠加。先选择大的直角三角形，然后再选择较小的三角形，如图 8-69 左 2 图所示。

在"格式"选项卡"插入形状"组，单击"合并形状"|"剪除"，形成"直角三角尺"的形象，如图 8-69 左 3 图所示。

选择"直角三角尺"，设置其三维格式顶部棱台为"圆形"，顶部棱台宽度 3 磅、高度 3 磅。设置其填充颜色、轮廓为"无线条"，如图 8-69 右图所示。

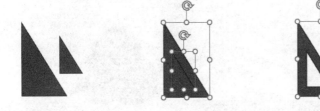

图8-69　制作三角尺

2. 制作太极鱼

(1) 视图准备：在"视图"选项卡"显示"组，选择"参考线"。然后再单击对话框启动器，打开"网格和参考线"对话框，选择"形状对齐时显示智能向导"。

(2) 插入一个"不完整圆"形状，宽 6.5cm、高 6.5cm，如图 8-70 左图所示。

(3) 移动参考线通过"不完整圆"圆心，参照参考线，调整附加手柄，使不完整圆成为半圆形状，如图 8-70 中图所示。

(4) 插入一个圆形形状，宽 3.25cm、高 3.25cm，使圆形在半圆左侧与其重合，如图 8-70 右图所示。

 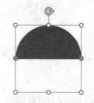 

图8-70　半圆形状与圆形对齐组合

(5) 注意配合出现的智能对齐参考线，先选择半圆形，再选择圆形。在"格式"选项卡"插入形状"组，单击"合并形状"|"剪除"，如图 8-71 左图所示。

(6) 注意配合出现的智能对齐参考线，插入一个圆形形状，宽 3.25cm、高 3.25cm，使圆形在半圆右侧与其重合，如图 8-71 中图所示。

(7) 选择半圆形和圆形，在"格式"选项卡"插入形状"组，单击"合并形状"|"结合"。设置太极鱼的填充和轮廓。轮廓线宽度为3磅，颜色可使用拾色器设置，如图 8-71 右图所示。

图8-71　通过"剪除""结合"操作制作太极鱼

3. 制作色彩三原色

(1) 插入一个等边三角形(图中为淡绿色)。再插入三个圆形，调整三个圆形形状的位置，使圆形与等边三角形的两个边相切，如图 8-72 左图所示。

(2) 删除等边三角形，选择剩下的三个圆形，如图 8-72 右图所示。

 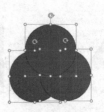

图8-72　使三个圆形形状对称排列

(3) 选择这三个圆形，在"格式"选项卡"插入形状"组，单击"合并形状"|"拆分"，如图 8-73 左图所示。

(4) 分别为拆分后各个区域设置填充颜色。选择所有区域，设置轮廓为"无线条"，如图 8-73 右图所示。

图8-73　拆分并设置区域中的填充颜色

4. 汉字拆分

(1) 插入一个文本框，输入汉字"你"。设置该文本字体为"楷体"、字号138。再插入任意一个形状（如：矩形），如图 8-74 左图所示。

(2) 选择文本框和矩形。在"格式"选项卡"插入形状"组，单击"合并形状"|"拆分"，如图 8-74 中图所示。

(3) 删除矩形。鼠标单击并拖动拆分后的笔画，如图 8-74 右图所示。

图8-74　将汉字拆分为笔画

思考：对于相连接的笔画，如"亻"，如何进一步拆分？

5. 图解 DNA 和 RNA 的区别

(1) 插入两个矩形，并互相叠加，如图 8-75 左图所示。

(2) 选择这两个矩形，在"格式"选项卡"插入形状"组，单击"合并形状"|"拆分"。矩形被拆分成三个部分，如图 8-75 右图所示。

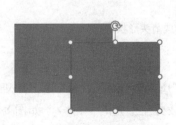 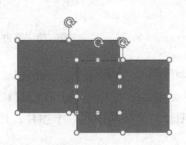

图8-75　插入两个矩形，叠加并拆分

(3) 为拆分后的三个形状填充不同的颜色，如图 8-76 左图所示。

(4) 插入文本框，为图解标注文字，如图 8-76 右图所示。

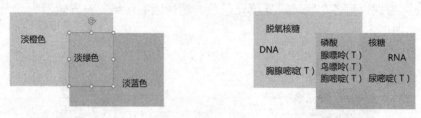

图8-76　填充颜色并标注文字

6. 制作渐变箭头

如图 8-77 左图所示，插入两个椭圆。先选择下边的椭圆，然后按 Ctrl 键单击选择上边的椭圆。在"格式"选项卡"形状样式"组，单击"合并形状"选择"剪除"，形成月牙形状，如图 8-77 左 2 图所示。

插入一个矩形，旋转该矩形角度、移动该矩形，遮挡月牙形的右下半部，如图 8-77 右 2 图所示。先选择月牙形，再选择矩形，使用上面的方法剪除月牙的右下半部分，如图 8-77 右图所示。

图8-77　通过"剪除"操作制作箭头尾部

如图 8-78 左图所示，再插入一个三角形，调整该三角形的旋转角度，将该三角形与月牙形状重叠为一体。

选择月牙形和三角形，在"格式"选项卡"形状样式"组，单击"合并形状"选择"联合"，形成箭头形状，如图 8-78 中图所示。设置箭头形状为无轮廓，并为它设置渐变填充，如图 8-78 右图所示。

图8-78　通过"联合"操作形成箭头形状

7. 图片裁剪、删除背景

(1) 如图 8-79 左图所示，在幻灯片上插入图片"唐菖蒲.jpg"，复制该图片形成两个相同的图片。选择其中的一个图片，使用裁剪功能裁剪左上角的一部分，如图 8-79 中图所示。

(2) 选择裁剪后的图片，在"格式"选项卡"调整"组单击"压缩图片"按钮，在出现的对话框中选择"使用文档分辨率"，然后单击"确定"按钮。

(3) 选择裁剪后的小图片，复制。插入一个圆形形状，用复制的小图片填充该圆形，设置该圆形的轮廓颜色、粗细，调整该圆形的裁剪框架和图片框架到合适的位置，如图8-79右图所示。

图8-79　图片局部裁剪并填充到圆形形状

(4) 选择另一个图片，在"格式"选项卡"调整"组，单击"删除背景"按钮，如图8-80左图所示。

粉红色，表示删除(不显示)的区域。拖动圆圈手柄调整矩形框，使要显示的内容在框架内。单击"标记要保留的区域"按钮，在已删除的地方(粉红的)划过，可将划过的地方保留。单击"标记要删除的区域"按钮，在未删除的地方(非粉红的)，可将划过的地方删除。单击"删除标记"按钮，在"+""-"号上单击，可以撤销"保留""删除"操作。操作完成后，单击"保留更改"，如图8-80中图所示。

适当地调整删除背景的图片、上面的圆形形状，组合在一起，如图8-80右图所示。可以选择这两个对象，复制并粘贴成图片，形成一个图片对象供使用。

图8-80　删除图片背景并与圆形形状组合

操作七　动画练习系列之一

操作目标

(1) 巩固基础操作及素材加工技能。
(2) 掌握添加动画、设置动画属性等基本操作技能。
(3) 理解关键术语的含义及应用。

操作内容

1. 封面页动画：美丽的小兴安岭

1) 图片处理

插入图片"小兴安岭素材场景.jpg"。沿如图8-81左图虚线所示，在图片上边经过明亮区域绘制任意多边形。绘制完成后如图8-81右图所示。

图8-81　绘制任意多边形

选择图片，再选择绘制的形状，使用合并形状的"剪除"功能，将图片上边剪除一部分，如图8-82左图所示。对图片做适当的裁剪并压缩图片，如图8-82右图所示。

图8-82　剪除图片上部，裁剪并压缩图片

2）制作渐变天空背景

适当地调整图片大小，充满画布下边。然后插入一个矩形，设置为无轮廓，调整大小充满画布上边区域，如图8-83左图所示。设置矩形为两光圈渐变填充，如图8-83右图所示。

为矩形设置渐变时，矩形与图片邻近部分光圈的颜色，使用取色器拾取图片上边具有代表性的部分，图8-83中所示光圈值仅供参考。

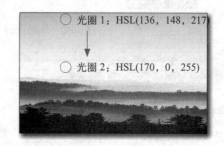

图8-83　制作渐变天空背景

3）标题文字及处理

插入文本框并输入文字标题"美丽的小兴安岭"，适当设置文字大小并设置颜色为深红色，如图8-84左图所示。

复制文本框并粘贴为图片，裁剪该图片使文字恰好充满裁剪区域，然后调整增加图片的高度，如图8-84右图所示。

图8-84　将标题文字保存为图片并调整高度

(1) 动画之一。

选择文字图片,在"动画"选项卡"高级动画"组中,单击"添加动画"按钮,添加"进入/缩放"动画效果。单击界面功能区左边的"预览"按钮,观察动画效果。下面对该动画效果的属性进行进一步调整。

在"动画"选项卡"高级动画"组中,单击"动画窗格"按钮,右侧会出现"动画窗格"对话框。在该对话框里是动画效果的列表,该动画效果前边的数字"1",表明该动画的开始选项是"单击时",如图 8-85 左图所示。

在"动画窗格"对话框中,选择刚刚添加的动画效果,在"动画"选项卡"动画"组,单击"效果选项"按钮,选择"幻灯片中心"。单击"开始"右侧列表,选择"与上一动画同时"、改变"持续时间"为 2 秒。

在"动画窗格"对话框中,动画效果前边的数字"1",变成了数字"0",表明该动画的开始选项是"与上一动画同时","0"也表明这是当前幻灯片的第一个动画,如图 8-85 右图所示。

在"幻灯片放映"选项卡"开始放映幻灯片"组中,单击"从当前幻灯片开始"按钮,播放幻灯片,观察动画效果。

开始选项为"单击时"　　　　　　　　开始选项为"与上一动画同时"

图8-85　调整动画的"开始"选项和"持续时间"

(2) 动画之二。

复制当前幻灯片。在新复制的幻灯片中,按 Ctrl 键,拖动调整文字图片,使图片超越画布变得很大,如图 8-86 左图所示。

更改原来的动画效果:在"动画窗格"对话框中,选择文字图片原来的动画效果,然后在"动画"组的动画效果库中,选择"进入/飞入"动画效果。

再添加一个动画效果:选择文字图片,在"动画"选项卡"高级动画"组中,单击"添加动画"按钮,添加"强调/(放大/缩小)"动画效果。

在"动画窗格"对话框,选择上述两个动画,单击该对话框上面的"播放所选项"按钮，观察播放的效果。

单击状态栏右侧的"幻灯片放映"按钮，可以从当前幻灯片播放。由于上述两个刚刚插入的动画，开始选项默认都是"单击时"，所以播放幻灯片时，要单击两次鼠标才会播放这两个动画。

选择动画"飞入"，将开始选项设置为"与上一动画同时"，持续时间为 0.5 秒。选择动画"放大/缩小"，单击"动画"组的对话框启动器，会打开动画属性窗口。

在打开的动画属性窗口中：在其效果选项卡，设置尺寸为"微小 (25%)"。在其计时选项卡，设置其开始选项为"上一动画之后"（这个设置与面板上的开始选项设置相同），设置持续时间为 0.5 秒。

设置完成后，"动画窗格"对话框中的高级日程表如图 8-86 右图所示。播放该幻灯片，观察效果。

 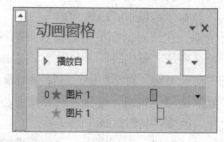

图8-86　添加"飞入"然后"缩小"动画效果

2. 封面页动画：长方形和正方形

1）插入对象

插入文本框并输入"长方形和正方形"，字体为"黑体"、字号为 36、加粗。

插入文本框并输入"人教版小学数学 三年级上册"，字体为"黑体"、字号为 24。

插入矩形形状并输入"7"。设置高 2.6cm、宽 2.6cm。字体为"黑体"、字号为 54、加粗。在"设置形状格式"对话框中设置：线条为白色、复合类型为"由粗到细"、宽度为 15 磅。

插入一个线条，粗细为 2.25 磅，适当地调整长度。

插入矩形形状，适当地调整其宽、高，放在最下边，如图 8-87 左图所示。

调整布局：调整各个对象位置，如图 8-87 右图所示。

图8-87　插入对象并调整位置

2) 对象命名

在"格式"选项卡"排列"组，单击"选择窗格"，打开"选择"窗口。在该窗口将形状"7"和线条组合并命名为"课序号"。文本框"长方形和正方形"命名为"课标题"。文本框"人教版小学数学 三年级上册"命名为"教材信息"，如图8-88左图所示。

3) 添加动画

为"课序号"添加"进入/飞入"动画效果，方向"自左侧"、开始选项为"与上一动画同时"、持续期间"非常快(0.5秒)"。

为"课标题"添加"进入/上浮"动画效果，开始选项为"上一动画之后"、期间"快速(1秒)"。

为"教材信息"添加"进入/下浮"动画效果，开始选项为"与上一动画同时"、期间"快速(1秒)"。"动画窗格"对话框中高级日程表如图8-88右图所示。

4) 播放幻灯片

播放幻灯片，观察动画效果。

 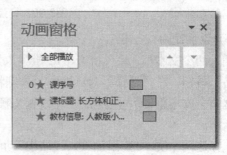

图8-88　为对象命名并添加动画

3. 我会读

(1) 设置幻灯片大小：在"设计"选项卡"自定义"组，单击"幻灯片大小"按钮，设置幻灯片大小为16∶10。

(2) 简单的背景布置。

插入一个矩形，设置高为10厘米、宽为16厘米。再插入并复制一些椭圆，放在矩形下边。调整这些椭圆与矩形的关系，如图8-89左图所示。

选择这些椭圆，使用合并形状功能将它们联合。联合后的形状再和矩形做拆分操作，删除多余的形状，如图8-89右图所示。

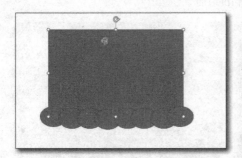 

图8-89　背景布置

选择上面的形状，在"颜色"窗口设置填充颜色为RGB(0，255，255)，然后改变颜色模式为HSL模式，调整颜色亮度为L(210)。

选择下面的形状，在"颜色"窗口设置填充颜色为RGB(0，255，0)，然后改变颜色模式为HSL模式，调整饱和度为S(150)，调整亮度为L(160)，如图8-90左图所示。

将上面的形状置于顶端，适当地调整下边形状的高度。将这两个形状轮廓设置为"无"，然后组合这两个形状。调整组合后的形状充满整个画布作为背景，如图8-90右图所示。

图8-90　设置背景填充颜色

(3) 添加动画。

插入两个文本框，输入拼音字母"i""e"。在"格式"选项卡"排列"组中，单击"选择窗格"按钮，在"选择"对话框中，分别将这两个文本框命名为"字母i""字母e"。调整这两个文本框的大小、位置，先设置为预设的艺术字样式，再改变填充颜色，如图8-91左图所示。

选择这两个文本框，添加"进入/淡出"动画效果，设置开始选项都为"与上一动画同时"、持续时间1秒，调整"字母i"的动画效果是第一个动画。

选择这两个文本框，添加"强调/波浪形"动画效果，设置开始选项都为"上一动画之后"、持续时间0.5秒。

在"动画窗格"对话框中，选择后两个动画效果，单击动画效果右边的下拉按钮，在下拉菜单中选择"效果选项"，打开动画属性窗口。在该窗口中，设置动画效果的声音为"箭头"。播放或预览幻灯片，观察一下效果。

选择"字母i"，添加"动作路径/向右"动画效果。设置该动画效果开始选项为"单击时"、持续时间2秒、声音选项为"箭头"。

选择该动画效果，在幻灯片上，用鼠标单击并拖动路径终点，使"字母i"移动到终点位置时，恰好与"字母e"构成"ei"这样的组合。

图8-91　插入文本添加动画及声音效果

高级日程表如图 8-92 右图所示。播放或预览幻灯片，观察一下效果。

图8-92 "我会读"高级日程表设置

4. 加法动画：3+1=4

1) 插入并设置对象

如图 8-93 左图所示，插入"苹果.jpg"图片，调整图片大小，拖动复制形成四个苹果图片。其中左边三张图片组合并命名为"三个苹果"，右边的图片命名为"一个苹果"。

插入文本框，输入"3+1="，文本颜色为"黑色"、字号为 80，然后命名为"3+1="。再插入一个矩形形状，为该矩形编辑文字并输入"4"，命名为"和"，字号为 80，并设置其为水平、垂直居中。

设置文本框"和"的边框颜色也为黑色、2.25 磅。设置其填充和字体颜色为较浅的暖颜色（此时，因为文本和背景颜色相同，看不到文本）。适当地调整其大小，最后幻灯片效果如图 8-93 左图所示，选择窗口如图 8-93 右图所示。

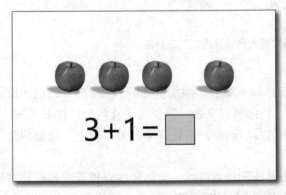

图8-93 插入对象并重新命名

2) 为对象添加动画

选择组合"三个苹果"，在"动画"选项卡"高级动画"组中，单击"添加动画"按钮，为该对象添加"进入/飞入"动画。

在"动画窗格"对话框中双击动画效果，会打开动画属性窗口。在该窗口"效果"选项卡中，设置方向为"自左侧"、平滑结束为"1 秒"、声音为"风铃"。单击"计时"选项卡观察其默认设置，此时开始为"单击时"、期间为"快速（1 秒）"。

同样，为图片"一个苹果"设置相同的动画效果，不同的是其方向为"自右侧"。

选择文本框"和",在"动画"选项卡"高级动画"组中,单击"添加动画"按钮,为该对象添加"强调/字体颜色"动画。在"动画窗格"对话框中,双击该动画效果,在打开的动画属性窗口中,设置字体颜色为"红色"、声音为"鼓声"。高级日程表如图 8-94 所示。播放这张幻灯片,观察效果。

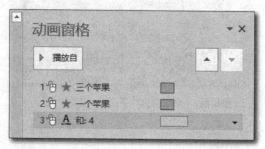

图8-94 "加法动画"高级日程表设置

5. 移动的风车

(1) 制作风车。

插入一个菱形,再插入并复制四个直角三角形,调整到适当大小并使直角三角形的直角边等于菱形对角线的一半,如图 8-95 左图所示。将这些形状拼成风车形象,设置填充颜色,然后组合在一起,如图 8-95 中、右图所示。

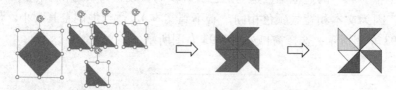

图8-95 插入形状并拼制风车形象

(2) 添加动画。

将风车组合放在幻灯片左侧,选择风车组合,添加"强调/陀螺旋"动画,设置该动画为"单击时"、360°逆时针旋转、持续时间 2 秒、重复为"直到幻灯片末尾"。

再为风车组合添加"其他路径/向右"动画,设置该动画为"与上一动画同时"、持续时间 5 秒、平滑时间都为 0 秒。

选择风车组合的路径动画,单击并拖动动画终点,将路径终点放置在幻灯片右侧,适当地调整该动画路径终点的位置,如图 8-96 左图所示。动画的高级日程表如图 8-96 右图所示。

(3) 播放幻灯片,观察效果。

6. 模拟演奏

(1) 制作琴键。

插入一个圆角矩形,设置高为 5.6 厘米、宽为 0.8 厘米,填充为白色、无轮廓。选择该圆角矩形,在"设置形状格式"选项卡设置三维格式:顶部棱台宽 1.5 磅、高 1.5 磅。光源为"中性-强烈"。复制该圆角矩形,形成九个相同的形状。

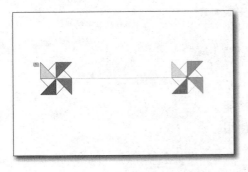
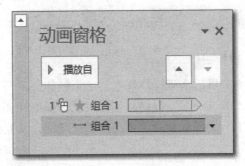

图8-96　为风车添加动画

再插入一个圆角矩形，设置高4厘米、宽0.7厘米，填充为RGB(38，38，38)、无轮廓。选择该圆角矩形，在"设置形状格式"对话框设置三维格式，顶部棱台高4.5磅、宽9.5磅，光源为"中性-强烈"。复制该圆角矩形，形成六个相同的形状。

如图8-97所示，排列这些形状组成钢琴按键形象。选择该图中标示"c1"的圆角矩形，在选择窗口，将其命名为"白键c1"。同样，为其他带有标识的圆角矩形命名。

（2）添加动画。

选择"白键c1"，添加"强调/(放大/缩小)"动画。选择该动画，设置持续时间为0.2秒，设置效果选项尺寸为98%、选择"自动翻转"，设置触发器为c1。

其他白键的动画是与"白键c1"一样的，因此可以使用"动画刷"。选择"白键c1"动画效果，在"高级动画"组中，双击"动画刷"，然后在带有标识的白键上分别单击，就会将"白键c1"的动画，粘贴到这些白键上。

（3）为动画添加声音。

选择"白键c1"动画效果，在效果选项中选择"声音/其他声音"，在"添加音频"对话框中，选择"钢琴c1.wav"音频文件。使用同样的方法，为其他白键添加声音。

（4）动画效果的高级日程表如图8-98所示。播放该幻灯片，点击带有声音的白键，观察效果。

图8-97　使用形状制作钢琴琴键形象

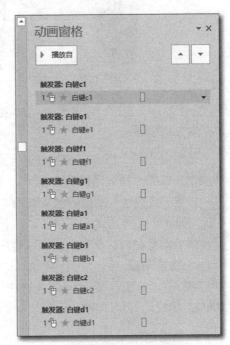

图8-98　高级日程表

操作八　动画练习系列之二

操作目标

(1) 巩固基础操作及素材加工技能。
(2) 进一步掌握动画属性设置等基本操作技能。
(3) 掌握触发器、自动翻转选项的含义及使用。

操作内容

新建一个空白的演示文稿。

1. 植物根尖结构

1) 素材准备

如图 8-99 所示，插入图片"植物根尖 .jpg"（左图）。使用任意多边形绘制根冠区域形状（中图），再使用同样的方法，绘制其他区域的形状（右图）。将绘制的这四个形状，按从上向下的次序命名为"一区""二区""三区""四区"。

如图 8-99 右图所示，插入括号形状和文本框并输入文字。将对应的括号形状组合，并分别命名这四个组合为"成熟区""伸长区""分生区""根冠"。

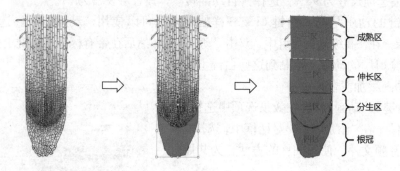

图8-99　插入图片并绘制形状及标注

2) 添加动画

选择以上四个组合，添加"进入/淡出"动画。设置这些动画持续时间为 2 秒，效果选项中，设置"播放动画后隐藏"。

设置"成熟区"动画的触发器为"一区"，"伸长区"动画的触发器为"二区"，"分生区"动画的触发器为"三区"，"根冠"动画的触发器为"四区"。

播放幻灯片时，单击某区域，对应的括号和文字就会出现。

3) 播放动画

将一区、二区、三区、四区这四个绘制的形状，设置为无轮廓、填充透明度设置为 100%。播放幻灯片，观察效果。

2. 简谐运动

1) 制作斜面及小球

插入一个直角三角形，设置为无轮廓、填充为图片纹理"栎木"。复制这个直角三角形,将复制的三角形水平翻转。

插入一个圆形形状,设置宽 1.14 厘米、高 1.14 厘米、无轮廓、形状填充 RGB(143,170,220)。在"设置形状格式"选项卡中设置三维格式,顶部棱台宽 16 磅、高 16 磅,光源为"中性 - 柔和"。插入一个矩形作为背景,设置为黑色形状填充。将斜面、小球、背景按如图 8-100 所示进行排列。

图8-100　制作斜面和小球

2) 添加路径动画

选择"小球",再添加"其他路径 / 向下弧线"。单击拖动动画路径终点到右侧对称位置,如图 8-101 所示。

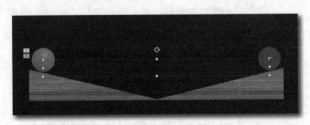

图8-101　为"小球"添加路径动画

右键单击路径,选择"编辑顶点",会看到路径上有三个顶点。删除两边的顶点,保留中间的顶点。然后单击拖动中间的顶点,配合调整切线手柄,使小球圆心与中间顶点的连线与斜面平行,如图 8-102 所示。

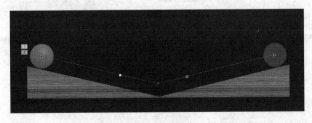

图8-102　编辑路径顶点

设置动画计时选项:开始为"与上一动画同时"、持续时间 2 秒、重复为"直到下一次单击"。

设置动画效果选项:平滑开始 1 秒、平滑结束 1 秒。此时注意,"自动翻转"选项没有选择。播放幻灯片,观察效果。

3) 自动翻转选项

选择"自动翻转"选项,重新播放幻灯片观察效果。

3. 平移

(1) 插入一个 11 行 26 列的表格：单元格宽 0.8cm、高 0.8cm。无底纹、边框为深灰色致密方点虚线。

(2) 如图 8-103 所示，插入八个文本框，并输入①、②、③、A、B、C、D、E。

在①右侧插入一个三角形和一个矩形，填充为白色、透明度 100%、轮廓线宽 1 磅。将这两个形状组合构成"小房图"形象。然后复制这个组合，将其中一组设置为虚线轮廓。另一组实线组合，命名为"小房图"并置于顶层。

在②右侧插入两个三角形，填充为"白色"、透明度 100%、轮廓线宽 1 磅。将这两个三角形组合构成"金鱼图"形象。然后复制这个组合，将其中一组设置为虚线轮廓。另一组实线组合，命名为"金鱼图"并置于顶层。

在③左侧插入一个三角形和一个箭头五边形，填充为"白色"、透明度 100%、轮廓线宽 1 磅。通过顶点编辑，将"箭头五边形"调整为图 8-103 所示的形状。将这两个形状组合构成"火箭图"形象。然后复制这个组合，将其中一组设置为虚线轮廓。另一组实线组合，命名为"火箭图"并置于顶层。

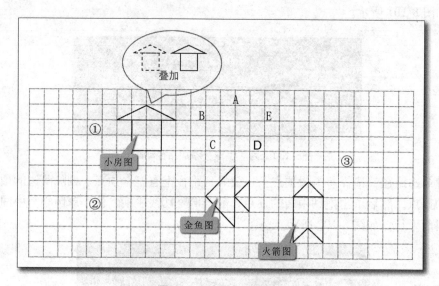

图8-103 制作动画形象

(3) 为"小房图"添加"自定义路径/向右"动画效果。

拖动该路径终点，使该终点与图 8-104 所示位置重合。设置该动画效果触发器为"通过单击/小房图"。设置该动画效果开始平滑、结束平滑为 0 秒。设置该动画效果期间为 2 秒。

(4) 为"金鱼图"添加"自定义路径/向左"动画效果。

拖动该路径终点，使该终点与图 8-104 所示位置重合。设置该动画效果触发器为"通过单击/金鱼图"。设置该动画效果开始平滑、结束平滑为 0 秒。设置该动画效果期间为 2 秒。

(5) 为"火箭图"添加"自定义路径/向上"动画效果。

拖动该路径终点，使该终点与图 8-104 所示位置重合。设置该动画效果触发器为"通过单击/火箭图"。设置该动画效果开始平滑、结束平滑为 0 秒。设置该动画效果期间为 2 秒。

(6) 动画效果起止位置如图8-104所示。播放该幻灯片，观察效果。

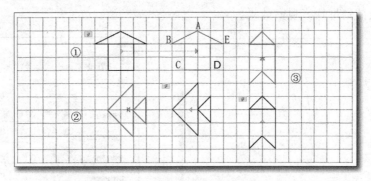

图8-104 添加动画并调整动画终点位置

4. 单摆

(1) 插入一个圆形形状，作为单摆的"摆球"，宽和高均为0.5cm、填充和轮廓都是黑色。再插入一个线条，作为单摆的"摆线"，设置线条颜色为黑色。使线条下端与椭圆形状垂直对齐，如图8-105左图所示。

(2) 选择"摆线"和"摆球"，组合并命名为"单摆"。右键单击"单摆"，在弹出的快捷菜单中选择"设置形状格式"，打开"设置形状格式"对话框。在该对话框中，单击"形状选项"，再单击"大小和属性"按钮。在"大小"下拉菜单中调整旋转为5°，如图8-105右图所示。

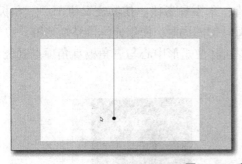 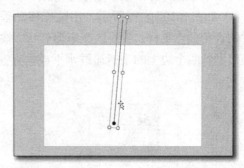

图8-105 制作单摆形象

(3) 选择"单摆"，添加"强调/陀螺旋"动画。单击"动画"选项卡"动画"组的对话框启动器，打开动画效果的属性设置窗口。

在效果选项卡中，设置数量为"逆时针10°"、平滑开始0.3秒、平滑结束0.3秒，选择"自动翻转"选项。在计时选项卡，设置开始为"单击"、期间为"1秒"、重复为"直到下一次单击"。

(4) 播放该幻灯片，观察效果。

(5) 双击"单摆"组合内部的线条，选择该线条。设置该线条为渐变填充：线性、90°。有两个光圈，都是黑色，光圈1透明度为100%，光圈2透明度是0%，两个光圈的位置都是50%。这时，"单摆"只能看到下半部分的显示，如图8-106左图所示。

(6) 插入一个矩形，放在可视部分的顶端，作为"单摆"的附着物。该矩形线条为黑色，填充为图案填充"对角线：浅上色对角"。调整该矩形在"摆线"上端。

(7) 播放该幻灯片，观察效果。

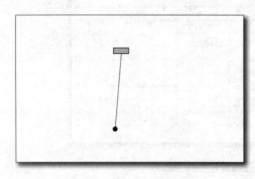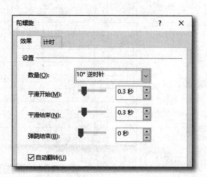

图8-106　添加动画并设置摆线属性

5. 图形的运动

(1) 在幻灯片上插入一个11行14列的表格，设置其框为蓝色、1磅。再插入"三角板"图片，如图 8-107 左图所示。

(2) 插入一个矩形形状，设置宽和高相等(即为正方形)，并且其宽和高长度是"三角板"直角边的两倍以上。

(3) 在"视图"选项卡"显示"组中单击对话框启动器，打开"网格和参考线"对话框。在该对话框中，打开"显示绘图参考线"。

(4) 如图 8-107 右图所示，用鼠标移动垂直、水平参考线，使其交叉点与"三角板"图片的直角顶点重合。然后选择矩形形状，按 Ctrl 键的同时，使用光标调整矩形形状位置，使矩形形状四个边上的手柄通过水平或垂直参考线(使矩形中心与三角板直角顶点重合)。

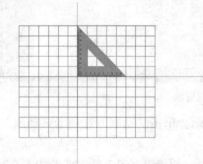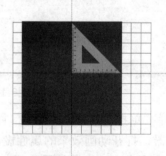

图8-107　插入表格、三角尺、正方形并调整位置

(5) 选择矩形形状和"三角板"图片并组合，命名该组合为"矩形三角板"，如图 8-108 左图所示。

(6) 选择组合"矩形三角板"，添加"强调、陀螺旋"动画。设置该动画的效果选项：数量为"90°顺时针"、开始为"单击时"、期间为"中速(2 秒)"。

与以上操作相同，选择组合"矩形三角板"，添加三次相同的动画效果。高级日程表如图 8-108 右图所示。

(7) 播放幻灯片，动画效果为：每单击一次鼠标，"矩形三角板"就会顺时针旋转90°。单击四次后，"矩形三角板"回到原来的位置。

(8) 选择矩形形状，设置其无填充、无轮廓。此时看不到矩形形状。再次播放幻灯片，观察效果。

图8-108　为"矩形三角板"添加动画

6. 三角形面积

(1) 插入一个"等腰三角形"。调整附加手柄，将等腰三角形变为任意三角形，命名为"静止三角形"，如图 8-109 左图所示。将这个三角形再复制出两个，一个命名为"动画三角形"，另一个命名为"参考三角形"(参考三角形填充为淡橙色)，如图 8-109 右图所示。

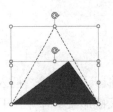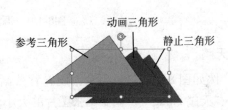

图8-109　插入并复制三角形、重新命名

(2) 将"静止三角形"和"动画三角形"重合叠放。选择这三个三角形，设置其线条的线端类型为"圆"、连接类型为"圆角"。

(3) 打开"网格和参考线"对话框，选择"形状对齐时显示智能向导"。将"参考三角形"旋转180°，移动"参考三角形"，使"参考三角形"与"静止三角形"拼合成平行四边形。拼合时注意使用"Ctrl+ 光标键"，使两部分相接处线条部分完全吻合。

(4) 标定"参考三角形"的中心：打开参考线，按 Alt 键的同时拖动参考线，使两条参考线交叉点处于"参考三角形"的中心，如图 8-110 所示。

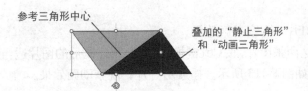

图8-110　调整三角形位置并添加动画

(5) 选择"动态三角形",为其添加三个动画。

动画1:"动作路径|向上",开始为"单击时",速度为"中速"。

动画2:"强调|陀螺旋",开始为"上一动画之后",数量为"180°逆时针",速度为"中速"。

动画3:"动作路径|向下",开始为"上一动画之后",速度为"中速"。

(6) 移动动画1动作路径的终点到"动画三角形"上方的适当位置。移动动画3的动作路径起点,与动画1的动作路径终点重合。移动动画3的动作路径终点到"参考三角形"的中心,如图8-111所示。

(7) 删除"参考三角形",播放幻灯片,观察效果。

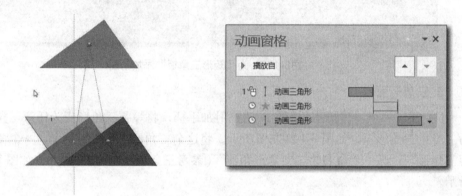

图8-111 调整动画路径

7. 天鹅

(1) 按如图8-112左图所示,设置背景渐变填充(模拟天空背景)。插入图片"天鹅1.png""天鹅2.png"。调整两张图片的大小、位置,使天鹅形象重合并置于左下角。

(2) 选择这两张图片,添加"强调/闪烁"动画。在"动画窗格"对话框中同时选择这两个动画效果,在"计时选项"对话框设置:开始为"与上一动画同时"、期间为"非常快(0.5秒)"、重复为"直到幻灯片末尾"。

(3) 选择第1个动画效果,设置其延迟为0.25秒。这时,如果播放该幻灯片,会看到天鹅在原地扇动翅膀。

(4) 选择这两张图片,再添加"自定义路径"动画效果。用鼠标单击图片中心位置,确定路径起点。然后再依次画出倾斜向上的动画路径,注意路径终点在幻灯片区域外侧,如图8-112右图所示。

设置这两个动画效果的开始为"与上一动画同时"、持续时间为8秒、平滑开始和平滑结束都为0秒。

(5) 播放该幻灯片,观察动画效果。

(6) 同时选择这两张图片,按Ctrl键拖动复制,将复制后的图片适当地调整大小和位置。如此再复制两组,如图8-113所示。播放幻灯片,观察动画效果。

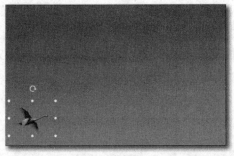 

图8-112 插入"天鹅"图片并添加动画效果

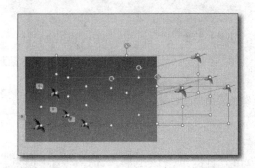 

图8-113 复制形成多组动画

8. 写字

(1) 插入文本框，输入"大"字，设置为"楷体"、红色、字号为240。

插入一个任意多边形(任意多边形1)，该任意多边形恰好将第一笔"横"遮挡。绘制该任意多边形时，注意上、下边缘与"横""撇"交叉处的关系。同样，插入另一个任意多边形(任意多边形2)，恰好将最后一笔"捺"遮挡，如图8-114左图所示。

(2) 先选择文本框"大"，然后选择两个任意多边形。在"格式"选项卡"插入形状"组中，单击"合并形状/拆分"。这时文本框"大"被拆分成三个笔画，如图8-114右图所示。

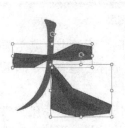 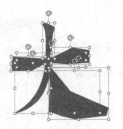

图8-114 插入文字并拆分为笔画

(3) 拆分后，选择并删除多余的形状，剩下"横""撇""捺"三个笔画。其中"撇"是由被分开的两部分组成，选择这两部分，使用"合并形状/结合"功能合并为一个形状。如图8-115左图所示。将这三个笔画分别命名为"第一笔""第二笔""第三笔"。

(4) 为"第一笔"添加动画效果：进入｜擦除｜自左侧｜单击时｜中速2秒。为"第

二笔"添加动画效果:进入|擦除|自顶部|上一动画之后|中速2秒。为"第三笔"添加动画效果:进入|擦除|自顶部|上一动画之后|中速2秒。

在动画效果列表中(见图8-115右图),拖动橙色时间条,在每个动画之间适当地加入延迟时间。

(5) 播放该幻灯片。观察效果。

图8-115　为汉字笔画添加动画效果

9. 排水法测量体积

(1) 插入一个圆角矩形,高 5cm、宽 3.7cm。右键单击该矩形,选择"编辑顶点",选择上边右侧的顶点向右拖动,形成量杯右边缘的形状,用同样的方法形成量杯左边缘的形状,如图 8-116 左图所示。设置量杯形状为无填充、轮廓为黑色。利用线段制作量杯的刻度,组合以后放在合适的位置,如图 8-116 右图所示。

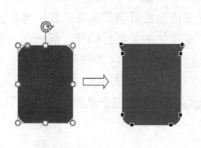
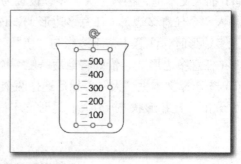

图8-116　制作量杯形象及刻度

(2) 插入一个矩形,命名为"水",宽度和量杯相同、无轮廓、填充透明度为40%。位置在量杯下部,其上缘与刻度200位置重合,其下缘在量杯下边有一定的延伸,如图8-117左图所示。

(3) 插入一个矩形作为遮挡蒙版。复制一个量杯,使用剪除功能在遮挡蒙版上边剪出量杯底部的形状。遮挡蒙版的作用是:将其放在量杯下边与量杯形状吻合时,会遮挡住矩形(水)在量杯以外的部分,如图 8-117 左图所示。

(4) 插入图片"梨.jpg",命名为"梨"。调整其大小,尝试将其放在杯底部时其上缘比刻度"450"处略低。然后将其放在量杯正上方,如图 8-117 右图所示。

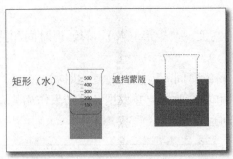 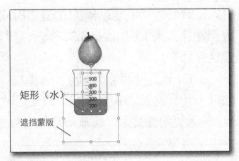

图8-117 插入矩形(水)并制作遮挡蒙版

(5) 设置遮挡蒙版填充为白色、无轮廓。移动该遮挡蒙版，使之与量杯吻合。调整遮挡蒙版时，如果量杯外缘轮廓被遮挡，可微调整遮挡蒙版的宽度。可以通过播放该张幻灯片观察吻合情况，进行细微调整。

(6) 添加动画。

为"梨图片"添加"自定义路径/向下"动画，开始为"单击时"、期间为5秒。按Shift键，拖动鼠标调整动画路径终点，使"梨"图片下缘恰好处于量杯底缘。

为"矩形（水）"添加"自定义路径/向上"动画，开始为"从上一项开始"。同样调整其动画路径终点，使"矩形（水）"上缘与刻度450处重合。

在"动画窗格"对话框中，设置以上两个动画的"平滑开始""平滑结束"都为0秒。设置两个动画的触发器都是通过单击"梨图片"。动画效果高级日程表如图8-118所示。

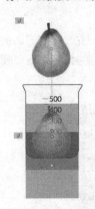 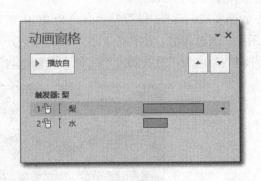

图8-118 添加动画并设置动画属性

(7) 计算并设置"矩形（水）"动画的延迟时间和持续时间。

在"视图"选项卡"显示"组中，单击"参考线"，移动光标到参考线上，当光标变为"等号上下箭头"时，按Ctrl键+按左键并拖动，释放鼠标后会复制一条参考线。如此重复，得到三条参考线。

如图8-119左图所示，拖动移动参考线位置，参考线1对齐"梨图片"下缘，参考线2对齐刻度200处，参考线3对齐量杯底缘。插入线条L1为参考线1与参考线2之间的长度，插入线条L2为参考线2与参考线3之间的长度。

当"梨图片"从参考线1下缘，移动到参考线2(水面)时，"矩形（水）"开始向上移动。

因此，这段时间是"矩形（水）"的延迟时间。

分别选择线条 L1 和线条 L2，读取它们的高度。"矩形（水）"的延迟时间和持续时间可以这样计算：

$$S(\text{延迟时间})=5(\text{秒})\times L1/L2 \quad \text{持续时间}=5(\text{秒})-S(\text{延迟时间})$$

按以上计算设置"矩形（水）"的延迟时间和持续时间，并根据计算结果作相关设置。

（8）输入说明性文字，播放幻灯片，观察动画效果。

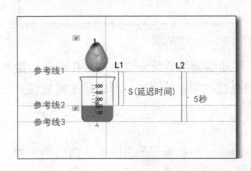
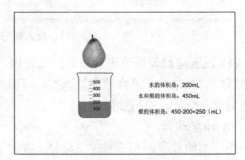

图8-119 计算"矩形(水)"的延迟时间

10. 动画练习：时钟

（1）在"视图"选项卡"显示"组中单击对话框启动器，打开"网格和参考线"对话框。在该对话框中，选择"对像和网格对齐""屏幕上显示网格""显示智能向导"这三个选项，设置网格间距为 0.2cm。

（2）如图 8-120 所示，设置背景颜色为 RGB(157，195，230)。插入图片"时钟 1.png"，选择该图片，通过裁剪，使其上、下、左、右边距对称。设置该图片样式为"映像圆角矩形"，并将其命名为"时钟图片"，放在左侧适当的位置。

图8-120 插入图片并命名

（3）制作时针。

如图 8-121 左图所示，插入"五边形"形状，设置其高 4cm、宽 6cm，放在幻灯片右侧，使该形状与网格对齐。编辑该"五边形"顶点，调整其顶点位置。

设置该"五边形"形状样式为"强烈效果 - 黑色，深色 1"。调整其高 0.3cm、宽 2.1cm，并将其命名为"时针"。上述操作过程如图 8-121 所示。

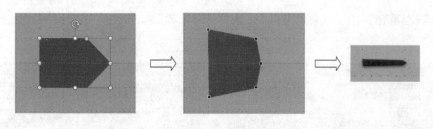

图8-121 制作时针

(4) 制作分针。

如图 8-122 所示,插入"矩形"形状,设置其高 4cm、宽 6cm。放在幻灯片右侧,使该形状与网格对齐。编辑该"矩形"顶点,调整其顶点位置。

设置该"矩形"形状样式为"强烈效果 - 黑色,深色 1"。调整其高 0.15cm、宽 3.2cm,并将其命名为"分针"。

图8-122 制作分针

(5) 制作秒针和轴帽。

如图 8-123 所示,插入"矩形"形状,设置其高 0.1cm、宽 5cm。放在幻灯片右侧,使该形状与网格对齐。设置形状样式为"强烈效果 - 黑色,深色 1",并将其命名为"秒针"。

插入一个椭圆形状,宽 0.4cm、高 0.4cm。填充色为深灰色、轮廓为黑色、顶部棱台为"柔圆"。将其放在时钟中心,作为"轴帽"。

图8-123 制作秒针和轴帽

操作提示:编辑顶点时,可按 Ctrl 键 + 滚动鼠标,放大视图。这样可更准确地调整顶点位置。调整完成后,再使视图恢复合适的大小。

(6) 在"视图"选项卡"显示"组中单击对话框启动器,打开"网格和参考线"对话框。在该对话框中,关闭"对象和网格对齐"、关闭"屏幕上显示网格"。设置"显示智能向导"、设置"显示绘图参考线"。

(7) 放大视图。按 Alt 键的同时,用鼠标移动垂直、水平参考线,使其交叉点与"时钟图片"中心圆的圆心重合,如图 8-124 左图所示。移动"时针",使之与水平参考线对称,并指向九点,其右边线与垂直参考线重合,如图 8-124 右图所示。

(8) 插入一个椭圆形状,设置为"无填充颜色",宽、高为 6cm,并命名为"时针圆"。移动该"时针圆",使之边线上的手柄与水平或垂直参考线对齐(这样确保"时针圆"与"时钟图片"圆心重合）。在"选择"窗口中，选择"时针圆"和"时针"进行组合，并命名为"组合时针"。

图8-124　制作"组合时针"

（9）如图 8-125 左图所示，移动"分针"，使之与垂直参考线对称，并指向 12 点，其下边线与水平参考线重合。

插入一个椭圆形状，设置为"无填充颜色"，宽、高为 7cm，并命名为"分针圆"。移动该"分针圆"，使之边线上的手柄与水平或垂直参考线对齐（这样确保"分针圆"与"时钟图片"圆心重合）。在"选择"窗口，选择"分针圆"和"分针"进行组合，并命名为"组合分针"。

（10）如图 8-125 右图所示，移动"秒针"，使之与垂直参考线对称，并指向 12 点，其下边线在水平参考线下边的适当位置。

插入一个椭圆形状，设置为"无填充颜色"，宽、高为 8cm，并命名为"秒针圆"。移动该"秒针圆"，使之边线上的手柄与水平或垂直参考线对齐（这样确保"秒针圆"与"时钟图片"圆心重合）。在"选择"窗口中，选择"秒针圆"和"秒针"进行组合，并命名为"组合秒针"。

图8-125　制作"组合分针""组合秒针"

（11）移动"轴帽"，使"轴帽"与"时钟图片"的圆心重合。

（12）在"选择"窗口中，分别选择"时针圆""分针圆""秒针圆"，设置为"无轮廓"。拖动选择幻灯片上所有的对象，移动到幻灯片中央对称合适的位置，如图 8-126 左图所示。

（13）设置动画。

为"组合时针"设置动画：强调 | 陀螺旋。开始为"单击时"、方向为"5°顺时针"、持续时间 10:00 秒（10 分钟），重复为"直到下一次单击"。

为"组合分针"设置动画：强调|陀螺旋。开始为"与上一动画同时"、方向为"60°顺时针"、持续时间为 10:00 秒 (10 分钟)、重复为"直到下一次单击"。

为"组合秒针"设置动画：强调|陀螺旋。开始为"与上一动画同时"、方向为"360°顺时针"、持续时间为 60 秒、重复为"直到下一次单击"。

(14) 动画效果的高级日程表如图 8-126 右图所示，播放幻灯片，观察效果。

图8-126　添加动画并设置动画属性

(15) 复制以上完成的幻灯片，旋转时针组合、分针组合或秒针组合，可以形成不同的时间指示。

操作九　综合操作实践与探索

操作目标

(1) 通过探索性学习，掌握在幻灯片中插入图片的多种方法。
(2) 尝试使用 PPT 提供的录屏功能录制屏幕视频，探索灵活使用音频、视频对象。
(3) 探索使用画笔功能、将字体嵌入文件及演示文稿打包等功能的使用方法。
(4) 提高自我探索学习软件使用方法、技巧的能力。

操作内容

1. 插入图片的不同方法

在幻灯片中插入图片，一般是在"插入"选项卡，单击"图片"命令按钮，选择一个图片文件即可插入一张图片。另外，还可以尝试使用下面的方法在幻灯片中插入图片。

(1) 按 Print Screen 键，可将桌面以图片形式复制到剪贴板，然后在幻灯片上粘贴，将整个桌面以图片形式插入到幻灯片中。或者按 Alt+Print Screen 组合键，可以将活动的程序窗口以图片的形式复制到剪贴板，然后在幻灯片上粘贴，将活动程序窗口显示的内容以图片形式粘贴到幻灯片中。

(2) 在其他程序窗口，比如 Photoshop、某些 PDF 文件阅读器中复制选定的区域，也可粘贴到幻灯片中。

(3) 使用 PowerPoint 2016 屏幕截图功能：在"插入"选项卡"图像"组中，单击"屏幕截图"命令按钮，可以选择桌面某区域图像，插入到当前幻灯片中。

(4) 选择幻灯片上多个对象，如文本框、形状、表格、图片等，复制，然后，粘贴时选择粘贴为图片，可以将选择的对象一起粘贴为图片。

2. 使用 PPT 的录屏功能录制屏幕

在"插入"选项卡"媒体"组中，单击"屏幕录制"按钮，也可以录制屏幕。使用这个功能录制一段短视频，然后右键单击该视频，保存为视频文件。

3. 使用音频对象、视频对象

在"插入"选项卡"媒体"组中，使用"视频"或"音频"命令按钮插入一段视频或音频。这时，会出现"视频(音频)工具|格式"选项卡，在该选项卡中可以进行视频或音频属性的设置。探索下面提出的问题。

(1) 探索在该格式选项卡中，各属性设置的含义和使用方法。比如：添加书签的使用方法、剪裁视频(音频)、淡入淡出是什么含义等。

(2) 如何使一个音频跨幻灯片播放？

(3) 在插入视频或音频前，先在"动画"选项卡"高级动画"组中，单击"动画窗格"命令按钮，打开"动画窗格"对话框。然后再插入一段视频或音频，会发现动画窗格中出现了对应的动画效果，并且该动画效果带有触发器。看一看触发器是指向哪个对象？该触发器的作用是什么？

选择插入的视频或音频，在"动画"选项卡"高级动画"组中，单击"添加动画"命令按钮，还可以为视频或音频添加动画效果。除了添加进入、强调、退出等动画效果外，还可以添加视频或音频特有的动画效果：播放、暂停、停止。怎样使用这三种动画效果呢？

4. 启用"笔"选项卡

单击"文件"，选择"选项"，打开"PowerPoint 选项"对话框。在该对话框中选择"自定义功能区"选项卡，在"从下列位置选择命令"文字标题下，选择"工具选项卡"，然后在其下的列表中找到"笔"。选择"笔"，单击列表右侧的"添加"，"笔"就出现在右侧的列表中。

这时，单击"确定"按钮回到当前幻灯片，会发现功能区多出一个"笔"选项卡。尝试使用该选项卡的功能。

5. 将字体嵌入文件

制作 PPT 时，幻灯片可能使用某些特殊的字体。当制作完成后，可能会在其他的计算机上运行，如果其他的计算机上没有安装 PPT 上所使用的字体，会发生文字不能正常显示的情况，这时可以这样做：单击"文件"，选择"选项"，打开"PowerPoint 选项"对话框。在该对话框中选择"保存"选项卡，在出现的界面最下边的位置，选择"将字体嵌入文件"。这时又有两个选项可供选择：如果选择上面的选项，会将幻灯片上使用到的文字的字体保存在该演示文稿中；如果选择下面的选项，则会将幻灯片上使用到的字体字库都保存到演示文稿中。

如图 8-127 所示，选择下面的选项，演示文稿往往会变得很大，适合还要在其他计算机编辑该演示文稿的情况。

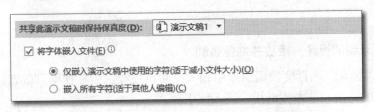

图8-127 "将字体嵌入文件"的选项设置

6.将演示文稿打包

将演示文稿打包,一般是指将制作完成的演示文稿连同其链接文件,集中生成到一个文件夹中。能够保证制作完成的演示文稿在其他计算机上正常运行,避免因不同的运行环境或无法调用等不可预料的情况发生。可以按下面的步骤操作。

(1) 单击"文件"|"导出"|"将演示文稿打包成CD",然后再单击"打包成CD",会出现"打包成CD"对话框,如图8-128所示。

(2) 在该对话框中可以单击"添加"按钮,添加文本、Word或其他演示文稿文件到列表中,这些选择的文件也会一并打包。

(3) 单击"复制到文件夹"按钮,会出现"复制到文件夹"对话框。在该对话框中,选择打包所要保存的文件夹,然后单击"确定"按钮,即可完成打包操作。这时可将打包后得到的文件夹拷贝并到其他计算上运行。

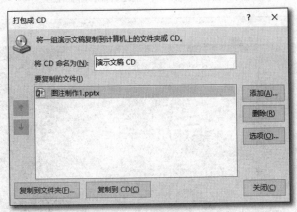

图8-128 "打包成CD"对话框

8.3 Camtasia 上机实践

操作一 录制屏幕视频

操作目标

(1) 掌握屏幕视频录制方法。

(2) 掌握将录制的视频生成并保存为视频文件的方法。

操作内容

1. 找到要录制的视频，播放并准备录制

(1) 打开浏览器，在百度搜索引擎中输入"腾讯视频"，在搜索到的链接中找到腾讯视频媒体平台的链接。单击该链接，进入该平台。

(2) 如图 8-129 所示，在腾讯视频媒体平台搜索文本框中输入"蜗牛儿歌"。

图8-129　在腾讯视频媒体平台搜索

(3) 在搜索到的链接中，单击如图 8-130 所示的链接。

图8-130　选择搜索到的链接

(4) 进入上述链接后，会出现如图 8-131 所示的《蜗牛》儿歌视频播放界面。仔细调整，使播放处于起始位置，并且处于暂停状态，并将此界面最小化。

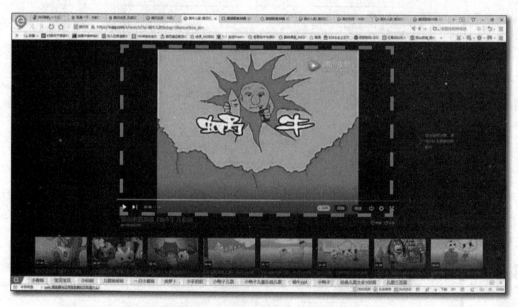

图8-131　调整视频播放界面的状态

2. 录制《蜗牛》儿歌视频

(1) 启动 Camtasia，在开始屏幕中单击"新建录制"按钮，打开录制对话框。在这里不录制摄像头，单击"摄像头"按钮，使之处于关闭的状态。单击"音频"按钮，使之处于打开的状态，并进一步设置"不录制麦克风"。

重新打开播放窗口，然后单击"自定义"按钮，选择"选择要录制的区域"。如图8-131绿色虚线所示，将录制区域调整到比播放画面大一些（在后续的视频编辑操作中，再精确裁剪视频播放区域）。

(2) 录制：单击rec按钮，倒计时结束后，稍等片刻，单击浏览器上的播放按钮，开始播放《蜗牛》儿歌视频并录制。录制过程中，录制区域出现的内容都会被录制下来。因此，要避免因为操作而使录制区域出现其他内容。

(3) 停止录制：播放完成后，按F10键，或单击录制控制对话框中的"停止"按钮，这时会自动进入Camtasia界面，刚刚录制的视频被导入到Camtasia的媒体箱中。

(4) 预览或播放视频：在媒体箱中，双击刚录制的视频图标，在预览窗口中预览视频。也可以将播放头移动到起始位置，然后单击▶播放视频。

(5) 观察录制的文件存放的位置：在媒体箱中，右键单击刚录制的视频图标，在菜单中选择"详情"，观察该视频存放的文件夹位置及文件名。同样在该菜单中选择"打开文件位置"，观察该视频文件及其大小。

3. 生成mp4视频播放文件

单击右上角的"分享"按钮，选择"本地文件"，在生成向导对话框中，选择"仅mp4(最大720p)"。单击"下一步"按钮，在项目名称栏输入"蜗牛儿歌视频"，选择你要保存到的文件夹"C:\视频录制练习\"。单击"完成"按钮，这时会出现"渲染项目"对话框。当进程提示到100%时，打开上述文件夹，观察生成的视频文件名称、扩展名及其大小。

4. 录制央视纪录片片段

(1) 在爱奇艺客户端中，输入"央视互联网时代"，搜索央视大型纪录片《互联网时代》视频。该视频节目共十集，播放第四集《再构》。录制从大约42分50秒开始（该位置处于一个叫"萨尔蔓·可汗"的人弹奏六弦琴的画面之前，如图8-132所示），到大约47分20秒之间的视频内容。

图8-132 寻找录制视频的起点

(2) 在Camtasia中，查看该视频录制的情况，然后以"《互联网时代》片段.mp4"为文件名，分享保存到文件夹"C:\视频录制练习\"之中（"操作三"中要使用该视频）。

操作二　视频编辑基本操作

操作目标

(1) 掌握视频分割、裁剪的基本操作。

(2) 掌握媒体视音频分离、合成，以及音频增益平衡调整等基本操作。

操作内容

1. 导入媒体

(1) 启动 Camtasia 9，单击"新建项目"按钮，创建一个新的项目。

(2) 如图8-133左图所示，单击选择"导入媒体"，导入"操作一"中曾经录制并保存的"蜗牛儿歌视频.mp4"视频文件。这时媒体箱中会出现该视频文件的图标，如图8-133右图所示。

图8-133　导入"蜗牛儿歌视频"文件

(3) 从媒体箱中单击并拖动上述视频，放到时间轴轨道1上。按以下步骤操作并观察。

从开始处播放该视频，观察该视频是否有短暂的静态"多余"的视频内容。将播放头移动到片尾，观察是否也有一段多录制的视频。后面的操作就是删除上述片头、片尾处"多余"的视频。

2. 剪掉开始处"多余"的视频

(1) 将播放头移动到开始处，仔细移动播放头，寻找刚刚出现"蜗牛"字样显示时的画面，此时，时间轴显示的时间是 ＿＿＿ 分 ＿＿＿ 秒 ＿＿＿ 帧。

(2) 单击＋号按钮，放大时间轴，向左拖动时间轴底部的滑动条。单击拖动"选择起点"按钮到开始位置，这时，选择起点到选择终点之间的视频被选择，如图8-134左图所示。

(3) 右键单击被选择区域，选择"删除"，将开始的黑屏视频删掉，如图8-134右图所示。

(4) 拖动轨道1上的视频到时间轴起点，播放视频，观察效果。

图8-134　选择并剪掉开始处"多余"视频

3. 剪掉结尾处的多余视频

(1) 如图 8-135 左图所示，在视频结尾，找到歌曲结束与其后多余的视频交接处。拖动"选择终点"到视频最后边，右键单击选择的区域，选择"删除"命令。

(2) 从开始处播放视频，观察效果，如图 8-135 右图所示。

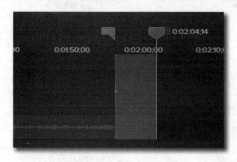 

图8-135　剪掉结尾处的多余视频

4. 裁剪画面、调整画面大小

(1) 单击画布上边的"画布选项"，选择项目设置，打开项目设置窗口。设置画布为 720p HD(1280×720)，设置画布颜色为黄色，如图 8-136 左图所示。

(2) 单击选择时间轴上的视频。然后单击"剪裁"按钮，这时，视频对象四周呈现空心正方形手柄，如图 8-136 右图所示。

图8-136　设置画布大小、使用"剪裁"按钮

(3) 拖动正方形手柄，对视频对象进行剪裁，如图 8-137 左图(剪裁后)所示。

(4) 单击画布上面的"编辑"按钮，这时，视频对象四周呈现空心圆形手柄。

(5) 拖动圆形手柄，使视频对象恰好充满画布区域(可以按 Shift 键后拖动，以改变宽高比例)，如图 8-137 右图所示。

图8-137　对视频对象进行剪裁

(6) 播放视频，观看效果。

(7) 单击右上角的"分享"按钮，选择"仅 MP4(最大 720P)"。将文件命名为"小蜗牛.MP4"，生成文件夹选择桌面。播放桌面上生成的 MP4 视频文件，观察播放效果。

操作三　剪辑视频、制作片头片尾

操作目标

(1) 巩固视频分割、裁剪基本操作。
(2) 巩固媒体视音频分离、合成，以及音频增益平衡调整等基本操作。
(3) 掌握转场、注释、行为、视觉等媒体效果添加及属性设置。
(4) 掌握制作片头、片尾的过程和方法。

操作内容

1. 导入媒体、剪辑视频

(1) 导入"操作一"中曾经录制并保存的"互联网时代 4 片段 .MP4"。拖动该视频媒体到时间轴。看一看该视频的时长，该视频时长为 ＿＿＿＿ 分 ＿＿＿＿ 秒。

(2) 选择该媒体，通过移动播放头并配合"上一帧"或"下一帧"按钮，找到"萨尔蔓·可汗"弹奏六弦琴的画面稍前的位置。在该位置右键单击播放头，选择"分割"命令，如图 8-138 左图所示。同样，移动播放头到片尾，找到播放"并触摸天空"字幕后出现黑屏的位置，在此处分割该媒体。

(3) 选择并删除媒体首尾两段视频，只留中间一段视频，如图 8-138 右图所示。

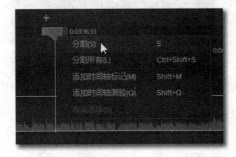 

图8-138　分割视频

2. 导入片头视频和音频

(1) 选择"媒体"组中的"库"选项卡。单击并打开"动态背景"，拖动"背景虚化"到轨道 2 起始处。再单击并打开"音乐曲目"，拖动"萤火虫的音乐"到轨道 1 起始处，如图 8-139 左图所示。

上述操作意在使用"背景虚化"视频与"萤火虫的音乐"音频作为片头。从头播放该片头部分，会发现时间比较长。下面的操作，截取其前 8 秒钟的长度，作为片头部分。

(2) 单击"放大时间轴"，并配合轨道底部滑动条，使时间轴大小合适并显示起始处。移动播放头到 0 分 8 秒 00 帧处，右键单击播放头，选择"分割所有"命令，选择分割后的后半段视频和音频，并删除。

(3) 拖动"央视互联网时代 4.MP4"，放在"背景虚化"视频后面，如图 8-139 右图所示。

图8-139　导入片头视频和音频

3. 插入片头标题及设置

(1) 选择"注释"组，选择"标注"选项卡中的"基础"样式。拖动最后一个文本样式到轨道 3，调整该文本样式时间长度与"虚化背景"一样，如图 8-140 左图所示。在轨道 3 上，单击"文本注释"媒体，这时，在编辑窗口画布上会出现 ABC 文本框，如图 8-140 右图所示。

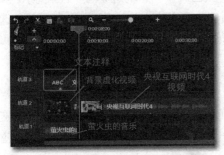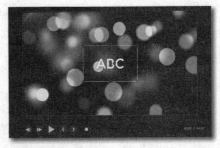

图8-140　插入片头标题

(2) 如图 8-141 左图所示，双击该文本框，输入"可汗学院"，按回车键，再输入"与大规模在线网络教育"，适当地调整文本框的大小、位置。选择"可汗学院"，在界面右上面的属性窗口（见图 8-141 右图），选择"文本"选项卡，设置字体为"微软雅黑"、大小为 96。同样，设置"与大规模在线网络教育"字体为"微软雅黑"、大小为 68。第二行通过插入空格，使文字移动到右侧。设置文本框中文本颜色为 RGB(240，190，110)。

图8-141　设置片头标题属性

4. 片头效果设置

(1) 选择"行为"组，拖动"弹出"到"文本"注释媒体。播放媒体，观察"弹出"效果对"文本"注释媒体的影响。(如果单击"文本"注释媒体下面的倒三角按钮，出现"效果"菜单。会看到已经有两个效果：一个是"阴影"，另一个是"弹出"，如图8-142左图所示)

(2) 如图8-141左图所示，选择一个效果，在右上方属性窗口(见图8-142右图)，可以进一步设置效果的各种属性。

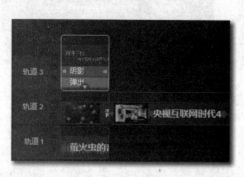 

图8-142 添加片头效果并设置效果属性

(3) 选择"视觉"组，分别拖动"着色""颜色调整"到轨道2的"背景虚化"媒体上。选择"着色"效果，在其属性面板中，设置颜色为RGB(0, 0, 255)，量为70%。选择"颜色调整"效果，在其属性面板中，设置亮度为-11%、对比度为-34%、饱和度为-37%。

(4) 播放视频，观看效果。

5. 设置转场、调整音频效果

(1) 选择"转场"组(如果看不到该组，单击"更多"按钮)，拖动"立方体旋转"效果，到轨道2两段媒体的连接处。在时间轴上，拖动"立方体旋转"效果边缘，使其持续时间为2秒，如图8-143左图所示。

(2) 播放媒体，观察效果。然后选择"音频"组，分别拖动"淡入""淡出"效果到轨道1的"萤火虫的音乐"媒体上。

如图8-143右图所示，在该媒体上，绿色线条表示其音频增益曲线。拖动首尾的拐点，可以改变淡入、淡出的时间。上下拖动顶部直线，可以改变音频增益(声音大小)。

(3) 选择"萤火虫的音乐"媒体，在属性面板调整其增益为60%。播放视频，观看效果。

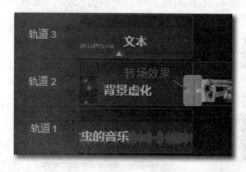 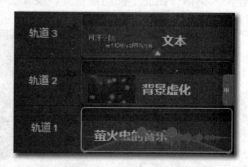

图8-143 设置转场，调整音频效果

6. 片尾及效果设置

(1) 选择"库"选项卡。单击并打开"动态图形 - 电子学习",拖动"六角 - 下三分之一 01"到轨道 2 结尾。该媒体左侧有一个"+"号,说明这是一个组合。单击"+"号,会看到该媒体是由两个文本注释和另一个形状组合组成,形状组合里有六个形状,如图 8-144 左图所示。

选择第一个文本,在画布上双击该文本框,输入"Camtasia 学习习作"。同样在第二个文本框内输入"欢迎指导!"。拖动"六角 - 下三分之一 01"媒体末端边缘,调整该媒体播放时长为 6 秒左右。

(2) 添加注释文本"再见!",叠加在"六角 - 下三分之一 01"之上。选择该文本,并在属性面板上,使用取色笔设置文本颜色与"六角 - 下三分之一 01"媒体左侧小五边形的颜色一样,如图 8-144 右图所示。

图8-144　片尾及文本属性设置

(3) 按 Ctrl 键,在时间轴上分别单击文本媒体和"六角 - 下三分之一 01"媒体。右键单击该选择,选择"组合"。这样,将上述两个媒体组合为一个媒体。单击时间轴上该媒体中的"组合 1"字样,重新命名为"片尾"。

(4) 在"片尾"媒体的结尾处,添加转场"黑色淡出",播放该项目视频,观察效果。

(5) 生成 MP4(720) 文件到桌面。播放该视频,观察效果。

操作四　屏幕录制、添加字幕

操作目标

(1) 巩固录制屏幕、视频编辑、效果设置等操作技能。

(2) 掌握添加字幕并同步字幕的操作方法。

操作内容

1. 录制屏幕

(1) 复制网址 http：//www.56.com/u44/v_MTM5MTQ3NzQ1.html 到浏览器地址栏并访问该网址。先暂停该视频的播放。

(2) 启动 Camtasia 9,单击"新建项目",创建一个新的项目。在 Camtasia 9 界面中,单击左上角"录制"按钮,启动录屏窗口,在该窗口单击"全屏"按钮,将录屏范围设置

为全屏。(绿色虚线框为录屏范围)

(3) 在上述播放视频的浏览器中,将视频设置为最大化。单击"录屏"窗口的 rec 按钮,此时,会提示"按 F10 停止录制",接下来会出现 3、2、1 倒计时显示。计时结束时,在浏览器界面播放视频,开始录制。

(4) 录制大约 1 分钟,按 F10 键,停止录制(或在录屏窗口单击"停止"按钮)。这时会发现,录制的视频已经导入到 Camtasia 9 的媒体箱中,如图 8-145 左图所示。将录制的媒体拖动到时间轴,如图 8-145 右图所示。

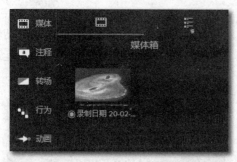

图8-145　录制视频并拖放到时间轴

2. 视频编辑

(1) 删除片头、片尾"多余"的视频,设置画布为 720p HD(1280×720)。然后通过裁剪功能去除画面外的视频内容。

(2) 在视频开始位置添加注释"富饶的西沙群岛"作为片头标题,该注释标题叠加在视频开始处,时长与片头的朗诵"富饶的西沙群岛"相当。片头标题可设置字体为"红色""微软雅黑",大小为 96。播放视频,检查播放效果。

3. 添加设置字幕

(1) 将播放头放在片头标题播放结束后的位置。在资源效果窗口,选择"CC 字幕"(如果找不到该按钮,单击"更多"按钮)。

(2) 单击"+添加字幕"按钮时,可在输入窗口中输入字幕文本,同时,该文本会出现在左侧"字幕"列表中。进行以下操作,输入四段字幕文本。

单击"+添加字幕"按钮,输入字幕"西沙群岛是南海上的一群岛屿"。

单击"+添加字幕"按钮,输入字幕"是我国的海防前哨"。

单击"+添加字幕"按钮,输入字幕"那里风景优美,物产丰富"。

单击"+添加字幕"按钮,输入字幕"是个可爱的地方"。

(3) 单击字幕输入窗口左下角的 a 按钮,会出现图 8-146 右下角所示的"文本样式"窗口。在这里可以设置字幕的字体、颜色、透明度等属性。

(4) 如图 8-147 左图所示,在时间轴上,可以双击选择对应的字幕文本进行编辑,也可以在"文本样式"窗口中设置属性。分别将上述输入的字幕、文本背景设置为透明。

(5) 单击字幕列表左上角的"脚本选项"按钮,选择"同步字幕",会出现如图 8-147 右图所示的窗口,仔细阅读该窗口的说明文字。在该窗口中单击"继续"按钮,会出现如

图 8-148 所示的"字幕和音频同步"窗口。单击"从播放头位置开始"按钮，这时，从播放头位置开始播放该视频。注意聆听声音与字幕的匹配情况，及时单击字幕切换处的字幕起始位置。当字幕播放完成时，单击"停止"按钮。

(6) 生成 MP4(720) 文件到桌面。播放该视频，观察效果。

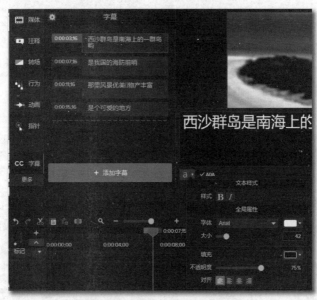

图8-146 添加并输入字幕文本

图8-147 设置字幕文本属性并打开同步字幕窗口

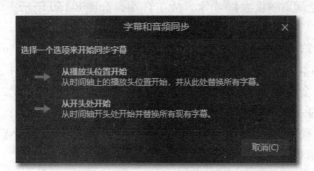

图8-148 "字幕和音频同步"窗口

8.4 Scratch 上机实践

实践一 小猴出题

操作目标

(1) 掌握单击事件的使用方法。
(2) 掌握产生随机数、运算表达式的使用方法。

操作内容

1. 简单的情节

故事情节：使用鼠标单击"小猴"，小猴会问小狗："3个苹果加上4个苹果，是几个苹果？"然后单击"小狗"，小狗回答："7个苹果。"

这个情节制作起来比较简单，添加两个角色："小猴"和"小狗"。分别为这两个角色添加一个鼠标事件脚本，就可实现这个功能，如图8-149所示。

小猴的鼠标事件脚本

小狗的鼠标事件脚本

图8-149 角色的单击事件脚本

2. 随机出加法题

现在要制作出这样一个情节功能：每单击一次"小猴"，小猴就会给出不同的苹果数。然后单击"小狗"，小狗就会正确回答。

1) 使用随机数产生题目中的苹果数

选择角色"小猴"，创建两个所有角色变量，变量名为p1、p2。在●（变量）组，拖动【将［我的变量▼］设为（）】到脚本区。然后在●（运算）组，拖动【在（1）和（10）之间取随机数】积木，放在()中，如图8-150所示。

将上述脚本中"我的变量"改为"p1"，后面"10"改为"8"。这个脚本的功能是每执行一次，会选取1~8中的某个数，作为p1的值。同样，添加一个为变量p2赋值的脚本。将这两个脚本放在"小猴"鼠标事件的后边。在●（变量）组，选择变量p1、p2，舞台就会显示这两个变量。单击角色"小猴"，观察p1、p2值的变化，如图8-151所示。

2) 小猴提问的内容

单击角色"小猴"时，p1、p2的值就是题目中的苹果数值。"小猴"应该提问："p1个苹果加上p2个苹果，是几个苹果？"

在●（运算）组，【连接()和()】命令积木可以将变量与字符连接起来，例如：

【连接(p1)和(个苹果)】可以将p1和字符"个苹果"连接在一起,如果p1=3,这个命令执行的结果就是字符"3个苹果"。

拖动三个 【连接()和()】 命令积木到脚本区,按图8-152所示进行操作。

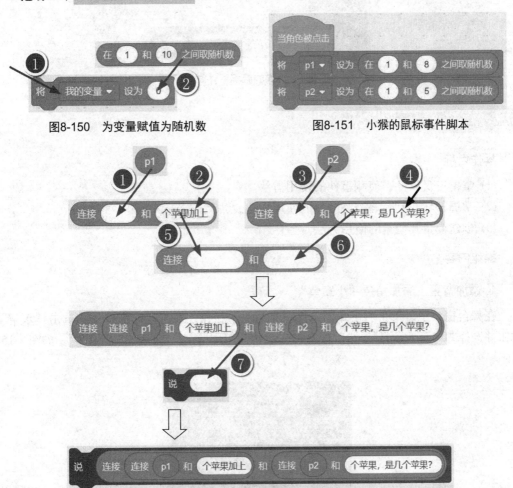

图8-150 为变量赋值为随机数　　图8-151 小猴的鼠标事件脚本

图8-152 制作字符连接表达式

3)"小猴"的鼠标单击事件

将上面形成的脚本,连接在"小猴"的事件脚本后边。最终,"小猴"的鼠标单击事件脚本如图8-153所示。

图8-153 小猴的鼠标事件脚本

4)"小狗"的鼠标单击事件(见图 8-154)

单击角色"小猴",它会提出苹果问题,单击角色"小狗",它会给出正确的回答。

图8-154 小狗的鼠标事件脚本

实践二 追赶游戏

操作目标

(1) 掌握键盘事件、侦测事件的使用方法。
(2) 掌握循环、判断等控制命令的使用方法。
(3) 创建变量及变量的使用方法。

操作内容

1. 添加背景、添加角色"小章鱼"

在舞台窗口中,单击右下角"选择一个背景"按钮,在打开的窗口中,单击"水下"按钮并选择"Underwater1"。然后再添加一个角色"Octopus",命名为"小章鱼",如图 8-155 所示。

图8-155 舞台背景和小章鱼

2. "小章鱼"的键盘事件脚本

选择角色"小章鱼",添加键盘事件脚本:拖动光标键时控制"小章鱼"上下左右移动,如图 8-156 所示。拖动光标键,检查一下执行的情况。

图8-156 小章鱼的键盘事件脚本

3. 到处移动的"小五星"

添加角色"Star",重新命名为"小五星"。选择该角色,在●(事件)组,将【当▶被点击】命令积木拖动到脚本区。

在●(控制)组,拖动【重复执行】命令积木,放在【当▶被点击】积木下边。然后再将●(运动)组的【在(1)秒内滑行到(随机位置▼)】拖动到【重复执行】之中,如图8-157所示。单击舞台左上方的运行按钮(小绿旗),看一看运行效果。

图8-157 小五星随机移动脚本

4. "小五星"遇到"小章鱼"

选择角色"小五星",在●(控制)组,拖动【如果< >那么】命令积木到脚本区。将●(侦测)组的【碰到(鼠标指针▼)?】积木放在< >内,将"碰到(鼠标指针)"更改为"碰到(小章鱼)"。然后,再将【播放声音(splash▼)】包含在【如果< >那么】之中,如图8-158所示。

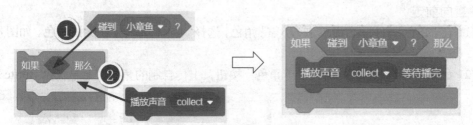

图8-158 "小五星"的脚本

再为"小五星"创建一个小绿旗事件,该事件下面也是一个【重复执行】命令积木。将上述脚本放在该【重复执行】积木之中。现在角色"小五星"又增加了一个小绿旗事件,它的功能是,当"小五星"碰到"小章鱼"时,会发出声音,如图8-159左图所示。

5. 为游戏计分

在●(变量)组中,单击"建立一个变量",创建一个所有角色变量,命名为"得分"。选择该变量左侧的选项,在舞台上适当地调整变量显示的位置和模式。

在●(变量)组中,拖动【将[得分▼]设为(0)】、【将[得分▼]增加(1)】积木到脚本区,并插入添加到"小五星"的小绿旗事件脚本中,如图8-159右图所示。

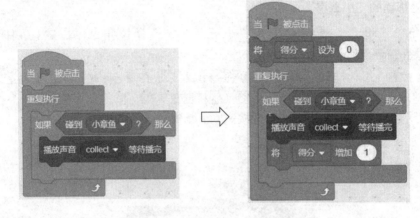

图8-159 小五星侦测事件及计分脚本

实践三 七星瓢虫

操作目标

(1) 掌握上传角色、变量使用及初始化脚本的使用方法。

(2) 提高综合应用的能力、技巧。

操作内容

◆ 一直向前走

(1) 在"角色"窗口,右键单击"小猫"角色,选择"删除"命令,删除该角色,如图8-160所示。

(2) 如图8-161所示,单击"上传角色"按钮,上传自制的角色"七星瓢虫.sprite3"。

图8-160 删除"小猫"角色

图8-161 上传自制的角色

(3) 选择"七星瓢虫"角色,在"代码"选项卡●(运动)命令组,拖动【移动(10)步】模块到脚本区,单击【移动(10)步】,观察舞台上的效果。然后再将10改为20或改为-10,观察效果。

(4) 在●(事件)命令组,拖动【当▲被点击】到脚本区。拖动【移动(10)步】粘接到【当▲被点击】的下边。单击运行按钮(小绿旗),观察效果。

思考：能让小瓢虫不停地向右移动吗？

(5) 在●(控制)命令组，拖动【重复执行】模块到脚本区，将【移动(10)步】粘到【重复执行】模块内部，单击运行按钮(小绿旗)，观察效果。这时脚本区如图8-162所示。

图8-162 "七星瓢虫"的脚本

思考：移动得太快，能不能慢点？

(6) 在●(控制)命令组，拖动【等待(1秒)】，粘到【移动(10)步】后边。运行，观察效果。

思考：移动得太慢，怎么办？可不可以将1秒调整到0.2秒？

如果改变【移动(10)步】为【移动(5)步】，也可以改变角色移动的速度。

思考：这两种改变速度的方式有什么区别？另外，小瓢虫碰到边缘不动了，能不能碰到边缘向回移动呢？

◆ 碰壁返回

(7) 在●(控制)命令组，拖动【如果< >那么】到脚本区。在●(侦测)命令组，拖动【碰到(鼠标指针▼)?】到脚本区，更改为【碰到(舞台边缘▼)?】，并放在【如果< >那么】内。在【如果< >那么】下边，顺序添加【右转(180)度】、【移动(10)步】。运行，观察效果怎么样呢？此时脚本如图8-163所示。

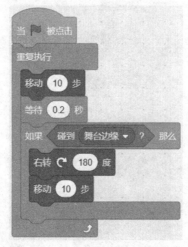

图8-163 为"七星瓢虫"添加脚本

◆ 捉弄小瓢虫

(8) 导入自制的角色"木棍"。

(9) 选择"木棍"角色，拖动【当▲被点击】到脚本区。然后在●(侦测)命令组，拖动【将拖动模式设为［可拖动▼］】放在【当▲被点击】后边，如图8-164所示。在全屏模式下，拖动这两个角色。

图8-164 "木棍"的脚本

观察："木棍"是可拖动的，"七星瓢虫"却是不可拖动的。

(10) 为"七星瓢虫"添加【将拖动模式设为［可拖动▼］】放在【当▲被点击】下边，这样就可以拖动"七星瓢虫"了！

思考：怎样使木棍阻止小瓢虫的移动呢？这和前边的"碰壁返回"是不是很相似？下面就试试吧！

(11) 选择"七星瓢虫"，在●(控制)命令组，拖动【如果＜＞那么】到脚本区。在●(侦测)命令组，拖动＜碰到（木棍 ）？＞到【如果＜＞那么】的〈〉中。

在【如果＜＞那么】下边，顺序添加【右转(180)度】、【移动(10)步】。现在，"七星瓢虫"的脚本如图8-165所示。

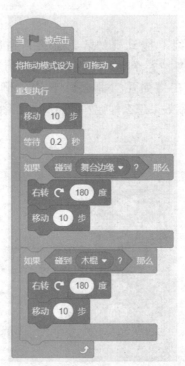

图8-165 为"七星瓢虫"添加脚本

观察：运行，看看效果吧！在全屏模式下效果会更好。拖动小瓢虫，移动小木棍到小瓢虫前边。小瓢虫是不是很无奈？

新想法：能不能模拟降低温度让小瓢虫休眠，温度升高时小瓢虫又会苏醒过来呢？

◆ 让小瓢虫休眠

(12) 在●(变量)命令组，单击"建立一个变量"，将变量命名为"温度"。这时●(变量)命令组会出现□(温度)积木。选择□(温度)左边的选项，"温度"变量会显示在舞台上，如图 8-166 所示。

在舞台上，拖动"温度"变量到左下角。右键单击"温度"变量，选择"滑杆"。再次右键单击，选择"改变滑块范围"命令，将变量范围改为 0 ～ 35，如图 8-167 所示。

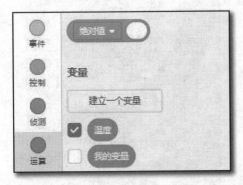

图8-166 创建变量并命名为"温度"

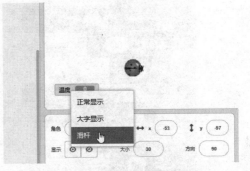

图8-167 改变变量的取值范围

(13) 选择"七星瓢虫"，在●(控制)命令组，拖动【如果＜＞那么】模块到脚本区。在●(运算)命令组，拖动 ＜()＞(xx)＞ 模块，其中变量()设置为(温度)，常量 xx 设置为 10。形如"＜(温度)＞(10)＞"，将其粘贴到【如果＜＞那么】的＜＞中。拖动原有【重复执行】模块内所包含的脚本，置于【如果＜＞那么】内部，再重新置于【重复执行】内部。现在，"七星瓢虫"的脚本如图 8-168 所示。

观察：运行，拖动滑杆改变温度的值。效果很好吧！

思考：现在，脚本代码已经变得较复杂，你能读懂其中脚本的含义吗？

新想法：如果让小瓢虫的颜色随着温度的变化而变化，是不是更有趣呢？

◆ 变色小瓢虫

(14) 这很简单，在【重复执行】后边添加【将［颜色▼］特效设定为【(温度)-5)】】就可以了！注意其中的(温度)是变量。现在，"小瓢虫"的脚本如图 8-169 所示。你明白这些积木命令的含义吗？

新想法：每次运行时，小瓢虫都是接着上次的位置开始移动。如果开始运行时，设定小瓢虫大小、位置和温度，是不是更好呢？

◆ 初始化脚本

(15) 在右侧的"舞台"窗口，单击"背景"，脚本区变成空白，可以在这里为舞台添加脚本，这些脚本由积木命令组成。一般可以在这里放置初始化脚本。

添加【将［温度▼］设为 (8)】，因为"温度"小于10，刚开始运行时，小瓢虫将在一个位置静止不动。

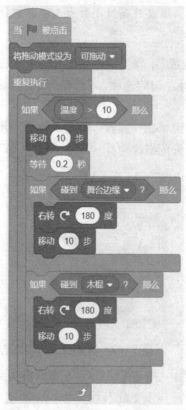 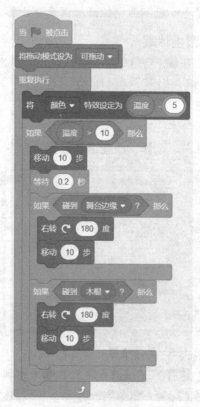

图8-168 "七星瓢虫"的脚本（一）　　图8-169 "七星瓢虫"的脚本（二）

设置小瓢虫的大小和位置！●（运动）组命令区显示"选中了舞台：不可使用运行类积木"。原来，现在处于舞台脚本编辑状态，无法直接执行"七星瓢虫"角色的操作。

如果在七星瓢虫的脚本区，设置小瓢虫的大小和位置，不是很直接和方便吗？但是，在舞台脚本区设置，是不是感觉脚本模块更清晰、更规范呢？

想法：如果在舞台脚本中，设置表示"七星瓢虫"大小、位置等变量，为这些变量设置对应的值，在"七星瓢虫"脚本中，将"七星瓢虫"的大小、位置设置为这些变量的值，是不是就可以了呢？在这里，变量起到了快递员的作用。

(16) 创四个变量"Pxy""P-""Px""Py"，分别表示瓢虫的大小、方向、x坐标、y坐标。

添加四个积木命令："将Pxy设为30""将P-设为90""将Px设为0""将Py设为0"。舞台的脚本模块如图8-170所示。

单击"七星瓢虫"，在其脚本区再添加一个【当▲被点击】命令，后边连接三个积木命令：【将大小设为(Pxy)】、【面向(P-)方向】、【将x坐标设为(Px)】、【将x坐标设为(Px)】。现在"七星瓢虫"又有一个脚本模块，如图8-171所示。

观察：运行，噢，原来坐标的中心点在舞台的中心位置呀！

(17) 现在这个程序已经完备了，你还能对它做些改进吗？比如：让小瓢虫按任意方向移动……

图8-170 舞台的脚本

图8-171 七星瓢虫的脚本

实践四 瓢虫运动会

操作目标

(1) 掌握角色造型、背景的制作和上传。
(2) 理解角色、背景与代码、舞台的关系。
(3) 通过示例和操作掌握积木命令的基本使用原理和方法。
(4) 了解使用该软件制作课件的方法。

操作内容

◆ 添加红黄蓝小瓢虫,在舞台脚本区设置它们的颜色

(1) 在舞台设置窗口单击"上传背景"按钮,上传背景图片"运动场.png",如图 8-172 所示。

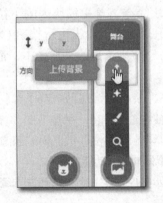

图8-172 上传背景图片

(2) 上传并添加三个七星瓢虫角色,分别命名为"红瓢虫""黄瓢虫""蓝瓢虫"。将三只小瓢虫放置在赛道起点。

在每个小瓢虫角色的脚本区,添加【当 ▶ 被点击】模块命令。分别在这个命令下添加改变角色颜色的命令,改变这三只瓢虫的颜色为红、黄、蓝。设置的值分别为 -15、15、100。设置完成后,别忘了单击相应的脚本,检验一下效果。图 8-173 左图所示是红瓢虫的脚本。

图8-173 为小瓢虫添加改变颜色的脚本

◆ 在舞台脚本区，设置小瓢虫初始参数

(3) 创建一些变量，记录三条赛道的起点坐标、终点坐标。创建下面这些变量。
X0：记录赛道起点 x 坐标。X1：记录赛道终点 x 坐标。
Y1：记录 1 号赛道 y 坐标。Y2：记录 2 号赛道 y 坐标。Y3：记录 3 号赛道 y 坐标。
思考：怎样确定上面变量的值呢？看看下面的做法。
将小瓢虫从上到下，按红、黄、蓝顺序放在赛道起始位置上。这时做下边的记录。
瓢虫的 x 值都是 -211，这就是 X0 的值，红瓢虫的 y 值是 -4，这就是 Y1 的值。
黄瓢虫的 y 值是 -59，这就是 Y2 的值，蓝瓢虫的 y 值是 -116，这就是 Y3 的值。
将红瓢虫放在第一赛道终点位置上，查看它的 x 值是 219，这就是 X1 的值。
在舞台脚本区，添加【当▲被点击】模块命令。在该命令下添加初始化上述变量的命令，舞台的脚本如图 8-174 所示。
疑问：赛道的起点坐标都设置好了，如何使小瓢虫按这些坐标到达指定的位置呢？

◆ 在舞台脚本区，发出就位信息

(4) 在舞台脚本区，添加【广播（消息1▼）】模块命令，单击模块内的下拉按钮，选择"新消息"，输入"各就各位"，如图 8-174 所示。这样，单击运行按钮（小绿旗）时会发出"各就各位"这个消息。程序运行到这里，在三个小瓢虫的脚本区中，都会接收到这个消息。

顿悟：明白了！接下来就要在小瓢虫的脚本区，编写接收到消息的代码了吧！
(5) 在红瓢虫角色的脚本区，添加【当接收到 [各就各位▼]】，在其下顺序添加设置其初始位置的命令，如图 8-175 所示。这样，当接收到"各就各位"消息时，红瓢虫就会出现在起点位置。和上面的操作相似，为黄瓢虫、蓝瓢虫添加相同功能的脚本。
问题：拖动三只瓢虫到任意的位置，单击运行按钮（小绿旗）时，果然三只瓢虫都乖乖地出现在赛道的起点位置。下面如何让它们比赛呢？

◆ 比赛就要开始了

(6) 上传并添加一个"发令枪"角色，命名为"发令枪"。想法是：当单击发令枪时，小瓢虫开始起跑。在发令枪角色的脚本区，添加【当角色被点击】模块命令。其下就是发令后要处理的指令。
疑问：接下来究竟要怎样做呢？
设想三只小瓢虫都是 10 秒左右到达，利用（在（aa）和（bb）之间取随机数）模块命令产生三个随机数。这三个随机数分别加 10，作为三只小瓢虫到达终点的时间。

笑问：啊！原来在这里小瓢虫赛跑的结果已经决定了！具体该怎样实现呢？

图8-174 舞台的脚本　　　　图8-175 红瓢虫的脚本

（7）创建三个变量 t1、t2、t3 作为三只小瓢虫赛跑的时间。

在发令枪角色脚本区，添加【将 [t1▼] 设为 (xx)】模块命令。再添加一个（在 (10) 和 (40) 之间取随机数）模块命令，用于产生随机数。其中的 xx 值由下式决定：xx=10+ 随机数 /10。

模块命令形式为：【将 [t1▼] 设为 (10+(在 (10) 和 (40) 之间取随机数)/(10))】，同样为 t2、t3 设置相同的模块命令。接下来，添加消息广播【广播（起跑▼）】。现在"发令枪"的脚本如图 8-176 所示。

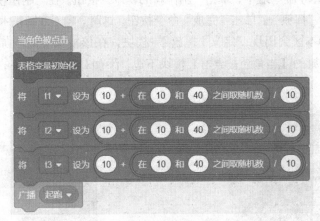

图8-176 发令枪的脚本

笑答：明白了！接下来，小瓢虫角色脚本区会接到这个消息，执行起跑的动作。

（8）在红瓢虫角色的脚本区，添加【当接收到 [起跑▼]】。

然后添加【在 (t1) 秒内滑行到 x：(x1) y：(y1)】。为其他两只瓢虫添加相应的积木命令，如图 8-177 所示。

观察与设想：效果还真的不错。应该创建一个"小绿旗"角色，当单击它时会重新准备，再次比赛！

图8-177 红瓢虫角色的脚本

◆ 点击"小绿旗"角色重新比赛

(9) 上传并添加一个"小绿旗"角色,放在赛道终点上方。在"小绿旗"角色脚本区,添加 【当角色被点击】 模块命令,在其下再添加 【广播(各就各位▼)】 模块命令,如图 8-178 所示。

图8-178 "小绿旗"角色的脚本

观察:看到了,真是太棒了!如果能有声音效果就更好了!
笑答:这很容易,还可以增加动画效果呢!

◆ 为"小绿旗"角色添加声音、动画效果

(10) 先制作一个"挥动小绿旗并发出挥旗声"的子模块。

在●(自制积木)命令组中,单击"制作新的积木"按钮。在"制作新的积木"窗口中,将新的积木命名为"挥旗"。单击"完成"命令按钮。这时,●(自制积木)命令组出现"挥旗"命令积木,脚本区会出现"定义 [挥旗]"模块,在该模块下面添加脚本,如图 8-179 所示。然后在小绿旗的 【当角色被点击】 模块下边,添加对这个子模块的调用,如图 8-180 所示。

图8-179 "小绿旗"角色的子模块

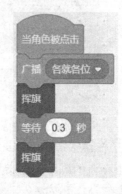

图8-180 "小绿旗"角色的单击事件脚本

观察并思考:单击运动按钮(小绿旗)运行,观察效果。你能理解新添加的脚本含义吗?

◆ 为发令枪添加声音、动画效果

(11) 选择"发令枪",单击"声音"选项卡,单击该选项卡下边的"选择一个声音"按钮,为"发令枪"上传并添加下列声音:"运动主题 .mp3""发令枪声 .mp3""小瓢虫已经起跑了 .mp3""谁跑得最快呢 .mp3"。

然后,在原来的【当角色被点击】模块命令(见图 8-176)后边添加发令枪动作、播放声音等的脚本,添加的脚本如图 8-181 所示。

观察:看到了,真是太棒了!能不能显示出最后的成绩,最好再来点掌声呢?

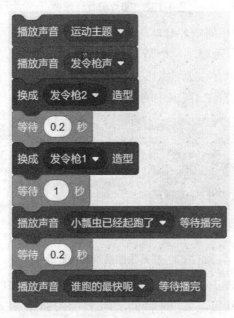

图8-181　发令枪后添加的脚本

8.5　媒体制作、设计实践

实践一　使用 PS 处理图片

操作目标

(1) 掌握使用 PS 剪裁图片、修复图片的操作方法。
(2) 自主学习"修补工具"的使用方法,提高探索学习的能力。
(3) 提高媒体素材加工制作的技巧和能力。

操作内容

(1) 图片剪裁与修剪:如图 8-182 左图所示,使用"多边形套索工具"去掉图片中圈画的部分。再使用"矩形框选工具"选择适当的画面区域,使用"裁剪"功能得到合适的画面,如图 8-182 右图所示。处理完成后,保存为".jpg"格式的文件。

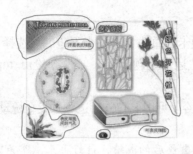

图8-182　图片剪裁与修剪

(2) 去除背景(抠图)：如图 8-183 左图所示，拍摄一张苹果的图片，在 PS 中打开该图片。这时 PS 中具有两个图层，一个是苹果图片所在图层，另一个是背景图层。双击背景图层的锁头图标，在出现的"新建图层"窗口中单击【确定】按钮，将背景图层改变为普通图层，选择该图层并删除该图层中的背景内容，如图 8-183 右图所示。

图8-183　将背景图层改变为普通图层

使用"多边形套索工具"选择苹果以外区域并删除，图 8-184 左图所示是已经删除部分区域的图片。删除的方法可以采用不同的次序，图 8-184 右图所示是删除背景后的图片。

图8-184　删除背景并保存为png格式文件

图 8-184 中灰白相间的方块显示，反映区域内没有任何内容。操作完成后保存为 .png 格式的文件。尝试在 PPT 的幻灯片上使用该图片，看一看苹果外的区域是不是透明的。

(3) 使用"仿制图章工具"修改图片：如图 8-185 左图所示，使用"仿制图章工具"将图片中的红色杠线去除并修复如初。修复后的效果如图 8-185 右图所示。

(4) 使用"修补工具"修复图片：搜索并查找有关"修补工具"的介绍或示例，尝试一下这些工具的使用方法。

图8-185　使用"仿制图章工具"修改图片

实践二　媒体在线处理操作

操作目标

(1) 掌握媒体在线转换的各种形式、方法。

(2) 提高媒体素材加工制作的技巧和能力。

操作内容

1. 字体转换

在搜索引擎上输入例如"卡通字体""儿童字体""卡通字体在线生成"等关键词，搜索用于儿童字体在线转换的网站。进入某个字体转换网站，查看该网站所能提供的字体种类、字体效果示例等内容。找到一个你认为字体丰富、功能齐全，比较有特色的该类网站。

尝试字体转换功能：如图 8-186 左图所示，是搜索到的一个儿童字体在线转换网址界面。输入文字"小壁虎借尾巴"，选择文字颜色和背景颜色，选择一种字体。转换后的效果如图 8-186 右图所示。

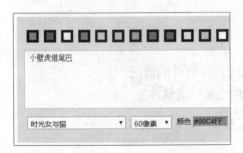 

图8-186　儿童字体在线转换

2. 声音、图片转换为文本

(1) 录制一段声音、拍摄一幅文字图片。寻找在线转换声音、图片的网站，尝试将上述声音、图片转为文本。

(2) 使用手机功能，尝试将声音、文字图片转换为文本。对比使用手机或电脑所进行的两种转换方式，哪种方式更方便？

3. 百度识图或寻找相似图片

(1) 在电脑上进入百度网站，或在手机上下载安装百度 App。如图 8-187 所示，单击"搜索"按钮，选择所要识别的图片。处理完成后，会显示图片主体内容的识别信息，并且会在网络上搜索到更多相关内容的图片。比如选择一张某种植物叶片的图片，处理后会识别出该植物的名称，并会搜索出更多含有该植物的图片。

图8-187　使用百度识图功能

(2) 在网络上搜索有关识图的内容，看一看能不能找到其他带有相同功能的网站。

4. 格式转换

有时我们需要将一种格式的文档，转换为另一种格式的文档使用。格式转换包括文本格式转换、图片格式转换、声音格式转换、视频格式转换。在网上搜索有关格式转换的软件或提供在线转换功能的网站，尝试文件格式转换功能。比如将 Word 文档转换为 PDF 文档、将 AVI 视频转换为 MP4 格式视频等。

实践三　使用格式工厂

操作目标

(1) 掌握自主探索学习一种软件使用的方法；尝试使用格式工厂软件进行格式转换。
(2) 提高软件操作及媒体素材加工制作的技巧和能力。

操作内容

1. 了解软件情况

在百度百科中，从以下几方面了解"格式工厂"软件的情况。
(1) 该软件是哪家公司开发的？是免费软件还是收费软件？
(2) 该软件有哪些功能？有什么特点和长处？
(3) 了解一下该软件的版本及发展情况。

2. 从别人那里获得经验

搜索网上对"格式工厂"软件的评价及使用经验，看一看网上是否有对该软件的版本选择及安装使用方面的建议。

3. 选择并下载安装软件

通过上述了解，选择你想使用的软件版本。针对该软件版本搜索能够下载该软件的网站，然后下载该软件并安装。

4. 尝试使用格式工厂

启动格式工厂,并结合网上搜索到的该软件的使用经验及方法,尝试使用该软件。

实践四 媒体设计实践

操作目标

(1) 通过实例操作,掌握界面设计的原则、方法和技巧。
(2) 提高对界面设计重要性的认识,掌握媒体用于教学的能力。

操作内容

1. 使文字、图片更清晰

(1) 课堂教学时,如果界面文字比较小,远处观看可能看不清楚,如图 8-188 左图所示。调整文字的大小使文字更容易辨识,如图 8-188 右图所示。

图8-188 调整文字大小

(2) 从教材获取的图片,注释文字比较小且模糊不清,如图 8-189 左图所示。使用图片处理软件去除图片中的文字区域,然后添加合适大小的文字注释,如图 8-189 右图所示。

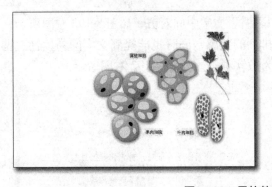
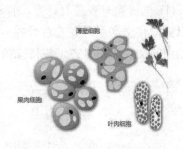

图8-189 用软件处理图片中文字

(3) 文字和背景的明度、颜色对比过小,也是造成文字显示不清晰的原因。改变图 8-190 左图文字的颜色,使文字显示更清楚可见,如图 8-190 右图所示。

 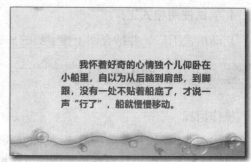

图8-190 改变文字颜色

(4) 使用无衬线体。

衬线体中的"衬线"指的是字形笔画在首位的装饰和笔画的粗细不同，比如我们常用的宋体就属于衬线体。而无衬线体则没有笔画首尾的装饰，笔画的粗细也相同，比如黑体。衬线体棱角分明，长文阅读比较舒服；无衬线体比较简洁美观，适用于短句美感提升。将图 8-191 左图的文字改为"微软雅黑"，并适当地增加字符间距，体会由此带来的变化。

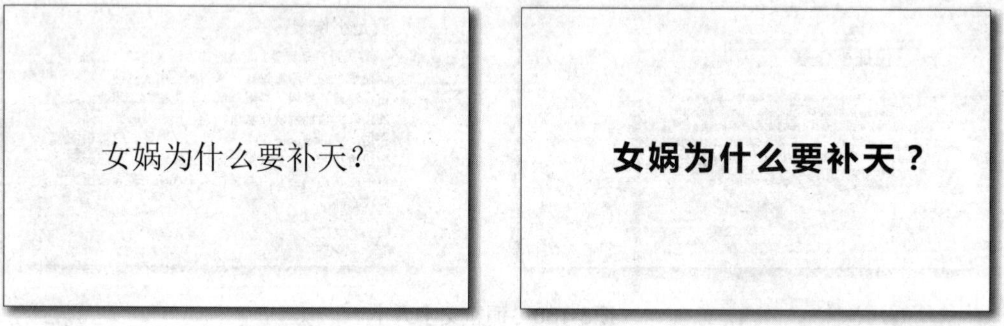

图8-191 改变字体

2. 文字、图片的排列

(1) 尝试左对齐或右对齐：很多时候人们习惯于文字中间对齐，如图 8-192 左图所示。可以尝试将文字左对齐或右对齐，能够提升排列的美感，同时也能提高文字的易读性。调整图中的文字为左对齐，并将标题文字更换为微软雅黑，如图 8-192 右图所示。

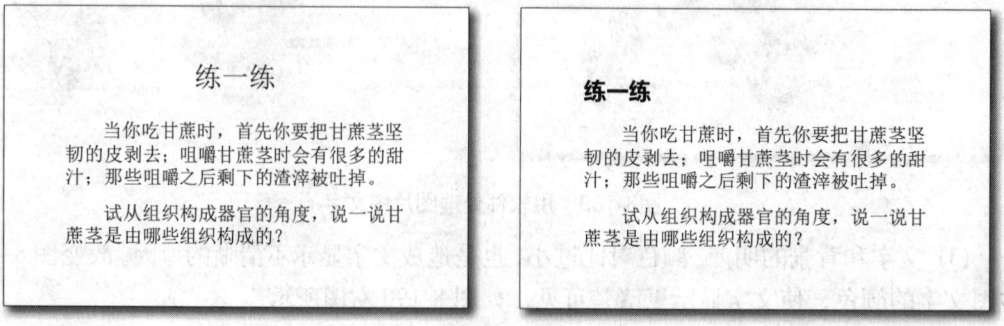

图8-192 调整对齐方式

(2) 尝试将图 8-193 左图中的文字设置为左对齐，对比前后效果的变化。

图8-193　左对齐文字

(3) 尝试多种排列：如图 8-194(a) 所示，图片只是无规则排列，辨识性较差。尝试按图 8-194(b)、(c)、(d) 形式排列图片，观察重新排列后的图片哪个形式视觉易读性更好，分析其中的原因。如果将图片删除背景内容，只留下动物主体形象，会不会产生更好的效果？

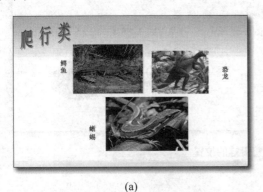
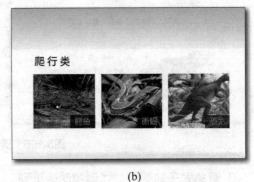

(a)　　　　　　　　　　　　　　　　(b)

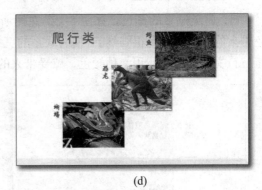

(c)　　　　　　　　　　　　　　　　(d)

图8-194　图片的各种排列形式

(4) 将文字嵌入图片中：如图 8-195 左图所示，黑色背景的图片与深蓝色的背景使画面更显沉重。尝试将背景设置为浅一些的颜色，并为图片设置边框，最后将文字嵌入到图片之内，如图 8-195 右图所示。分别试读两种设计的文字内容，感受它们之间的差别。

图8-195　将文字嵌入图片

(5) 图片内主体空间的安排：如图8-196左图所示，文字与图片的空间关系没有任何问题。但从图片内容来看，青蛙面向界面边缘的左边，背后大面积的空间是文字。尝试将青蛙放在界面右侧，左侧安排文字说明，如图8-196右图所示。该设计也可将青蛙图片做水平翻转达到同样的效果。

图8-196　调整青蛙的位置

3. 避免太多的颜色、强调和动感排列

(1) 避免过多的颜色：如图8-197左图所示，三行文字使用了三种颜色。在这里，颜色带来的视觉感受是很强烈的，使有联系的三行文字的内容分离开来。如图8-197右图所示，将三行文字改变为使用一种颜色，感受带来的变化。

图8-197　改变文字颜色

(2) 使用颜色强调与倾斜排列：对文中重点内容使用醒目的颜色，是经常使用的方法。在上例中进一步使用颜色强调关键词语，感受带来的变化，如图8-198左图所示。然后再将三行文字倾斜排列,如图 8-198 右图所示。倾斜排列一般会增强动感、提高关注情绪,在某些场景适合使用。

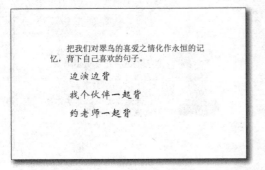 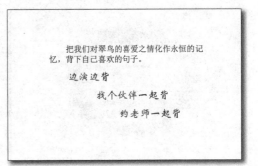

图8-198　颜色强调与倾斜排列

(3) 使用三维旋转:如图 8-199 左图所示,已经是一个没有什么问题的界面设计。如果将右边的图片做三维旋转(此例使用预设的图片样式即可实现),如图 8-199 右图所示。这样做使画面具有动感,而且画面中人物的动作与这种设计也是呼应的,文字与图片内容的联系也更紧密。

图8-199　三维旋转图片

(4) 文字大小、颜色对比强调:将图 8-200 左图的文字大小、颜色做适当改变,形成右图的界面设计,对比观察所带来的变化。

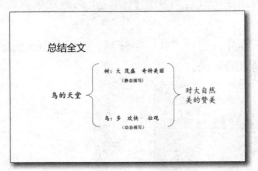 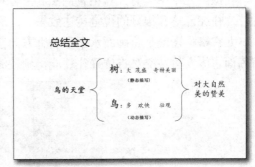

图8-200　改变文字大小、颜色效果对比

4. 去掉无关的内容、留白

(1) 如图 8-201 左图所示,文字内容是教学的主要内容,花环和小天使图片与教学内

容没有关系,而且这些无关的内容更醒目、更突出。将这些无关内容去掉,添加一张与思考问题相关的小图片,如图 8-201 右图所示。

图8-201　去掉无关的内容

(2) 画面留白:留白是指界面设计时媒体内容以外要留出一定的空白空间,画面内容不要安排得过于拥挤。这样做才能达到界面简洁、内容突出并具有一定的艺术美感。如图 8-202 左图所示,文字内容充满整个画面,尝试将它调整为如图 8-202 右图所示的设计。对于图片与文字内容的设计也要注意这一点,同时要注意控制图像与文字面积的比例。

图8-202　适当留白

5. 九宫格构图法和三分构图法

在摄影艺术中,有九宫格构图法和三分构图法的处理方法。根据以上原则处理界面和图片,往往能达到很好的视觉传达效果。

九宫格构图就是将画面水平和垂直方向三等分,进行"井"字分割,如图 8-203 所示。将画面主体安排在交叉点位置往往能得到较满意的效果。

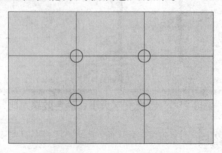

图8-203　九宫格构图法

三分构图就是将画面上下三等分，如图 8-204 所示。这种方法适合于风景构图，比如常常将水平面、地平线放在三等分线的位置。

图8-204　三分法构图

使用这两种方法进行构图，因为有不同的焦点（九宫格是四个交叉点、三分法是两条线），主体放在哪个焦点上合适并没有一定的标准，还要根据画面内容灵活掌握，特别是个人视觉感受也是起决定作用的关键因素。

(1) 裁剪图 8-205 中上边的两张照片，按九宫格构图法重新设计，形成图 (c)、图 (d) 所示的设计。

图8-205　图片构图前后对比

(2) 裁剪如图 8-206 左图所示的照片，按三分构图法处理图片，形成右图所示的设计。

图8-206 图片裁剪前后对比

实践五 简易手机托架制作

操作目标

(1) 使用常见的材料制作一个用于录制微课视频的手机托架。

(2) 培养动手制作实践能力,启发自制教学工具的思考。

操作内容

录制微课或网课时,使用手机录制视频是很常用的一种方法。这时就需要使用手机支架将手机固定才能稳定地摄制教学视频。下面介绍一种使用生活中最常见的材料制作一个手机托架的方法,用于固定式垂直拍摄微课的场合使用。

材料:鞋盒、胶带、A4纸张,如图8-207左图所示。

制作方法:将鞋盒与其盒盖按图8-207右图所示,使用胶带粘接在一起。桌面使用胶带和A4纸张粘贴一固定录制区域,在鞋盒下边放一些配重物品(图中使用书籍作为配重物品)。这样,一个简易的手机托架就制作完成了。

图8-207 制作手机托架的材料及最终效果

参 考 文 献

[1] 周琴.美国 K-12 数字教育资源的建设重点与发展机制 [J].教师教育学报，2019.

[2] 郭绍青等.美国 K-12 开放教育资源：政策、项目与启示 [J].电化教育研究，2016.

[3] 贾义敏.多媒体学习的科学探索——Richard E.Mayer 学术思想研究 [J].现代教育技术，2009.

[4] 王云，李志河.现代教育技术 [M].2 版.北京：清华大学出版社，2017.

[4] 何克抗，林君芬，张文兰.教学系统设计 [M].北京：高等教育出版社，2003.

[5] 盛群力.现代教学设计论 [M].杭州：浙江教育出版社，1998.

[6] [美] 贾纳斯泽乌斯基，莫伦达.教育技术：定义与评析 [M].程东元，王小雪，刘雍潜译.北京：北京大学出版社，2010.

[7] [美] 巴巴拉·西尔斯，丽塔·里齐.教学技术：领域的定义和范畴 [M].乌美娜，刘雍潜等译.北京：中央广播电视大学出版社，1999.

[8] [美] 斯伯克特.教育传播与技术研究手册 [M].4 版.任友群等译.上海：华东师范大学出版社，2015.

[9] 南国农.信息化教育概论 [M].2 版.北京：高等教育出版社，2011.

[10] 张剑平.现代教育技术 [M].3 版.北京：高等教育出版社，2012.

[11] 尹俊华等.教育技术学导论 [M].3 版.北京：高等教育出版社，2013.

[12] [美] 万姆朋.PowerPoint 2007 宝典 [M].田玉敏，侯晓敏译.北京：人民邮电出版社，2008.